Christiane Stenger
Antje Tiefenthal

DEINE BESSERE HÄLFTE

Warum wir Rechts- oder Linkshänder sind und was das für unser Leben bedeutet

EDEL

Für Opa Dieter

INHALTSVERZEICHNIS

Einleitung 13

Kapitel 1 **Links und rechts – eine kleine Einführung** 17

Die Hand Gottes 17

Linke Hand, rechte Hand, was denn nun? 18

Sind Sie Linkshänder, Rechtshänder oder beides? 19

Punkt, Punkt, Komma, Strich … 22

Kapitel 2 **Zehn Fakten über links und rechts, die Sie bestimmt noch nicht wussten** 29

Was stimmt, was nicht? 29

Fakt 1: Nichts Genaues weiß man nicht! 30

Fakt 2: gute Hände, schlechte Hände 31

Fakt 3: von Linkspfötern und Rechtsriechern 33

Fakt 4: Pferdekutschen vs. Paddelboote 34

Fakt 5: Psychotricks im Supermarkt 36

Fakt 6: Haste mal 'ne Kippe? 37

Fakt 7: das Drama des stotternden Königs 38

Fakt 8: Die Sache hat einen Haken 39

Fakt 9: Norden, Süden, Osten, Westen 40

Fakt 10: auf die linke Tour 42

Kapitel 3 **Wie Hand und Hirn Hand in Hand zusammenarbeiten** 45

Das Gehirn und die Hand 45

Händigkeit 47

Seitigkeit 48

Was ist Ihr Lieblingsfuß, Lieblingsohr und Lieblingsauge? 50

	Zwei Welten in einer	54
	Das Wunder Gehirn	58
	Brain City	60
	Zusammen spielt die Musik	67
Kapitel 4	**»Typisch links«**	69
	Schlau, schlauer, Linkshänder?	69
	Mythos oder Wahrheit?	70
	Linkshänder sind die besseren Mathematiker …	75
	… und sind angeblich kreativer als Rechtshänder	77
	Status: Es ist kompliziert	79
	Linkshänder lesen anders …	82
	… und schreiben anders	84
	Linkshänder haben ihren eigenen Feiertag	87
	Berühmte Linkshänder	87
Kapitel 5	**»Typisch Rechtshänder«**	91
	Was wissen Sie schon über Rechtshänder?	91
	Es war einmal …	93
	Warum gibt es so viele Rechtshänder?	96
	Zwo, eins, Risiko!	101
	Beim Knutschen gilt: rechts vor links	103
	Flexibel in Rekordzeit	105
	Alles nur Fake?	107
Kapitel 6	**Der Mythos vom Beidhänder**	113
	Wie gut kennen Sie Beidhänder?	113
	Eine Frage der Definition	115
	Sind wir nicht alle ein bisschen beidhändig?	118
	Neustart im Kopf	121
	Kein Ende in Sicht	123
	Doppelt hält besser	125

Kapitel 7 **Das Chaos und seine Folgen** 129
Dauerbaustelle Gehirn 129
Achtung, Verwechslungsgefahr! 131
Das Durcheinander im Kopf 134
Der Kampf mit den Buchstaben 137
Schönschrift oder Sauklaue? 138
Schritt für Schritt zurück 141

Kapitel 8 **Händigkeit in der Kindheit und Schule** 145
Zeigt her eure Hände 145
Stand der Dinge vs. Wunschdenken – Theorie und Praxis 146
Die fantastische Entwicklung des kindlichen Gehirns 148
Wie Ihnen Ihr Kind seine Händigkeit verrät 150
Die In-Group 155
Schreiben und Lesen lernen mit der dominanten Hand 157
Linkshänder erkennen und fördern 164

Kapitel 9 **Händigkeit und Musik** 169
Wie Herr Losó seinen Flügel fand 169
Musiker und ihre Instrumente 172
Houston, is there a problem? 175
Vor- und Nachteile musikalischer Linkshänder 176
Wie halte ich nun mein Instrument? 179

Kapitel 10 **Und was ist eigentlich mit Sport?** 183
Die Leichtigkeit der Seitigkeit 183
Warum Linkshänder in manchen Sportarten Vorteile haben 186
Sollen wir jetzt alle mit links sporteln? 190
Was wir für unser Training lernen können 192
Sport hilft Hirn 195

Kapitel 11	**Reine Übungssache**	201
	Übung macht den Meister	201
	Die liegende Acht	202
	Bei Müllers hat's gebrannt!	205
	Die Brezelherzen	206
	Schreiben lernen für Linkshänder	208
Kapitel 12	**Ausblick**	211
	Auf der Zielgeraden	211
	Tipp 1: Keep calm and carry on	212
	Tipp 2: Fragen Sie einen Experten	213
	Tipp 3: Denken Sie über eine Rückschulung nach	215
	Tipp 4: die Zukunft der Handschrift	217
	Tipp 5: Was Hänschen nicht lernt …	220
	Tipp 6: eins plus eins gleich eins	221
Dankeschön		225
Literaturverzeichnis		227

EINLEITUNG

Wunderbar, Sie haben diese Seite aufgeschlagen. Wetten, dass das Ihre rechte Hand für Sie erledigt hat? Falls Sie jetzt überrascht sind, weil wir mit unserer Vermutung richtiggelegen haben: Wir sind keine Hellseher. Die Erklärung ist viel banaler – nämlich pure Statistik. Die Welt besteht nun mal zu knapp 90 Prozent aus Rechtshändern. Sollten Sie die ersten Seiten allerdings mit der Linken umgeblättert haben, gehören Sie wahrscheinlich zu der deutlich übersichtlicheren Gruppe der Linkshänder. Sie sind quasi das kleine gallische Dorf, das – mit links – den Zaubertrank rührt und – ebenfalls mit links – den Römern gallische Höflichkeit beibringt. Ob Sie das Buch jedoch am Ende auch mit derselben Hand schließen werden, mit der Sie es geöffnet haben, oder ob sich die Kräfteverhältnisse Ihrer »starken« und »schwachen« Seite am Ende verschoben haben, wird sich auf der abenteuerlichen Reise zeigen, auf die wir Sie in diesem Buch einladen wollen.

Denn die Zusammenhänge in Sachen Händigkeit sind wahrhaftig abenteuerlich. Unsere Hände werden zum Beispiel von der jeweils gegenüberliegenden Seite im Gehirn gesteuert. Das heißt: Die linke Hirnhälfte führt die rechte Hand mit dem Latte macchiato an die Lippen. Sie lenkt auch den rechten Daumen auf den Auslöseknopf, um ein Selfie für die Freunde zu knipsen. Bei Linkshändern steuert die rechte Hirnhälfte die linke Hand mit der Gabel zum Kuchenstück oder lotst Daumen, Zeige- und Mittelfinger zielsicher in die Tiefen der Chipstüte, um auch wirklich noch die allerletzten Krümel zu erwischen. Ganz gleich, ob rechts oder links: Unsere »Lieblingshand« wird also von unserer »besseren Hälfte« gesteuert. Warum wir überhaupt eine bessere Hälfte haben und was diese Tatsache für Auswirkungen auf Ihr eigenes Leben hat, wollen wir Ihnen auf den nächsten Seiten zeigen und erklären.

Als die Idee zu diesem Werk entstand, war uns die ganze Tragweite des Themas noch gar nicht bewusst. Wir begannen das Buch als gallische Dorfbewohnerin (Antje Tiefenthal – Linkshänderin) und römische Legionärin (Christiane Stenger – Rechtshänderin). Wie sich das während der Arbeit zu diesem Buch verändert hat, werden Sie Stück für Stück erfahren. Ihr Bild über das Thema Händigkeit wird am Ende, wie das Gemälde bei Loriots grandiosem Sketch, vermutlich etwas »schiefer« hängen. Und nicht nur bei Ihnen. Uns geht es genauso!

Falls Sie Kinder haben (oder welche planen), dann ist das Wissen in diesem Buch für Sie ein Muss, um die richtigen Entscheidungen für Ihre Nachkommen treffen zu können: Soll Ihr linkshändiges Kind im Cello-Unterricht den Bogen mit links führen oder auf rechts »umlernen«? Was ist, wenn es mit links gegen den Ball tritt, aber mit der Gabel in der rechten Hand das Gemüse verweigert?

Dabei beschäftigen sich nicht nur Menscheneltern mit der Frage, ob ihre Sprösslinge links- oder rechtshändig sind. Die Frage nach der besseren Hälfte taucht selbst in der Tierwelt auf: Das Walross ist Rechtsflosser. Gelbhaubenkakadu und Helmkakadu bevorzugen ihre linke Kralle. Und die Winkerkrabbe ist beidseitig, sie winkt mit links oder mit rechts.

Mit welcher Pfote das Känguru am liebsten boxt, erfahren Sie gleich im ersten Kapitel. Sie wollen wissen, mit welcher Hand Sie sich am besten gegen ein attackierendes Beuteltier wehren sollten? Die Antwort darauf finden Sie in unseren dazugehörigen Selbsttests. Zehn Fakten über links und rechts, die Sie bestimmt noch nicht wussten, folgen im zweiten Kapitel. Daraufhin verraten wir Ihnen die wichtigsten Informationen über das Gehirn, die Sie für unsere gemeinsame Reise durch das Thema Händigkeit benötigen. Im dritten Kapitel wärmen wir uns mit einem kleinen Rundflug über Brain City auf, bevor unsere nächste Etappe im vierten Kapitel mit »Typisch links« beginnt.

Wer »links« sagt, muss auch »rechts« sagen, deshalb lernen wir im fünften Kapitel all das kennen, was »Typisch rechts« ist. Im sechsten Kapitel kehren wir auf einer urigen Berghütte ein, machen einen Abstecher mit der Zeitmaschine und gehen ganz nebenbei der Frage nach, ob es eigentlich auch Beidhänder gibt. Bei einer guadn Brotzeit diskutiert es sich ja bekanntlich am besten. Weiter geht's in Richtung Bergspitze.

Ihnen geht schon jetzt die Puste aus? Entweder Sie sind einfach untrainiert oder Sie gehören vielleicht zu den umgeschulten Linkshändern – für sie kann es unter Umständen schwieriger sein, den Gipfel zu erreichen. Warum das so ist, lesen Sie im siebten Kapitel.

Wer bis ganz nach oben will, muss schon im Tal eine ordentliche Strecke zurücklegen. Wir zeigen Ihnen darum im achten Kapitel, wie Sie die Händigkeit bereits im frühen Kindesalter erkennen und fördern können. Doch warum stumm und verbissen auf das Ziel zusteuern? Mit einem fröhlichen Lied auf den Lippen läuft es sich schließlich besser – deshalb machen wir im neunten Kapitel einen Exkurs in die Welt der Musik und schauen im zehnten Kapitel, was unser Thema Händigkeit mit Sport zu tun hat.

Knapp vor der Gipfelerstürmung machen wir im elften Kapitel noch ein kurzes Stretching und ein paar Auflockerungsübungen, bis wir dann im finalen Kapitel zwölf endlich am Ziel unserer Reise angekommen sind, den neuen Ausblick genießen und noch einmal zurückschauen auf den Weg, den wir gemeinsam gegangen sind. Zum Abschied zeigen wir Ihnen, wie Sie künftig von den Reiseerfahrungen profitieren.

Nicht nur für Sie wird dieses Buch ein Abenteuer sein, auch für uns war und ist es eine aufregende Expedition in unbekanntes Gebiet. Wir hoffen, Sie haben genauso viel Freude an dem Buch wie wir. Zurren Sie die Wanderschuhe fest. Mit links oder rechts – egal: Es geht los!

Ihre Christiane Stenger und Antje Tiefenthal

KAPITEL 1

LINKS UND RECHTS – EINE KLEINE EINFÜHRUNG

Die Hand Gottes

22. Juni 1986, Mexiko-Stadt: 114 000 Zuschauer im ausverkauften Aztekenstadion fiebern dem Anpfiff zum Viertelfinale der Fußballweltmeisterschaft 1986 entgegen. Auf dem glühend heißen Spielfeld stehen sich Argentinien und England gegenüber. Vier Jahre zuvor hatte Großbritannien im Falklandkrieg Argentinien militärisch gedemütigt. Die Südamerikaner brennen auf moralische Wiedergutmachung. Besonders einer der Spieler lodert: Diego Armando Maradona. Doch bei Anpfiff ahnt der 26 Jahre alte Mannschaftskapitän der Albiceleste noch nicht, dass dieses Viertelfinale das Spiel seines Lebens werden und ihn hinauftragen wird in die höchsten Hemisphären der Verehrung. Die ersten 45 Minuten bleiben torlos, in der 51. Minute jedoch tauchen die Argentinier gefährlich nah vor dem englischen Tor auf: Maradona spielt am gegnerischen Sechzehner den Ball zu Jorge Valdano, der Ball springt über dessen Fuß, der

englische Verteidiger Steve Hodge will die Situation klären, schießt das Leder unglücklich in die Luft Richtung Fünfmeterraum, Torhüter Peter Shilton rennt aus dem Tor, springt hoch, um den Ball aus der Luft zu pflücken – eigentlich reine Routine –, doch was ist das? Der 1,65 Meter kleine Diego Maradona überspringt den 1,85 Meter großen Torhüter und köpft den Ball ins Tor.

Ein Wunder! Na ja, eher wunderlich, dass das Tor zählt. Denn Maradona lenkt, wie mittlerweile bekannt ist, den Ball nicht mit dem Kopf, sondern mit seiner linken Hand in den Kasten. Skandal! Die Engländer reklamieren aufgebracht das unerlaubte Handspiel. Rudelbildung beim tunesischen Schiedsrichter, doch Ali Bin Nasser bleibt dabei: Das Tor zählt. Argentinien führt 1:0. Für den Videobeweis hätten die Briten damals wahrscheinlich sogar die Queen verkauft. Doch so müssen sie den Rückstand akzeptieren. Und es kommt noch dicker: Keine drei Minuten später schnappt sich Maradona in der eigenen Hälfte den Ball, sprintet 60 Meter über den Platz, dribbelt vier englische Spieler aus und wuchtet mit seinem linken Fuß den Ball zum 2:0 ins englische Tor – ein Geniestreich, ein Jahrhunderttor! Und dieses Mal regulär.

Am Ende gewinnt Argentinien das Viertelfinale 2:1, wirft Belgien im Halbfinale aus dem Rennen und gewinnt im Finale gegen Deutschland die Weltmeisterschaft. Diego Maradona wird als Nationalheld gefeiert, für sein irreguläres Tor zeigt er keine Reue: »Es war ein bisschen Maradonas Kopf und ein bisschen die Hand Gottes«, sagte er dazu vor laufenden Kameras. »Die Hand Gottes« – Maradonas linke – wird fortan fester Bestandteil der Fußballsprache und bis heute bei unerlaubtem Handspiel gerne zitiert.

Linke Hand, rechte Hand, was denn nun?

Die Sache scheint klar zu sein: Diego Maradona, der vielleicht begnadetste Fußballer aller Zeiten, ist Linkshänder. Schließlich schummelte er im Viertelfinale den Ball mit der linken Faust ins Tor und bevorzugte für seine zahllosen Tore vor allem den linken

Fuß. Oder ist er vielleicht doch Rechtshänder? Denn wer Diego Maradona beim Autogrammeschreiben beobachtet, bemerkt: Der Fußball-Star signiert mit rechts! Wie selbstverständlich schnappt er sich mit der rechten Hand den Stift und unterschreibt Bälle, Trikots und Kreditkartenrechnungen. Dabei gilt Maradona in der Fußballwelt doch als Linkshänder. Auf welcher Seite ist denn nun die Hand Gottes? Links? Rechts? Oder ist Gott gar beidhändig?

Eine zuverlässige Antwort können wir leider nicht präsentieren, bis zur Drucklegung des Buches hat sich Diego Maradona nicht bei uns gemeldet. Es gibt aber auch noch eine dritte Möglichkeit: dass Señor Maradona Rechtshänder wider Willen ist – ein auf rechts umgeschulter Linkshänder. Damit wäre er nicht allein. Nur wenige Menschen sind wirklich eindeutig Links- oder Rechtshänder und üben jede Tätigkeit ausschließlich mit ihrer Lieblingshand aus. Bei einem großen Teil herrscht ziemliches Durcheinander. Mal links, mal rechts, dann wieder links oder doch rechts … Die britische Psychologin Marian Annett geht davon aus, dass nur knappe vier Prozent der Bevölkerung konsistente, also ständige Linkshänder sind. Der Rest sei zu einem Drittel gemischt und zu zwei Dritteln rechtshändig.[1]

Sind Sie Linkshänder, Rechtshänder oder beides?

Sie sind sich sicher: Sie gehören zu der seltenen Spezies der echten Linkshänder? Oder sind Sie 100 Prozent überzeugter Rechtshänder? Finden Sie heraus, wie viel Links- oder Rechtshänder wirklich in Ihnen steckt.

Am besten nehmen Sie sich einen Augenblick Zeit, verlassen das Sofa und probieren die einzelnen Aufgaben wirklich aus, statt sie nur vorschnell zu beantworten. Noch besser: Schnappen Sie sich einen Partner und machen Sie den Test[2] gemeinsam. Denn vier Augen sehen mehr als zwei und vielleicht ertappt Ihr Sparringspartner Sie sogar beim heimlichen (oder unbewussten) Handwechsel.

Kreuzen Sie an, ob Sie folgende Tätigkeiten mit links (l) oder rechts (r) ausführen. Wenn Sie mal die eine, mal die andere Hand verwenden, setzen Sie Ihr Kreuz bei (u) für unterschiedlich.

Test 1

- Sie schreiben einen Brief an Ihre Schwiegermutter (warum auch immer). In welcher Hand liegt der Stift? l/r/u
- Sie sind in Schwung gekommen. Nicht nur Text, auch ein selbst gemaltes Bild soll die Dame beglücken. Halten Sie beim Malen die Stifte auf der gleichen Seite? l/r/u
- Sie wollen Ihr Bild für die Schwiegermutter ausschneiden: Liegt die Schere in der linken oder rechten Hand? l/r/u
- Das Bild ist ein Meisterwerk: Applaus! Welche Ihrer Hände ist beim Klatschen oben? l/r/u
- So viel handwerkliche Arbeit macht hungrig. Es gibt Suppe: Mit welcher Hand löffeln Sie den Teller leer? l/r/u
- Mit Brot schmeckt die Suppe besser: Welche Hand schneidet die Chia-Vollkornbrotscheibe ab? l/r/u
- Die Suppe war etwas salzig, das macht Durst: Welche Hand führt Ihr Wasserglas zum Mund? l/r/u
- Ihre Zimmerpflanzen haben auch ohne Suppe Durst: Benutzen Sie die Gießkanne mit Ihrer linken oder rechten Hand? l/r/u
- Sie streichen über die glatten Blätter der Bananenpalme. So glatt soll Ihr Gesicht auch sein. Fazit: Der Dreitagebart muss ab. Halten Sie den Rasierer links oder rechts? l/r/u
- Im Bad riecht es nicht nur nach Aftershave. Sie zünden eine aromatisierte Vanillekerze an: Brennt das Streichholz in der linken oder der rechten Hand? l/r/u
- Und das Feuerzeug für das Räucherstäbchen? l/r/u
- Ihre Wangen sind nach der Rasur schön glatt. Aber was ist mit Ihren Haaren? Hallo Struwwelpeter! Entwirren Sie Ihre Haare mit der Bürste in der linken oder der rechten Hand? l/r/u
- Jetzt noch schnell Zähne putzen. Auf welcher Seite halten Sie die Zahnbürste? l/r/u

- Nun sind Sie bereit, sich der Öffentlichkeit zu präsentieren. Sie machen einen Spaziergang mit Ihrem Hund. Werfen Sie im Park den Ball für Wuffi mit links oder rechts? l/r/u
- Und mit welcher Hand heben Sie den Ball wieder auf? l/r/u
- Oh je, beim Bücken nach dem Ball ist Ihre Hose gerissen. Halten Sie die Nadel, mit der Sie das Loch flicken, in der linken oder rechten Hand? l/r/u
- Ihr Partner kommt nach Hause und findet das gemalte Bild wunderschön. Es soll doch nicht zur Schwiegermutter, sondern lieber über den Kamin gehängt werden. Mit welcher Hand hämmern Sie den Nagel in die Wand? l/r/u
- Das Bild hängt. Jetzt zur Entspannung eine Partie Kniffel. Würfeln Sie mit der linken oder der rechten Hand? l/r/u
- Sie verlieren! Verdammt! Wären Sie im Wilden Westen, würden Sie jetzt den Colt ziehen. Mit links oder rechts? l/r/u
- Ihr Kniffel-Partner hat Mitleid mit Ihnen und lädt Sie auf einen Wiedergutmachungsdrink in der Bar nebenan ein. Sie verlassen die Wohnung. Mit welcher Hand schließen Sie die Tür ab? l/r/u

Zählen Sie nun die einzelnen Ergebnisse zusammen – wie oft haben Sie jeweils *links*, *rechts* oder *unterschiedlich* angekreuzt? Vielleicht haben Sie jetzt schon die erste Überraschung erlebt und entdeckt, dass Sie mit links schreiben, aber mit rechts schneiden und abwechselnd mal mit der einen Seite, mal mit der anderen das Messer halten. Das alles sind Anzeichen dafür, dass Ihre bessere Hälfte vielleicht gar nicht die ist, von der Sie es immer geglaubt haben. Oder haben Sie Ihr Kreuzchen fast ausschließlich bei *rechts* gesetzt? Dann ist die Wahrscheinlichkeit hoch, dass Sie tatsächlich ein klassischer Rechtshänder sind.

Wir können an dieser Stelle schon mal verraten, dass die rechtshändige Autorin dieses Buches alle diese Fragen mit rechts beantwortet hat – und später trotzdem ins Zweifeln über ihre Händigkeit geriet.

Sie machen fast alles mit links? Und haben nicht geschummelt? Wow! Dann gehören Sie zu den seltenen strikten Linkshändern, von denen es nur eine Handvoll unter 100 Leuten gibt.

Aber Vorsicht: Unser Test gibt Ihnen nicht zuverlässig Aufschluss darüber, ob Sie Linkshänder, Rechtshänder, Beidseiter oder gar umgeschulter Linkshänder sind, sondern zeigt nur Tendenzen auf. Gerade das Internet verspricht unbedacht Schnelltests, anhand derer Sie zweifelsfrei Ihre Händigkeit erkennen können sollen. Besonders beliebt: der Klatschtest. Angeblich soll die Hand, die beim Klatschen oben liegt, Aufschluss über die Führungshand geben. Wir sagen: Kann sein, muss aber nicht. Stellen Sie sich vor, wie Ihr zweijähriges Kind einen Kreis malt und Sie sagen: »Hochbegabt!« Kann sein, muss aber nicht. Der Klatschtest ist ein Hinweis auf Ihre bessere Hälfte, aber nein, eine zuverlässige Aussage bietet der Test nicht.

Denn es gibt grundsätzlich keine einzelne Tätigkeit, die in Zweifelsfällen sicher Aufschluss über Ihre dominante Hand gibt.[3] Das bedeutet im Umkehrschluss aber auch: Selbst wenn Sie schon immer mit rechts geschrieben haben, heißt das nicht, dass Sie auch automatisch 100-prozentiger Rechtshänder sind.

Punkt, Punkt, Komma, Strich …

… fertig ist das Mondgesicht. Nein, ganz so einfach machen wir es Ihnen in der zweiten Testrunde nicht. Der Wissenschaftler Friedhelm Schilling, Experte auf dem Gebiet der Motologie – nicht etwa die Lehre von den Verbrennungsprozessen im Auto, sondern vom Zusammenhang zwischen Psyche und Bewegung –, hat den sogenannten Punktiertest bereits in den 1960er-Jahren entwickelt.[4] Kinder, deren Händigkeit bei diesem normierten Verfahren getestet werden soll, müssen dabei einen Hampelmann buchstäblich punktieren.

Der Hampelmann war uns etwas zu klein, daher haben wir zwei große Wale für Sie an Land gezogen. Die armen Tiere sind vom

Eisbaden im Arktischen Ozean ganz erschöpft. Deshalb behandeln wir die beiden ganzheitlich mit Akupunktur, um sie dann wieder gestärkt ins Wasser zu lassen. Also los: Sie haben pro Tier eine Minute Zeit. Versuchen Sie, Punkte in so viele Kreise wie möglich zu setzen – einmal mit der linken Hand, einmal mit der rechten Hand. Auf die Plätze, fertig, los!

Test 2

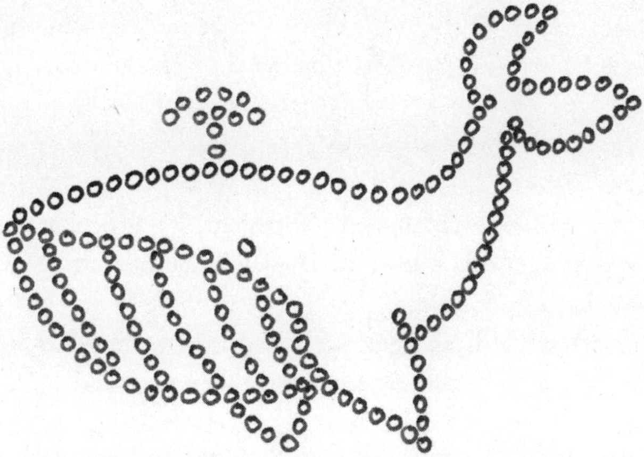

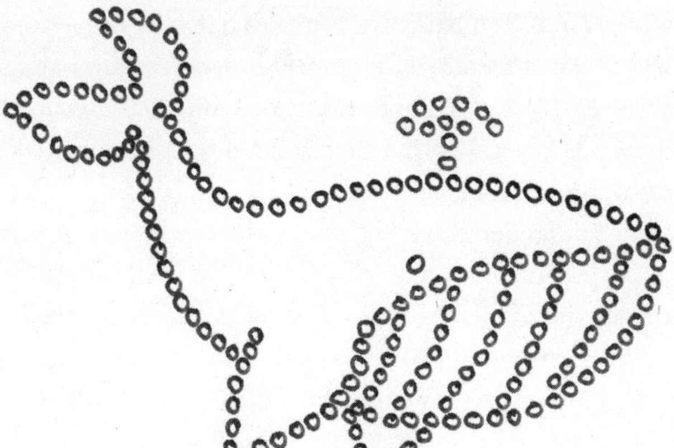

Gar nicht so leicht, oder? Welchen Wal haben Sie besser akupunktiert? Ihre Führungshand ist mit hoher Wahrscheinlichkeit die Hand, mit der Sie die meisten Punkte exakt gesetzt haben.

Dieser Test – rund ein halbes Jahrhundert alt – ist heute unter einigen Therapeuten allerdings umstritten, gerade wenn es um die Testung von Kindern geht. Denn Sie haben es vielleicht selbst bemerkt: Um möglichst viele Punkte richtig zu setzen, ist nicht nur Ihre ganze Konzentration gefragt, auch Hand und Auge müssen für ein bestmögliches Ergebnis optimal zusammenspielen. Unklar ist deshalb, ob der Punktiertest nur die Händigkeit prüft oder nicht gleichzeitig auch Aufschluss über Konzentrationsfähigkeit und mögliche Entwicklungsstörungen gibt.[5]

Test 3

Der letzte Test geht ganz flott. Versprochen! Wir möchten nur, dass Sie folgende Fragen zu den jeweiligen Figuren beantworten. Seien Sie dabei bitte ganz ehrlich!

Wir hoffen, die Entscheidungen sind Ihnen nicht allzu schwergefallen. Was aber hat das jetzt mit Ihrer Lieblingshand zu tun? Wir verraten es Ihnen gleich. Wie sieht Ihr Ergebnis denn aus? Wenn Sie mehr Figuren auf der linken Seite für intelligent, glücklich, ehrlich oder attraktiv gehalten haben, könnte das auf eine Linkshändigkeit hindeuten. Hatten Sie allerdings eine Vorliebe für die Figuren auf der rechten Seite, sind Sie höchstwahrscheinlich ein Rechtshänder. Die Figuren können also gar nichts für ihre Bewertung, denn es hängt vom Betrachter ab, wie sie auf uns wirken.

In einer Studie der Stanford University wurde 2009 untersucht, ob Links- und Rechtshänder unbewusst ihrer dominanten Seite den Vorrang geben. Probanden mussten sich verschiedenen Tests unterziehen. Einer von ihnen war dem Test, den Sie vor wenigen Augenblicken gemacht haben, sehr ähnlich. Die Probanden entschieden sich überwiegend und ohne Vorbehalt für die Seite, die ihrer Händigkeit entsprach. Rechtshänder bewerteten demnach Gegenstände rechts von sich grundsätzlich positiver und die auf

der Linken negativer. Bei Linkshändern verhält es sich genau andersherum, obwohl wir alle durch Sprache und Kultur eigentlich so geprägt sind, dass die rechte Seite positiver besetzt ist, erklärt Daniel Casasanto, einer der Hauptautoren der Studie.[6] Wir treffen also häufiger Entscheidungen, bei denen wir nicht immer nur rational vorgehen, sondern von vielen anderen Faktoren beeinflusst werden. Selbst unsere Händigkeit hat Auswirkungen darauf, wie wir abstrakte Ideen und Werte wie Glück und Ehrlichkeit bewerten. Denken Sie noch mal darüber nach, wenn Sie das nächste Mal Ihr Müsli im Supermarkt kaufen – oder zur nächsten Zeugen-Gegenüberstellung aufs Revier müssen.

Übrigens, Sie sind wahrscheinlich vor allem ein sehr höflicher Mensch, wenn Sie gleich viele Kreuze auf jeder Seite gemacht haben. Bei einer Stichprobe in unserem Freundeskreis tauchte dieses Ergebnis überraschend häufig auf – bei Links- und Rechtshändern.

Sie sehen, es ist gar nicht so einfach, die Vorliebe der Hand mal eben per Test zu diagnostizieren. Auch die Forschung zum Thema Händigkeit ist längst noch nicht abgeschlossen, viele Fragen sind derzeit noch unbeantwortet oder nicht eindeutig geklärt. So streiten sich die Fachleute sogar darüber, welches Testverfahren das beste, zuverlässigste und sicherste ist, um die Händigkeit zu ermitteln.

Das Kapitel auf einen Blick

- Weder Klatschtest noch Schreibhand: Es gibt keine singuläre Tätigkeit, die Ihnen zuverlässig verrät, welche Hand die dominante ist.
- Es gibt unzählige Testverfahren, die helfen sollen, die Händigkeit zu ermitteln. Manche Tests sind umstritten.
- Linkshänder bewerten Dinge links von sich oft positiver. Bei Rechtshändern ist es umgekehrt.

Was Sie ausprobieren können

- Beobachten Sie beim nächsten Konzert oder Theaterbesuch das Publikum um Sie herum: Wer klatscht wie?
- Achten Sie beim Fußballspiel mal nicht auf den Ball, sondern auf die Beine: Wer kickt mit dem linken Fuß und wer schießt mit rechts?

- Wenn Sie sich das nächste Mal zwischen zwei ziemlich ähnlichen Dingen entscheiden müssen: Nehmen Sie nicht das, was auf Ihrer Lieblingsseite liegt, sondern wählen Sie bewusst genau das andere aus.

KAPITEL 2

ZEHN FAKTEN ÜBER LINKS UND RECHTS, DIE SIE BESTIMMT NOCH NICHT WUSSTEN

Was stimmt, was nicht?

Keine Frage, Linkshänder hatten lange ein schlechtes Image. Das ging sogar so weit, dass im Mittelalter nicht nur rothaarige, sondern auch linkshändige Frauen für Hexen gehalten wurden. Sie sind bis weit in das 17. Jahrhundert hinein grausam verfolgt, gefoltert und hingerichtet worden. Noch heute verkörpert die linke Hand in manchen Kulturkreisen das Unreine. Wenn Sie zum Beispiel einem Inder mit der linken Hand auf die Schulter klopfen, reagiert er vermutlich ähnlich wie ein Europäer, dem Sie mitten ins Gesicht niesen. Linkshänder gelten auf der anderen Seite aber auch als besonders musisch und kreativ – und Rechtshänder dagegen als die besseren Logiker und Analytiker. Stimmt das überhaupt? Dazu später mehr. Tatsache ist allerdings, dass zu diesem Thema eine ganze Menge von Mythen, Legenden und Erfundenem existiert. Wir klären auf und verraten zehn Fakten: Spannendes, Kluges, Überraschendes und Lustiges. Nichts davon wird im Abitur oder im Vorstellungsgespräch abgefragt, aber wahrscheinlich werden Sie es trotzdem im Gedächtnis behalten.

Fakt 1: Nichts Genaues weiß man nicht!

Zugegeben, es mag wenig überzeugend wirken, wenn eine Faktensammlung damit beginnt, dass man eigentlich keine Ahnung hat. In diesem Fall bitten wir aber um Entschuldigung. Bei der Suche nach der genauen Anzahl von Links- und Rechtshändern geht es auch den profiliertesten Experten nicht anders als uns. Eine exakte Auskunft ist einfach unmöglich. Nur eines lässt sich mit Sicherheit feststellen: Linkshänder sind auf der ganzen Welt in der Minderheit. Je nach Studie schwanken die Zahlen zwischen sehr niedrigen Werten um die drei Prozent bis zu einem Anteil von fast 23 Prozent. Manche stellen sogar die steile These auf, es könnte bis zu 50 Prozent Linkshänder geben – was bedeuten würde, dass es etwa gleich viele Linkshänder und Rechtshänder gäbe. So groß ist die Spanne in Deutschland nicht – die Angaben zum Anteil der Linkshänder variieren hierzulande meist zwischen 10 und 15 Prozent. Übersetzt in Zahlen bedeutet das: Etwa 8 000 000 bis 12 000 000 Deutsche bevorzugen ihre linke Hand. Das ist schon ein ziemlich großes gallisches Dorf, finden Sie nicht auch?

In dieser gallischen Siedlung herrscht übrigens Männerüberschuss. So entdeckten zum Beispiel Wissenschaftler der Universität Wien in zwei unabhängigen Stichproben mit insgesamt fast 13 000 Studienteilnehmern einen Unterschied zwischen den Geschlechtern: Bei den Frauen waren nur rund 7,5 Prozent linkshändig, bei den Männern zählten dagegen 8,8 Prozent zu den Linkshändern.[7]

Abgesehen davon wird es aber auch in Zukunft nicht viel genauere Zahlen geben. Dafür gibt es eine einfache Erklärung. Zum einen hängen die schwankenden Zahlen ganz klar mit der Erhebungsmethode zusammen. Bei reinen Befragungen zählen sich auch solche Teilnehmer zu den Rechtshändern, die eigentlich Linkshänder sind, ohne es zu wissen – zum Beispiel, weil sie als Kind so früh umgeschult worden sind, dass sie gar keine Erinnerung mehr daran haben. Werden die Teilnehmer jedoch von Experten auf ihre Händigkeit getestet, fällt die Anzahl der Linkshänder meist höher aus. Zum anderen gibt es kein einheitliches Regelwerk dafür, wie mit der (nicht gerade kleinen) Gruppe von Menschen umgegangen wird, die nicht extreme Links- oder Rechtshänder sind und damit sofort eine klare Antwort liefern. Zählen umgeschulte Linkshänder, die seit Jahrzehnten mit der rechten Hand schreiben, überhaupt zu den Rechtshändern? Und wo lassen sich eigentlich diejenigen einordnen, die vielleicht mit links malen und mit rechts schreiben?

Fakt 2: gute Hände, schlechte Hände

Während unklar bleibt, wie genau das Verhältnis zwischen Rechts- und Linkshändern ausfällt, ist eines ziemlich deutlich: Die dominante Hand ist in jeder Hinsicht einfach besser – geschickter, stärker, sicherer, schneller, exakter, leistungsfähiger. Doch bevor Ihre dominante Hand anfängt, arrogant zu werden, und die andere Hand verschämt in Ihrer Hosentasche verschwindet, sagen wir: Stopp! Denn dafür besteht überhaupt kein Anlass. Die weniger dominante Hand ist nicht ungeschickt, schwach oder schlecht. Das Gegenteil ist der Fall! Es gibt allen Grund, die vermeintlich talentlose Hand zu lieben und wertzuschätzen. Schließlich gibt es eine Menge komplexer Tätigkeiten, die nur dann erfolgreich ausgeübt werden können, wenn beide Hände ihren Job gleichermaßen gut erledigen. Die beiden sind ein Team. Geselle und Meister. Der eine reicht das Rohr, der andere schraubt es rein und sagt: »Pause!«

Wer schon mal den Highscore in einem Jump-'n'-Run-Spiel zu knacken versucht hat, weiß, wovon wir reden. Ganz gleich, ob auf der guten alten Spielekonsole oder auf dem Smartphone – mit einer Hand besiegen Sie den Endboss nicht. Der lacht sich schlapp. Sie brauchen beide Daumen. Nur wenn die Finger beider Hände im richtigen Augenblick auf die richtigen Tasten drücken, schmeißen Sie den Gauner ins Gefängnis, retten die Welt und heiraten die Prinzessin oder auch den Prinzen. Das Zehn-Finger-System ist ein weiterer überzeugender Beweis dafür, dass beide Hände sehr geschickt sein können. Es ist wie in der Behörde: Jeder Finger hat seinen eigenen Zuständigkeitsbereich. Brauchen Sie ein Q, A oder Y, müssen Sie sich an den linken kleinen Finger wenden. Soll dem A noch ein W, S oder X folgen, sind Sie beim kleinen Finger falsch, der schickt Sie nämlich rüber zum linken Ringfinger. Das geht immer so weiter bis zum rechten kleinen Finger, dessen Abteilung die Buchstaben P, Ü, Ö und Ä unterstehen. Trainierte Zehnfingerschreiber schaffen so pro Minute mehrere hundert Anschläge – die Finger tanzen regelrecht über die Tastatur. Den aktuellen Weltrekord im Schnell-Tippen hält übrigens seit 2001 die Tschechin Helena Matouskova: Sie bringt es auf ganze 821 Anschläge pro Minute. Das ist kein Tanz mehr, da prasselt ein Hagelsturm auf das Keyboard.

Sie halten dennoch an dem Irrtum fest, dass es eine gute und eine schlechte Hand gibt? Dann beobachten Sie einmal ganz genau eine Violinistin: Während die eine Hand die Saiten greift, streicht die andere den Bogen. Ohne die »schwache Hand« hätten Sie nur die vier Leersaiten zur Verfügung. Damit kriegen Sie einen gepflegten Karnevalstusch hin, aber bei Bach kommen Sie nicht mal bis zum ersten Takt. Erst mit dem perfekten Zusammenspiel beider Hände entlockt die Musikerin ihrem Instrument genügend harmonische Klänge, um die Zuschauer in der Elbphilharmonie den Eintrittspreis vergessen zu lassen.

Sie zweifeln immer noch? Ganz schön hartnäckig. Okay. Wie schlagen Sie eigentlich einen Nagel in die Wand? Einhändig? Nagel hinstellen, Hammer schnappen und Nagel in die Wand hauen? Wenn Sie das schaffen, tragen Sie einen blauen Ganzkörperanzug, einen roten Umhang und ein großes »S« auf der Brust und gewinnen jedes Armdrücken. Alle anderen brauchen auch hier beide

Hände. Die eine Hand hält den Nagel, Ihre bevorzugte Hand zielt mit dem Hammer treffsicher auf den Nagelkopf. Damit das auch wirklich gelingt, muss die angeblich weniger leistungsfähige Hand ordentlich mit anpacken: Sie fixiert den Nagel, tastet den Untergrund nach der perfekten Position ab, hält ihn stabil und richtet ihn nach jedem Hammerschlag bei Bedarf neu aus. Klar, die Leistung der starken Hammer-Hand wirkt beeindruckender. Doch für den erfolgreichen Heimwerker-Einsatz ist der Beitrag der nicht dominanten Assistenz-Hand ebenso wichtig. Es ist wie beim Magier. Er wirbelt mit dem Zauberstock, lässt die Assistentin verschwinden und heimst den Applaus ein. Doch wer hockt zusammengekauert im doppelten Boden? Eben!

Auch bei ganz einfachen beidhändigen Tätigkeiten wie Salatwaschen oder Bügeln konzentrieren wir uns meist auf die Führungshand. Die »schwächere« Hand übernimmt oft den vermeintlich unspektakuläreren Part, muss dafür jedoch früher zur Stelle sein, um Aktionen für die bessere Schwester vorzubereiten. Sie ist ein Meister darin, alles »blind« auszuführen, denn unser Blick gilt meist nicht ihr. Sie ist die perfekte stille Zuarbeiterin. Applaus für sie! Und zwar mit beiden Händen.

Fakt 3: von Linkspfötern und Rechtsriechern

Es liegt in der Natur des Menschen, sich in allem überlegen zu fühlen. Lange waren wir überzeugt davon, die Bevorzugung einer Körperseite für bestimmte Aufgaben sei so anspruchsvoll und komplex, dass sie nur den Primaten vorbehalten sei. »Die Krone der Schöpfung« irrte sich grundlegend: Die Tatsache, dass Menschen meist Rechtshänder sind, macht uns noch lange nicht einzigartig. In den zurückliegenden Jahren haben Wissenschaftler auf der ganzen Welt bewiesen, dass Tiere von A wie Affe bis Z wie Zebra eine Lieblingspfote, -hufe, -flosse oder -kralle haben.

So haben Biologen der Staatlichen Universität St. Petersburg herausgefunden, dass Kängurus über eine ähnlich konsistente, sprich stabile, Händigkeit verfügen wie der Mensch.[8] Die australischen Beuteltiere bevorzugen allerdings nicht die rechte Seite, wie es bei Menschen meist üblich ist, sondern setzen vor allem auf die linke Vorderpfote, um sich Gras und Blätter ins Maul zu stopfen oder zu nah kommenden Touristen ihre Grenzen aufzuzeigen.

Hühner haben sogar ganz besondere Fertigkeiten: Sie können mit ihren Augen zwei verschiedene Aufgaben gleichzeitig lösen. Während das rechte Hühnerauge (!) nach einem Korn auf dem Boden sucht, kontrolliert das linke Auge den Himmel, um nach feindlichen Greifvögeln Ausschau zu halten. Wie viel entspannter beispielsweise wäre der Sommerschlussverkauf: Mit dem linken Auge scannen wir die Regale nach Schnäppchenkleidern ab, mit dem rechten mögliche Konkurrentinnen, die uns unseren Schatz streitig machen wollen. Und wie leicht wäre es in der Schule gewesen? Das linke Auge holt sich die Mathe-Ergebnisse vom Sitznachbarn, das rechte Auge behält den Lehrer im Blick.

Ähnlich beeindruckend ist die Fähigkeit von Hunden, neue Düfte vor allem mit dem rechten Nasenloch zu erschnüffeln, wie der italienische Forscher Giorgio Vallortigara und sein Team herausgefunden haben.[9] Bei unliebsamen Gerüchen (Igitt! Der Tierarzt hat nicht geduscht!) bleibt das rechte Nasenloch aktiv. Schnuppern die Vierbeiner allerdings angenehme Düfte wie weibliche Artgenossen oder ein saftiges Stück Fleisch, übernimmt das linke Nasenloch.

Fakt 4: Pferdekutschen vs. Paddelboote

Warum gibt es auf den Straßen dieser Welt eigentlich Links- und Rechtsverkehr? Theorien dazu gibt es viele. Eine davon ist die, dass Napoleon den Engländern eins auswischen wollte – und nur deshalb überall in Europa den Rechtsverkehr anordnete, um nicht auf der gleichen Straßenseite unterwegs zu sein wie seine britischen Feinde. So ist das als Herrscher: Wir Normalmenschen müssen die Straßenseite wechseln, wenn uns jemand nicht gefällt, der Feldherr ordnet kurz den europäischen Verkehr um. Wer kann, der kann.

Die wahrscheinlichere Erklärung ist aber, dass der kleine Franzose lediglich das durchsetzte, was in seinem Heimatland eh schon seit der Französischen Revolution üblich war.

Wer erste historisch verbriefte Belege für Linksverkehr finden will, muss viel weiter zurück in die Vergangenheit gehen. Genauer gesagt, bis ins Römische Reich: Eine 2000 Jahre alte Münze liefert erste Antworten. Auf ihr sind zwei Reiter abgebildet, die aneinander vorbeireiten – und zwar nicht an der linken Schulterseite, wie es beim Rechtsverkehr üblich wäre, sondern an der rechten Schulterseite. Nun ist es so, dass die Römer bei Streitigkeiten im Verkehr keine Hupe zur Aggressionsminderung zur Verfügung hatten, sondern ein Schwert. Mit einem Schwert klären sich Meinungsverschiedenheiten besser zur rechten Seite als zur linken, denn dort steht das Pferd im Weg. Im Zweifel würde das nämlich sonst heißen: Meinungsverschiedenheit geklärt, aber Pferd tot. Das römische Geldstück ist also der vielleicht älteste Beweis für Linksverkehr. Noch heute gibt es ihn in über 50 Ländern der Welt. Die meisten davon sind ehemalige britische Kolonien. Erst im 19. und frühen 20. Jahrhundert setzte sich der Rechtsverkehr weltweit großräumig durch.

Fun Fact: Beide Varianten haben den gleichen Ursprung. Ganz egal, ob die Fahrspur nun links oder rechts liegt, die Rechtshänder waren stets in der Überzahl und haben den jeweiligen Standard vorgegeben. Majority rules! Will etwa ein Rechtshänder mit dem Paddelboot vorwärtskommen, dann sticht er sein Paddel in erster Linie auf seiner starken rechten Seite ins Wasser. Sobald ihm jemand entgegenkommt, muss er ausweichen – und das geht natürlich viel einfacher, wenn er nach rechts lenkt. Wäre er auf der linken Seite unterwegs, kämen sich die Paddel nämlich leicht ins Gehege. Kein Wunder, dass sich auf jeder Wasserstraße der Welt Rechtsverkehr durchgesetzt hat. Gerade in flussreichen Ländern mit für Verkehr und Wirtschaft unverzichtbarer Binnenschifffahrt hat sich auch auf dem Land der Rechtsverkehr schneller etabliert. Denn zu Land haben vor allem Pferde, Kutschen und Reiter den Linksverkehr geprägt. Ein Beispiel: Ein (rechtshändiger) Bauer führte im Mittelalter seinen mit Körben bepackten Esel am liebsten mit der rechten Hand zum Markt und blieb dafür gern auf der linken Seite. Das war gleich in zweifacher Hinsicht praktisch: Der Bauer musste nicht umständlich dem Gegenverkehr ausweichen und der Esel blieb nicht ständig stehen, um etwas Gras vom Wegrand zu naschen. Für den Landwirt eine Win-win-Situation, für den Esel eine Lose-lose-Situation: Gegenverkehr und nichts zu fressen.[10]

Fakt 5: Psychotricks im Supermarkt

Bitte schließen Sie einmal die Augen und beamen Sie sich in Gedanken in Ihren liebsten Supermarkt: Links liegen die Kassen, rechts der Eingang, gleich dahinter die Obst- und Gemüseabteilung, dann geht es weiter auf der rechten Seite zum ersten Kühlregal, es folgen Wurst- und Käsetheke, weiter geht es mit dem Kühlregal, während zur Linken Marmelade, Tee und Putzmittel auf Käufer warten, und am Ende Ihres Rundgangs enden Sie bei den Kassen. Richtig? Es tut uns leid, Sie enttäuschen zu müssen, wir haben immer noch keine hellseherischen Fähigkeiten. Die schnöde Wahrheit ist, dass ein Großteil aller Supermärkte genauso aufgebaut ist – sie führen ihre Kunden gegen den Uhrzeigersinn durch den Markt. Dahinter steckt ein einfacher psychologischer Trick: Menschen haben nicht nur eine Lieblingshand, sondern auch einen Lieblingsfuß. Welcher das bei Ihnen ist, können Sie im nächsten Kapitel herausfinden. Und so wie die meisten Menschen ihre rechte Hand bevorzugen, so ist ein Großteil auch Rechtsfüßer. Der rechte Fuß ist dabei deutlich kräftiger – Rechtsfüßer stoßen sich auf dieser Seite stärker ab und laufen damit automatisch einen Bogen entgegen des Uhrzeigersinns. Den daraus resultierenden Linksdrall nutzen die Supermärkte und führen ihre Kunden entlang ihrer natürlichen Laufrichtung. Die fühlen sich dabei nämlich pudelwohl, geben gut gelaunt mehr Geld aus und können mit ihrer bevorzugten rechten Hand die Produkte aus den Regalen direkt in den Einkaufskorb räumen. Perfekt!

Halt!, rufen die besonders aufmerksamen Leser. Was ist mit Lidl, Aldi & Co.? Läuft man bei denen nicht oft rechtsherum durch die Gänge? Stimmt. Was steckt dahinter? Wollen die Discounter ihre rechtshändigen Kunden etwa schneller loswerden? Knallen die Rechtsfüßer aufgrund des Linksdralls gegen die Supermarktwände? Sollen sie sich bitte bloß nicht wohlfühlen, indem sie gezwungen werden, entgegen ihrer Natur zu laufen? Oder steckt dahinter gar die Linkshänder-Lobby? Natürlich ist das alles totaler Quatsch. Wir haben stellvertretend für alle Discounter bei Aldi Nord nachgefragt, was der wahre Grund für den ungewöhnlichen Aufbau ist. Die Antwort ist so banal wie einleuchtend: »Die Ausrichtung bzw. Laufrichtung unserer ALDI Nord Märkte orientiert sich rein an den jeweiligen baulichen Gegebenheiten. Ein Aspekt dabei ist unter anderem, dass wir den Weg vom Parkplatz zum Markteingang für unsere Kundinnen und Kunden so kurz und komfortabel wie möglich gestalten wollen.« Also keine Verschwörung, keine Drangsalierung. Die Leute sollen einfach vom Auto mit einem Schritt im Laden stehen.

Fakt 6: Haste mal 'ne Kippe?

Wir sind schon ein ganz schönes Stück schlauer geworden und haben einiges über unsere starke Seite gelernt: Jeder Mensch hat eine Lieblingshand, wir ziehen den einen Fuß dem anderen vor und auch die Tierwelt bevorzugt oft eine Flosse, Pfote oder Kralle. Damit ist noch lange nicht Schluss – auch unsere Ohren sind von dem Phänomen nicht ausgeschlossen! Forscher haben herausgefunden, dass wir uns in spannenden Unterhaltungen dem Gesprächspartner am liebsten mit unserem rechten Ohr zuwenden. Den italienischen Wissenschaftlern Luca Tommasi und Daniele Marzoli von der Universität in Chieti war das nicht genug – sie wollten mehr wissen und suchten im italienischen Nachtleben nach Antworten. Die beiden Psychologen beobachteten dafür das Partyvolk: Welches Ohr wenden die Zuhörer dem Sprecher hin, wenn im

Hintergrund laute Musik läuft? Und mit welchem Ohr versuchen die Klubgäste undeutliche Worte besser zu verstehen? In beiden Fällen ist das Ergebnis eindeutig: Die Probanden wandten überwiegend das rechte Ohr nach vorn.

Das Duo ging noch einen Schritt weiter und schnorrte gezielt entweder auf dem rechten oder auf dem linken Ohr nach einer Zigarette. Auch hier wieder ein eindeutiges Resultat: Fast doppelt so oft hatten die Forscher mit ihrer Bitte Erfolg, wenn sie in ein rechtes Ohr gesprochen haben.[11] Wer also demnächst Nachschub braucht (oder eine Telefonnummer), kennt den ultimativen Geheimtrick: Schnorren (und Flirten) bitte von rechts!

Fakt 7: das Drama des stotternden Königs

Vier Oscars, insgesamt mehr als 40 Auszeichnungen, knapp 2,5 Millionen Kinobesucher allein in Deutschland und weltweit über 300 Millionen Euro Einnahmen machen »The King's Speech« mit Colin Firth in der Hauptrolle zu einem der erfolgreichsten Filme aller Zeiten. Auch wenn im Laufe der Jahre – »The King's Speech« kam 2010 auf die Leinwand – vielleicht die Erinnerung an die genaue Handlung verblasst, hat sich eines in den Köpfen vieler Zuschauer eingeprägt: Der britische König George VI. stotterte so massiv, dass jeder öffentliche Auftritt zur Qual wurde. Warum der Vater von Queen Elizabeth allerdings an dieser Sprachbehinderung litt, wissen nur die wenigsten. Die Antwort kennt Adelsexpertin Leontine Gräfin von Schmettow: »George VI. war eigentlich geborener Linkshänder und musste mühsam lernen, mit rechts zu schreiben.«[12] Ganz bezwingen ließ sich seine starke linke Hand jedoch nie. »1926 trat er, damals noch Duke of York, zusammen mit Louis Greig in Wimbledon zum Herrendoppel an. Den Tennisschläger hielt er das ganze Turnier über wie selbstverständlich mit links«, erklärt die TV-Journalistin. Der andauernde Kampf zwischen rechter und unterdrückter Hand hatte fatale Folgen: lebenslanges Stammeln und Stottern.

Dabei war George VI. längst nicht der einzige royale Lefty, wie Linkshänder im Englischen umgangssprachlich genannt werden. Gleich drei von bislang insgesamt fünf »King Georges« gelten als Linkshänder: König George II., der von 1727 bis 1760 über Großbritannien und Irland regierte, König George IV., der nur zehn Jahre bis 1830 über das Vereinigte Königreich herrschte, und eben George VI. Auch seine Urgroßmutter, Queen Victoria, soll eigentlich Linkshänderin gewesen sein. Sie schrieb mit rechts, malte aber angeblich weiter mit links.

»George VI. litt enorm an seiner Umschulung. Es heißt, er wünschte sich von seiner Tochter Elizabeth, dass künftig kein Royal mehr zum Rechtshänder-Dasein gezwungen wird«, sagt die Königshausexpertin. Sein Wunsch ging in Erfüllung! Zwar sind Königin Elizabeth sowie ihre Kinder Prinz Charles und Prinzessin Anne selbst keine Linkshänder (auch wenn die Queen und der künftige König im Netz immer mal wieder fälschlicherweise als solche bezeichnet werden), doch dafür darf Prinz William von Geburt an mit seiner starken linken Hand leben, schreiben und dem Volk aus der Kutsche winken. »Ein Happy End gab es auch für George VI.«, weiß Leontine von Schmettow. Denn so ganz verschwand dessen Stottern nie, dafür half ihm der australische Sprachtherapeut Lionel Logue, das Problem weitgehend zu kontrollieren. God save the King.

Fakt 8: Die Sache hat einen Haken

Es ist kein Geheimnis, dass unter den sechs US-Präsidenten von 1981 bis 2017 gleich vier Linkshänder weilen: Ronald Reagan, George Bush Senior, Bill Clinton und Barack Obama. Denn immer wieder berichten Medien augenzwinkernd davon, dass Amerika fest im Griff von Linkshändern ist. Das ist natürlich spätestens seit dem Amtsantritt von Rechtshänder (und Rechtsdenker) Donald Trump Unsinn. Trotzdem ist die Tatsache bemerkenswert, denn unter den bislang 45 Präsidenten gelten außerdem nur noch Gerald Ford und Herbert C. Hoover als eindeutige Linkshänder.

Überraschend ist dagegen die Tatsache, dass Barack Obama auf keinen Fall ein gutes Vorbild für die vielen Linkshänder weltweit ist. Warum? Nun, Mister Obama schreibt mit der sogenannten Haken-Hand – genau so, wie man es tunlichst vermeiden sollte: Der Arm legt sich um das Blatt herum, die Hand verkrampft sich zum Haken, um von oben den Stift führen zu können, damit das Geschriebene auch gleichzeitig gelesen werden kann und nicht verschmiert. Das klingt nicht nur unbequem, das ist es auch. Wer sich Fotos anschaut, wie Barack Obama im Oval Office Dokumente signierte, bekommt schon vom Hinsehen Kopfschmerzen und Nackenverspannungen – der 44. Präsident der Vereinigten Staaten von Amerika kippt beim Schreiben zusätzlich den Kopf zur Seite und verschiebt seine linke Körperhälfte nach vorn. Dabei ist seine ungeschickt wirkende Schreibweise keine Seltenheit – vielmehr zeigt sie das Dilemma vieler Linkshänder: Wie schreibt man am besten, ohne dass die Hand das Geschriebene gleich wieder verwischt? Welche Position nimmt man beim Sitzen ein und worauf muss man sonst noch achten?

Besser, fast schon vorbildlich, macht es Bill Clinton. Er schafft es, seine Hand nicht zu krümmen, kippt das Papier stattdessen in eine leichte Schräglage, setzt mit dem Stift von unten an und sitzt aufrecht. Das sieht nicht nur eleganter aus, sondern – viel wichtiger – ist vor allem eine entspannte Schreibposition.

Fakt 9: Norden, Süden, Osten, Westen

Knapp 15 000 Kilometer vom Weißen Haus entfernt, ganz oben, im Norden von Down Under, liegt die Kap-York-Halbinsel – sie ist der nördlichste Zipfel Australiens. Hier lebt ein Stamm der Aborigines, der eine Sprache gleichen Namens spricht: Guugu Yimidhirr – eine Sprache, die vom Aussterben bedroht ist, weil sie nur noch die Alten sprechen, während die Kinder in der Schule Englisch lernen. Dem Känguru – von dem wir schon wissen, dass es sich mit links prügelt – haben die australischen Ureinwohner seinen Namen gegeben: In ihrer Sprache heißt das Beuteltier »gangurru«, die Bezeichnung haben Menschen auf der ganzen Welt übernommen. Im Englischen lautet der Hüpfer »cangaroo«, auf Türkisch »kanguru«, die Italiener nennen es »canguro« und die Franzosen »kangourou«.

Was hat das alles mit links und rechts zu tun? Ganz einfach. Die Guugu Yimidhirr sind nicht nur für ihre besondere Sprache bekannt, sondern auch für ihr in jeder Hinsicht außergewöhnliches Raumverständnis. In ihrem Wortschatz gibt es keine Begriffe für links, rechts, oben oder unten.[13] Das sind sogenannte egozentrische Begriffe, die immer nur dann Sinn machen, wenn sie einen Bezug zur Position des Betrachters im Raum haben. Ein Beispiel: Schaut man von der einen Seite auf das Känguru neben dem Eukalyptusbaum, sitzt es rechts davon. Steht man aber auf der gegenüberliegenden Seite, hockt das Känguru auf einmal links vom Baum und nicht mehr rechts. Für die australischen Ureinwohner macht es dagegen keinen Unterschied, wo sie sich im Raum befinden – beziehungsweise fast keinen, darüber streiten sich die Wissenschaftler noch. Die Guugu Yimidhirr orientieren sich anhand der Himmelsrichtungen, mithilfe der Sonne, der Sterne, des Mondes. Das könnte dann zum Beispiel so klingen: Da drüben, nördlich deines Kopfes und westlich des Eukalyptusbaumes, hockt ein Känguru im Schatten. Oder für uns Europäer: Westlich der Kaffeekanne und südlich des Brotkorbs steht die Marmelade, gibst du sie mir bitte? Damit das funktionieren kann, brauchen die Guugu Yimidhirr ein inneres Navigationsgerät, das ständig automatisch ein Update hochlädt: Ganz gleich ob an unbekannten Orten, auf vertrautem Terrain, bei völliger Dunkelheit oder im blendenden Sonnenlicht – die Ureinwohner wissen stets, wo Norden, Süden, Osten und Westen ist. Ihr innerer Kompass ist wie ein Extra-Sinn, der dem Rest der Menschheit fehlt. Wir haben ihn nicht. Darum können wir auch nicht auf diese Stimme aus dem Lautsprecher verzichten, die uns sagt: »Sie haben Ihr Ziel erreicht.«

Fakt 10: auf die linke Tour

Der einzigartige Orientierungssinn der Guugu Yimidhirr prägt ihre Sprache über den besonderen Wortschatz hinaus, der völlig ohne die für uns so geläufigen Begriffe wie links, rechts, auf, unter oder neben auskommt: Wissenschaftler haben entdeckt, dass etwa jedes zehnte Wort, das die australischen Ureinwohner der Kap-York-Halbinsel in den Mund nehmen, eine Richtungsangabe ist. Stellen Sie sich vor: In fast jedem Satz taucht ein Wort zur Positionsbestimmung auf. Kaum vorstellbar, oder?

Doch auch in unserer Sprache sind »links« und »rechts« tief verankert – und zwar weit über Richtungsangaben hinaus. Sicher haben Sie schon mal jemanden links liegen lassen? Oder bei »Mensch ärgere Dich nicht« Ihre Mitspieler gelinkt? Klar, das machen Sie doch sicher mit links. Deshalb sind Sie noch lange nicht link, auch wenn Ihr Würfel-Geschick eher linkisch ist. Was meint eigentlich Ihre rechte Hand dazu? Ist das rechtens? Egal, die Hauptsache ist doch, Sie haben Ihr Herz am rechten Fleck.

Fällt Ihnen etwas auf? Genau, »links« ist durch und durch negativ besetzt, aber »rechts« wird positiv gewertet. Die sprachgeschichtlichen Wurzeln dafür reichen mehrere Hunderte, ja gar Tausende Jahre zurück. »Rechts« entwickelte sich im Laufe der Jahrhunderte aus dem indogermanischen »reg«, das sowohl für »geradeaus« und »aufrichten« als auch für das »Gute« und »Vollkommene« verwendet wurde. Diese Bedeutung hat sich bis heute gehalten: »Rechts« ist buchstäblich richtig – und die Wortwurzel steckt außerdem in »Recht«. Parallelen dazu finden sich auch in anderen Sprachen: Im Englischen bedeutet »right« rechts, richtig und Recht, im Französischen heißt es »droit«, »derecha« auf Spanisch und »dreapta« im Rumänischen.

Dagegen hat »links« seinen Ursprung im etwa 1000 Jahre alten, mittelhochdeutschen »linc« (oder auch »lenc«) und bedeutete einst so viel wie »unbeholfen«. Später gesellte sich eine weitere Bedeutung hinzu: Wer jemandem eine Linke dreht, mogelt. Diese Redewendungen haben bis heute überdauert. Wer linkisch ist, gilt als tollpatschig; wer sich linken lässt, wird betrogen.[14]

Das Kapitel auf einen Blick

- Es mangelt an genauen Angaben darüber, wie hoch die Zahl der Links- und Rechtshänder tatsächlich ist. Fakt ist, die Linkshänder sind weltweit in der Unterzahl. In Deutschland soll nur etwa jeder Zehnte die linke Hand bevorzugen.
- Sie haben auf keinen Fall eine gute und eine schlechte Hand! Beide Hände müssen im Alltag eine Menge leisten und gemeinsam komplexe Aufgaben bewältigen.
- Eine Umschulung kann massive Folgen haben, unter denen Sie ein Leben lang leiden. Vor allem, wenn Sie König von England werden wollen.
- Auch Tiere haben eine Lieblingsseite. Die starke Hand ist kein Alleinstellungsmerkmal des Menschen.
- Ganz gleich ob Links- oder Rechtsverkehr: Beides hat vermutlich seinen Ursprung darin, dass die meisten Menschen Rechtshänder sind.

Was Sie ausprobieren können

- Haben Sie ein Haustier? Wenn ja, beobachten Sie Bello, Miezi & Co. einmal genau! Können Sie entdecken, ob Ihr kleiner Liebling eine Seite bevorzugt?
- Gehen Sie beim nächsten Einkauf einmal »falsch« durch den Supermarkt – von der Kasse bis zum Eingang. Sie werden einiges Neues entdecken, was Ihnen vorher nie aufgefallen ist.
- Versuchen Sie beim nächsten Spaziergang sich anhand der Himmelsrichtungen zu orientieren. Wo steht die Sonne? Geht sie bald unter, ist es mittags oder ist sie gerade erst aufgegangen?

KAPITEL 3

WIE HAND UND HIRN HAND IN HAND ZUSAMMENARBEITEN

Das Gehirn und die Hand

Ganz selbstverständlich sind sie da, die Hände – zwei Alleskönner, die unser Gehirn heimlich still und leise steuert. Diese unglaubliche Symbiose von Hirn und Hand befähigte den Menschen, die erstaunlichsten Fähigkeiten zu entwickeln und Errungenschaften in Wissenschaft und Technik zu erreichen. Dabei scheint es kein Limit zu geben: Wir betreten den Mond, lassen Sonden zum Mars fliegen oder verlegen Tiefseekabel im Meer. Solche Geniestreiche entstehen jedoch nicht nur in den Köpfen von Wissenschaftlern oder Ingenieuren. Um große Ideen umzusetzen, sind die unzähligen Hände, die Entwürfe zeichnen, Schrauben drehen, Schalter umlegen oder Startknöpfe drücken, mindestens genauso wichtig.

Je weniger wir im Alltagsleben darüber nachdenken, was wir tun, desto besser gehen uns die Fertigkeiten unserer Patschepfötchen von der Hand. Wie gut sie funktionieren, fällt uns oft erst dann auf, wenn wir uns mal in den Finger schneiden. Um das zu vermeiden, versuchen Sie besser nicht, den Kern einer Avocado mit dem Messer aufzuspießen oder die grüne Frucht beim Schneiden in Ihrer Hand zu halten: Es droht die typische »Avocado-Hand«, bei der Sie mit dem Messer versehentlich abrutschen und sich mit der Klinge an der Handfläche oder den Fingern verletzen.[15] Die amerikanische Schauspielerin Meryl Streep hat es übrigens schon erwischt. Seien Sie beim Schneiden also bitte vorsichtig! Ihre Hände werden Sie dafür lieben. Aber wir schweifen ab.

Zurück zu unseren unversehrten Händen und der Frage, warum sie so bewundernswert sind. Erinnern Sie sich, wie schwierig es als Kleinkind war, einen Ball zu fangen? Wissen Sie noch, wie knifflig das Schreiben in den ersten Jahren der Grundschule war? Ja, aller Anfang ist schwer. Denken Sie zurück an all die vielen Schwungübungen, Schleifen und Striche, die Sie ins Schreibheft malten, und an die kleinen e's und großen H's. Doch einmal gelernt, dachten wir nicht mehr an die unzähligen A's und B's und C's. Vielleicht verschwendeten wir nach der Grundschule noch den einen oder anderen Gedanken an das Schriftbild, also an das, was Hand und Hirn gemeinsam vollbrachten – wenn auch nicht immer zur vollsten Zufriedenheit. Meistens verstanden sich die beiden jedoch prima und das ist bis heute so: Jedes Mal, wenn wir neue Fingerfertigkeiten lernen, beispielsweise Avocados korrekt aufschneiden, müssen wir uns anfangs noch darauf konzentrieren, was die Hände eigentlich tun sollen. Ist ein Bewegungsablauf einmal gelernt und automatisiert, achten wir gar nicht mehr darauf. Wir ärgern uns selten über unsere Hände, weil sie so perfekt und zuverlässig funktionieren. Gut – wenn wir versuchen, das neue Küchenregal an der Wand zu befestigen oder einen Faden durch ein Nadelöhr zu ziehen, überkommt uns eventuell ein leichter Zweifel.

Unsere Hand ist ein echtes Wunderwerkzeug, doch auch Menschenaffen haben mit ihren Händen einiges drauf. Die cleveren

Primaten nutzen Steine als Werkzeug, um zum Beispiel Nüsse zu knacken, und können mit einem Stöckchen in einem Termitenhaufen stochern, um dann die krabbelnden Insekten genüsslich zu verspeisen. Anders als wir, die in der Lage sind, Daumen und jeden Finger einzeln zu bewegen und mit unserem *Pinzettengriff* den kleinsten Gegenstand festzuhalten, können sie meist nur mit der ganzen Hand greifen. Selbst dafür gibt es einen eigenen Begriff – den Affengriff. Und damit ist übrigens nicht die Tastenkombination »Strg + Alt + Entf« gemeint.

Unsere Hände machen uns, die Spezies Mensch, zum absoluten Ausnahmetalent und Überflieger. Zu den besonderen Fähigkeiten unserer Hände gehört aber auch, dass wir in der Regel eine Hand der anderen vorziehen. Dieses Phänomen wird als Händigkeit bezeichnet. Doch was verbirgt sich eigentlich hinter den Begriffen der Händigkeit und Seitigkeit, und was hat das Gehirn damit zu tun?

Händigkeit

Unter *Händigkeit* versteht man die natürliche, nicht durch Erziehung geprägte Bevorzugung einer Hand für feinmotorische Aufgaben hinsichtlich Präzision, Geschicklichkeit, Geschwindigkeit, Krafteinsatz und Ausdrucksfähigkeit. Wie wir im ersten Kapitel schon gelernt haben, findet sich eine höhere Leistungsfähigkeit einer Hand bei den meisten Menschen. Ausnahmen sind lediglich *Ambidexter,* also Beidhänder. Zwar bezeichnen sich viele als solche, doch ein echter Beidhänder ist nur derjenige, der jede Tätigkeit mit beiden Händen gleich gut erledigen kann. Diese Personen haben absoluten Seltenheitswert. Am häufigsten tritt dieser Ausnahmefall bei Menschen auf, denen aus medizinischen Gründen das *Corpus callosum,* auch Balken genannt, durchtrennt wurde. Das ist eine Region im Gehirn, über die unsere beiden Gehirnhälften miteinander kommunizieren. Früher hatte man bei Epileptikern mit diesem Eingriff versucht, eine großflächige Überaktivität im Gehirn zu verhindern. Diese Operation wird heute nur noch sehr selten durchgeführt.

Im Allgemeinen wird eine Hand durch den intensiveren Gebrauch zur stärkeren und übernimmt den anspruchsvolleren Part bei Aufgaben, die beide Hände erfordern. Man spricht daher auch von der *Handdominanz* oder *Handpräferenz*. Zwar kann der Mensch lernen, mit der »falschen« Hand klarzukommen, aber die Präferenz ist trotzdem festgelegt. Meistens ist die Hand dominant, die schon im Bauch der Mutter zum Daumenlutschen bevorzugt wurde. Ja, schon vor der Geburt entscheiden wir uns für eine Hand! Auf der ganzen Welt zeigen viele Kinder schon früh die Neigung, mit einer bestimmten Hand nach dem Haar der Mutter oder einem Spielzeug zu greifen. Durch Ausprobieren finden sie spielerisch heraus, welche Hand aktiver und kräftiger ist. Schwieriger wird das für sie, wenn sie ihr Umfeld zu sehr nachahmen oder ihnen der Buntstift oder Suppenlöffel stets in die andere Hand gedrückt wird.

Jeder Mensch bevorzugt also eine Seite. Schließlich ist es ja viel besser, eine richtig geschickte Hand zu haben als zwei mittelmäßige. Überzeugen Sie sich mit dem folgenden Test selbst davon: Machen Sie einfach mal einen Handgriff, den Sie sonst mit Ihrer bevorzugten Hand erledigen, mit der anderen Hand. Sie könnten sich zum Beispiel ein Glas Wasser mit der »falschen« Hand einschenken. Wahrscheinlich stellt sich sofort ein leichtes Gefühl von Unbehagen oder Unsicherheit ein. Das lässt sich mit Training nur bedingt ausgleichen.

Wenn sich die Präferenz einer Seite aber nur bei den Händen zeigen würde, wären unser Buch und unsere gemeinsame Reise um einiges kürzer. Sie ahnen es schon: Die ganze Sache ist noch viel komplexer. Die Händigkeit ist nur ein Teil der *Seitigkeit*. Was bedeutet das wiederum?

Seitigkeit

Die Seitigkeit, auch *Lateralität, laterale Asymmetrie* oder *laterale Dominanz* genannt, bezieht sich nicht nur auf unser Gehirn mit seinen beiden Hälften, sondern auf den ganzen Körper. Genaugenommen sind damit die Unterschiede der beiden Körperseiten gemeint, nämlich die Verschiedenheit paarweise angelegter Körperteile und Organe sowie die Bevorzugung einer Seite bei einer bestimmten Handlung oder Wahrnehmung. Klingt wahnsinnig kompliziert, ist es aber nicht. Denn wir besitzen nicht nur zwei Hände, sondern ebenso zwei Arme, zwei Beine, zwei Füße, zwei Augen und zwei Ohren. Ganz gleich ob Hand, Auge, Ohr oder Fuß – wir bevorzugen jeweils eine Seite, die aber nicht durchgängig dieselbe sein muss. »Es besteht eine sehr große Korrelation, aber nicht zu 100 Prozent«,[16] erklärt uns Biopsychologe Onur Güntürkün von der Ruhr-Universität Bochum. Er vergleicht den Zusammenhang mit der Wechselbeziehung zwischen Körpergewicht und Körpergröße: »Große Menschen sind meist schwerer, kleine Menschen meist leichter. Es gibt jedoch kleine Menschen, die unglaublich viel wiegen, und große Menschen, die ein echtes Leichtgewicht sind. Es besteht also ein Zusammenhang zwischen Größe und Gewicht. Der ist aber nicht perfekt.« Ähnlich verhält es sich mit der Äugigkeit, Ohrigkeit oder Füßigkeit. Das bedeutet: Rechtshänder sind manchmal auch Linksfüßer, Linksohrer oder Linksäuger. Die meisten sind es aber nicht.

In jedem Fall übernimmt ein Auge die Führung – so wie auch eine Hand bevorzugt wird. Selbst bei den Ohren ziehen wir meistens eines dem anderen vor. Mit unserem Lieblingslauscher telefonieren wir zum Beispiel besonders gern.

Spannend ist die Frage, ob Rechtsfüßer oder -äuger ebenso wie die Rechtshänder in der Überzahl sind. Das wollte auch die Technische Universität Dortmund wissen. Bei einer Befragung gaben rund 80 Prozent der Teilnehmer an, Rechtsfüßer zu sein. Was ist mit Ihnen? Gehören Sie zu der kleineren Gruppe von Linksfüßern? Das können Sie mit ein paar einfachen Fragen wahrscheinlich recht schnell klären.[17]

Was ist Ihr Lieblingsfuß, Lieblingsohr und Lieblingsauge?

Jetzt wird es wieder spannend. Sie kennen das Prozedere! Um herauszufinden, welcher Fuß, welches Ohr und welches Auge Ihr jeweiliger Favorit ist, beantworten Sie die folgenden Fragen mit *links* oder *rechts*. Die Seite mit den meisten Kreuzen gewinnt.

- Anpfiff! Mit welchem Fuß schießen Sie lieber einen Ball ins Tor? l/r
- Das erfordert Mut: Lassen Sie sich im Stand nach vorne fallen. Oder bitten Sie eine Person Ihres Vertrauens, Sie in einem unerwarteten Moment ganz leicht und vorsichtig zu schubsen. Welches Ihrer Beine schnellt nach vorn, um Sie aufzufangen? l/r
- Keep rollin', rollin': Mit welchem Fuß stoßen Sie sich beim Tretroller- oder Skateboardfahren ab? l/r
- Auf die Plätze, fertig, los! Welches Bein ist beim Startblock für den 100-Meter-Lauf hinten? l/r

Haben Sie Ihre vier Kreuze alle auf einer Seite gesetzt? Herzlichen Glückwunsch! Ihre Füßigkeit ist ziemlich eindeutig ausgeprägt. Je nachdem, ob Sie *rechts* oder *links* markiert haben, gehören Sie entweder zu den Rechts- oder Linksfüßern.

Machen Sie sich bei drei Kreuzen keine Sorgen. Dann ist die Wahrscheinlichkeit immer noch hoch, dass sich Ihr Lieblingsfuß auf der Seite mit den meisten Kreuzen befindet.

Zwei Kreuze links, zwei Kreuze rechts – ups! Sie gehören zu den wenigen, die keine klare Präferenz ausmachen können. Übrigens muss das Sprungbein nicht mit dem dominanten Fuß übereinstimmen. Viele Rechtsfüßer springen lieber mit dem linken Bein ab. Wenn Sie auf Nummer sicher gehen wollen, welcher Fuß der dominante ist, kann ein Experte weiterhelfen. Das sind in der Regel sogenannte Händigkeitsberater, die auch über den Lieblingsfuß Auskunft geben können.

Jetzt kommen wir aber erst mal zu den Ohren! Entdecken Sie mithilfe der folgenden Fragen Ihr Lieblingsohr:

- Psst! Mit welchem Ohr lehnen Sie sich heimlich an eine geschlossene Tür, um ein Gespräch zu belauschen? l/r
- Leider kein Empfang: An welches Ohr halten Sie den Telefonhörer, wenn die Verbindung schlecht ist? l/r
- Erste Hilfe: Versuchen Sie mit dem linken oder rechten Ohr den Herzschlag einer ohnmächtigen Person zu hören? l/r
- Captain Hooks Albtraum: Vor Ihnen steht ein Kästchen mit einer tickenden Taschenuhr. Welches Ohr legen Sie auf die kleine Schachtel, um das Ticken wahrzunehmen? l/r

Hier gilt wieder die gleiche Regel: Vier Kreuze schließen jeden Zweifel aus, drei weisen auf eine deutliche Neigung hin. Sie vermissen die Option *unterschiedlich* oder haben zwei Kreuze auf jeder Seite? Dann können Sie sich professionell testen lassen, falls Sie neugierig geworden sind und unbedingt mehr wissen wollen. Denn unser Test lässt nur auf eine Tendenz schließen und ist keine verbindliche Auskunft über Ihre Lieblingsseite. Das können wir gar nicht oft genug erwähnen. Es ist auch nicht schlimm, wenn Ihre Präferenzen bei Fuß und Ohr unterschiedlich ausfallen, damit wären Sie nicht allein. Das Thema Ohrigkeit ist ein noch sehr vernachlässigtes Forschungsfeld, aber die meisten Studien, die es dazu gibt, kommen zu dem Ergebnis, dass etwa 60 Prozent der Probanden ihr rechtes Ohr bevorzugen und etwas mehr als 20 Prozent linksohrig sind. Bleiben noch etwa 20 Prozent, die beide Ohren gleich lieb haben.

An dieser Stelle erinnern wir uns: In welches Ohr sollten Sie in Zukunft die Frage nach der Nummer Ihres oder Ihrer Angebeteten flüstern? Ins rechte Ohr, genau! Das ist nämlich schon von Geburt an auf schnelle Geräusche und damit besonders auf Sprache spezialisiert, während das linke Ohr eine Vorliebe für längere Töne und damit für Musik hat. Die Verarbeitung von akustischen Reizen beginnt nicht erst im Gehirn, sondern schon im Ohr und wird dann blitzschnell an die entsprechende gegenüberliegende *Hemisphäre* – ein anderes Wort für Gehirnhälfte – geleitet und dort weiter analysiert.[18]

Kommen wir nun zu den Augen, denn die haben selbstverständlich ebenso eine Lieblingsseite:

- New York, New York! Sie sind auf dem Empire State Building und können durch ein einäugiges Fernrohr schauen. Welches Auge wählen Sie? l/r
- Ist der Kaffee wirklich alle? Für welches Auge entscheiden Sie sich, um den Blick in die Thermoskanne zu wagen? l/r
- 007 im Einsatz: Mit welchem Auge schauen Sie durch ein Schlüsselloch? l/r
- Say cheese! Gucken Sie mit dem rechten oder linken Auge durch das Suchfeld des Fotoapparats? l/r

Im Auswertungsverfahren haben Sie nun schon Routine. Welche Präferenz haben Sie diesmal ausgemacht? Falls Sie unsicher sind, können Sie Ihr Ergebnis mit dem folgenden simplen Test überprüfen: Zeigen Sie mit Ihrem Finger auf einen bestimmten Punkt in dem Raum, in dem Sie sich befinden. Dieser sollte möglichst weit entfernt, aber eindeutig zu erkennen sein. Halten Sie sich mit der anderen Hand nun das linke Auge zu. Ist der Finger noch auf der gleichen Stelle, auf die Sie gerade gezeigt haben? Dann ist das ein eindeutiges Zeichen, dass Sie Rechtsäuger sind. Stimmen fixierter Punkt und Finger nicht überein, sind Sie höchstwahrscheinlich ein Linksäuger. Zum Beweis können Sie das Spiel mit einem geschlossenen rechten Auge wiederholen. Nun sollten Finger und Punkt übereinstimmen. Oft entspricht die dominante Hand auch dem Führungsauge. Etwa 70 Prozent bevorzugen ihr rechtes Auge. Seien Sie unbesorgt, wenn Sie als Linkshänder ein rechtes Führungsauge haben. Das kann sogar Vorteile im Sport haben.

Fassen wir zusammen: Es ist keine große Kunst, bei dem eigenen Fuß, Auge und Ohr eine Tendenz auszumachen und herauszufinden, welche Seite vermutlich Ihre bessere Hälfte ist. Dabei geht der Trend zur rechten Seite. Viele Rechtshänder – weltweit in der Überzahl – mögen ihre rechte Seite einfach lieber. Aber eben nicht alle.

Selbst einheitlich erscheinende Organe wie Zunge, Stimmbänder oder Haut sind lateralisiert. Sogar die Nase hat ein Lieblingsnasenloch. Der Favorit muss die meiste Zeit ackern, obwohl sich die beiden zwischendurch auch mal abwechseln oder sogar gegeneinander antreten, wenn jedem Nasenloch ein anderer Duft vor die Nase gesetzt wird. Dann zaubert unser Gehirn keinen Mischduft, sondern wir nehmen den jeweiligen Geruch abwechselnd etwa alle 20 Sekunden wahr, wie ein wissenschaftliches Experiment der Rice University in Houston gezeigt hat. Die Probanden mussten mit dem einen Nasenloch Phenylethanol schnuppern. Ein Duft, der nach Rosenblüten und Honig riecht. Das andere Nasenloch erschnüffelte den Geruch von »frischen« Textmarkern, das Lösungsmittel n-Butanol.[19] Auf welche Ideen die Wissenschaft kommt! Wir selbst haben es mit Limettensaft und Senf ausprobiert und können nur sagen, dass das keine gute Idee war. Halten wir fest, dass in der Regel das rechte Nasenloch einen kleinen Vorteil hat, denn es kann Düfte intensiver wahrnehmen und Qualitätsunterschiede besser feststellen – ein kleiner Tipp für Ihre nächste Weinprobe. Übrigens, nicht nur beim Riechen, Schreiben, Sehen, Treten und Hören schätzen wir eine Seite mehr als die andere. Auch beim Kauen haben wir eine deutliche Vorliebe. Wo der Kaugummi im Mund landet, hängt nämlich nicht ausschließlich von der letzten Wurzelbehandlung ab. Es wird Sie nicht überraschen, dass hier eine Mehrheit wieder die rechte Seite bevorzugt. Das geht der Tierwelt nicht anders. Für alle fünf Wirbeltierklassen – Fische, Vögel, Reptilien, Säugetiere und Amphibien – haben Wissenschaftler eine rechtsseitige Präferenz zur Nahrungsaufnahme festgestellt.

Zurück zur Hand: Welche wichtige Rolle sie mit ihren 27 Knochen, 36 Gelenken und 39 Muskeln spielt, zeigt sich schon in der Formulierung »die Welt begreifen«. Die Händigkeit ist zwar festgelegt, doch unterscheiden wir uns alle durch den Grad unserer

Lateralität, wie stark nämlich unsere Vorliebe für eine Seite ausgeprägt ist. Einige Rechtshänder nutzen fast ausschließlich die rechte Hand für alle Tätigkeiten, andere wiederum wechseln öfter ihre Hand und greifen zum Beispiel im Alltag auch mal mit der linken Hand nach Gegenständen oder können bestimmte Fertigkeiten mit links ausführen. Linkshänder scheinen generell weniger stark lateralisiert zu sein, zumindest können sie ihre nicht dominante Hand geschickter als Rechtshänder einsetzen – diese müssen sie in einer rechtsdominierten Welt zwangsläufig auch häufig gebrauchen, was ein Grund dafür sein könnte.[20]

Wenn wir mal kurz darüber nachdenken, wird uns bewusst, dass wir – trotz unserer Vorliebe für eine Seite – bei vielen Tätigkeiten oft beide Hände gleichzeitig nutzen und die zwei einiges können. Sie sind sogar in der Lage, Gefühle zu vermitteln – etwa beim Händeschütteln oder wenn man seine Hand beruhigend auf die Schulter seines Gegenübers legt oder in Gebärdensprache kommuniziert. Falls Sie ein Instrument spielen, kennen Sie bestimmt die Bedeutung einer gefühlvollen Hand. Genauso können Sie dies in Ihrem Wohnzimmer erleben, wenn Sie Beethovens Neunte beherzt und mit vollem Hand- und Körpereinsatz mitdirigieren: Dann wissen Sie, wovon wir reden. Aber wie und wo wird die Hand nun gesteuert?

Zwei Welten in einer

Das menschliche Gehirn besteht aus zwei Gehirnhälften. Diese optische Symmetrie erkennt man gut, wenn man von oben auf unser Gehirn schaut. Dann lassen sich die beiden Hemisphären der Großhirnrinde ausmachen – die charakteristischen Hälften, die dem Hirn sein markantes wallnussartiges Aussehen verleihen. Obwohl die Großhirnrinde nur ein paar Millimeter dick ist, nimmt sie wegen ihrer vielen Windungen die Hälfte des gesamten Gehirnvolumens ein. Schließlich passieren in der Großhirnrinde die vielen Wunder, dank derer wir in der Lage sind, Texte zu verstehen, komplexe Probleme zu lösen, siebengängige Menüs zu planen oder wohlüberlegte Entscheidungen zu treffen.

Die linke Gehirnhälfte ist für unsere rechte Körperseite zuständig und die rechte Hemisphäre für den linken Teil unseres Körpers. Dieses Prinzip gilt natürlich auch für die Hände: Die linke Hand wird von der rechten Hirnhälfte gesteuert und umgekehrt. Natürlich führen die beiden Seiten kein Eigenleben. Sie sind über den Balken – das Corpus callosum – verbunden, von dem wir schon kurz gehört haben.

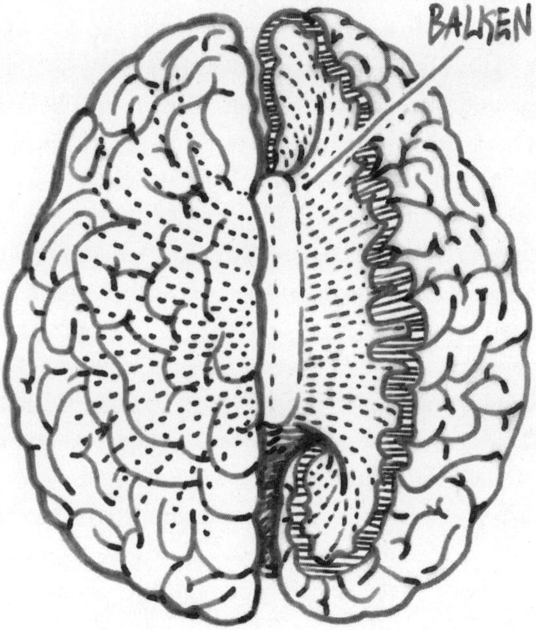

Der Balken, etwa so groß wie ein Daumen, bildet ein mächtiges Nervenbündel mit etwa 250 Millionen Nervenfasern und ermöglicht den Informationsaustausch zwischen den beiden Hemisphären.

Wenn eine besonders intensive Kommunikation zwischen den beiden Gehirnhälften über einen längeren Zeitraum stattfindet, wie zum Beispiel bei engagierten Hobby- oder bei Profi-Musikern, dann wird der Balken sogar größer. Klar, denn beim Spielen eines Instruments ist der Austausch zwischen den Gehirnhälften besonders intensiv, da sich die beiden Hände exakt abstimmen müssen. Eine solche Vergrößerung des Balkens lässt sich sogar schon gut auf Gehirnscans von Kindern erkennen, die bereits vor dem Schulalter begonnen haben, mit großer Begeisterung ein Instrument zu spielen. Mehrere Studien belegen, dass auch bei Linkshändern der Balken voluminöser ist.[21] Eine mögliche Erklärung für dieses Phänomen ist, dass die nicht dominante rechte Hand des Linkshänders in einer Rechtshänder-Welt häufiger gefordert ist. Gerade dann müssen sich beide Hirnhälften optimal abstimmen.

Da unser Gehirn ähnlich wie unser Körper ziemlich symmetrisch aufgebaut ist, kommt in unserem Oberstübchen fast alles doppelt vor – außer der Epiphyse, der kleinen Zirbeldrüse. Die gibt es nur einmal.[22] Sie kümmert sich übrigens zusammen mit anderen Arealen um unseren Schlaf-Wach-Rhythmus. Vielleicht wären wir alle nicht so müde, wenn es davon auch zwei geben würde …

Unser bewusstes Denken findet übrigens in Stirnnähe statt, genauer gesagt im *präfrontalen Cortex*. Er steuert unsere Aufmerksamkeit und ist an nahezu allen Prozessen beteiligt. Ganz intuitiv und ohne Lehrbuch fassen wir uns zum Nachdenken an die Stirn und nicht etwa auf den Hinterkopf.

Im Gehirn liegt alles, was zusammengehört, nah beieinander. So arbeiten die Nervennetzwerke viel effizienter – zum Beispiel die spezialisierten Areale, die sich mit unseren Sinneswahrnehmungen beschäftigen, also dem Sehen, Hören, Riechen, Tasten und Schmecken. Diese Bereiche werden *sensorische* Felder genannt. Wie wir schon wissen, ist unsere linke Gehirnhälfte für die rechte Körperseite zuständig und umgekehrt. Daher überkreuzen sich alle Nervenfasern, die für unsere Sinne und Bewegungen zuständig sind, auf dem Weg ins Hirn. Nur die Nase macht da eine

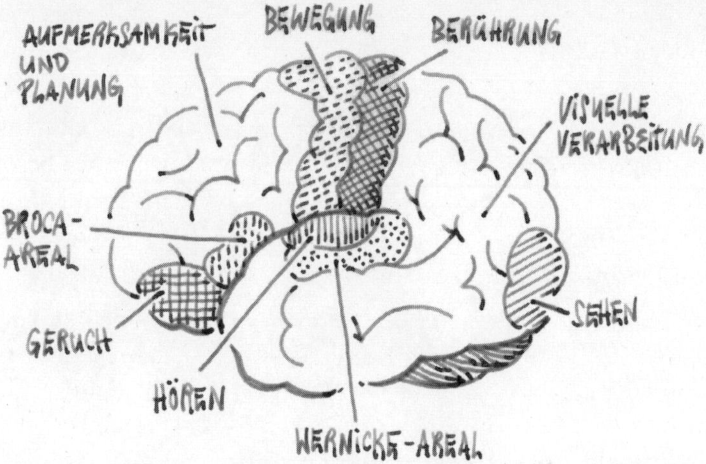

Ausnahme. Was wir rechts riechen, wird rechts verarbeitet und umgekehrt. Warum? Die Wissenschaft hat bisher noch keine Antwort darauf.

Es existieren natürlich auch Hirnregionen, die speziell für die Steuerung von Bewegungsabläufen und die Feinabstimmung der Muskeln zuständig sind. Sie werden als *motorische* Felder bezeichnet. Die verschiedenen Areale sind dabei für unterschiedliche Aufgaben und Körperteile zuständig – sogar die Bewegungen der einzelnen Finger haben einen lokalisierbaren Ort im Gehirn. Der *primäre motorische Cortex* ist ein streifenartiges Areal, das unsere Körperteile in jeder Hirnhälfte gleich doppelt präsentiert und konkrete Befehle entwirft, um die Muskulatur zu steuern.

Während der motorische Cortex für die Bewegungen zuständig ist, kümmert sich der *somatosensorische Cortex* vor allem um das, was wir an Berührungen oder Kontakt mit der Außenwelt an unserem Körper spüren, was die Gelenke mal wieder treiben und wo sich eigentlich unsere Gliedmaßen im Raum befinden. Vor allem unsere Hände, die viel tasten, berühren und fühlen, nehmen hier neben dem Gesicht viel Platz ein – ähnlich wie beim motorischen Cortex.

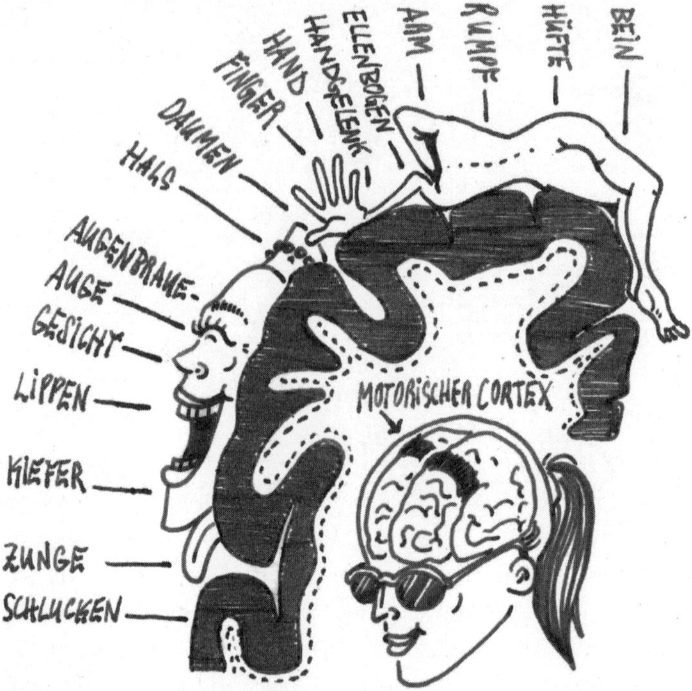

Das Wunder Gehirn

Es ist unvorstellbar, was in unserem Gehirn alles gleichzeitig passiert: Die von unseren Nervenzellen permanent aufgenommenen Informationen werden mit ungeheurer Geschwindigkeit, fast im selben Augenblick, an die einzelnen spezialisierten Hirnareale geleitet, dort verarbeitet, miteinander kombiniert und immer wieder simultan abgestimmt.[23] All diese Hirnregionen, auch wenn sie noch so spezialisiert sind, arbeiten eng zusammen und stimmen sich untereinander ab. Erst diese Vernetzung befähigt den Menschen zu seinen außergewöhnlichen Möglichkeiten, zu denen zum Beispiel das Sprechen gehört. Außer uns können das nur Raben und Papageien ein bisschen lernen. Und wir wissen ja, was die manchmal für Stuss erzählen. Sie lernen eben von ihrem Besitzer.

Die Komplexität unserer Sprachfunktion zeigt, wie kompliziert unser Gehirn ist und wie wenig wir noch darüber wissen. Als Entdecker gilt der Franzose Paul Broca. Er fand 1861 anhand der Autopsie eines sprachgestörten Patienten heraus, dass Sprache in einem speziellen Bereich der linken Hirnhälfte erzeugt wird, in dem nach ihm benannten *Broca-Areal*.

Aufgrund seines Befundes entwickelte Broca schon damals die Vorstellung der Lateralität, also der ungleichen Repräsentation bestimmter Funktionen im Gehirn.[24] Er hatte wohl ein Händchen für gutes Marketing, denn der Arzt Marc Dax aus Frankreich entdeckte vor ihm, dass das menschliche Sprachvermögen zum Großteil in der linken Gehirnhälfte verortet sein musste. Den Ruhm teilen sich beide, Namensgeber konnte nur einer werden.

Spannend ist, dass das Broca-Areal funktionell zum motorischen Cortex gehört und an der Sprachbewegung beteiligt zu sein scheint – sowohl an der Steuerung der Muskeln im Kehlkopf als auch bei unseren Fingern und Händen. Hier wird die Sprache also erzeugt, wo aber wird sie verstanden? Hirnforscher gehen davon aus, dass die Sprachbegriffe im *Wernicke-Areal* zur Bearbeitung eintreffen, das 1874 von Carl Wernicke entdeckt wurde. Diesem Areal ist es aber egal, ob es seine Informationen über die Ohren oder die Augen erhält. Es spielt keine Rolle, ob wir etwas hören oder einen Text lesen – in jedem Fall ordnet das Wernicke-Areal den Wörtern ihre Bedeutung zu und greift dabei auf Gedächtnisinhalte weiterer Bereiche zurück. Über ein Faserbündel ist diese Hirnregion mit dem Broca-Areal verknüpft, über das sich die beiden wichtigen Sprachregionen austauschen.[25] Die genaue Arbeitsteilung ist jedoch noch nicht eindeutig geklärt, doch scheint auch das Wernicke-Areal an der Spracherzeugung beteiligt zu sein. Und es ist alles noch viel komplizierter, denn noch weitere Bereiche sind beim Sprechen und Erkennen von Sprache aktiv. Viele der relevanten Areale befinden sich häufig in der linken Gehirnhälfte, doch wenn es um die grammatische Bearbeitung geht, wird zum Beispiel auch die rechte Seite hinzugezogen. Sie hat sprachlich einiges im Angebot: Hier erhalten Worte unter anderem ihre Sprachmelodie und es wird »zwischen den Zeilen« gelesen. Im Gegensatz dazu kennt sich die linke Gehirnhälfte besser mit abstrakten Begriffen wie Abenteuer und Sehnsucht aus. Bildhafte Wörter wie Känguru oder Zahnbürste sind auf beiden Seiten repräsentiert.

Bei alphabetischen Schriften wie der unsrigen entspricht ein Zeichen einem Sprachlaut. Diese Schriften werden also vorrangig von der linken Hemisphäre unseres Gehirns verarbeitet. Anders sieht es bei piktografischen Schriften aus, zu denen zum Beispiel das japanische Kanji gehört. Dabei werden Informationen nicht durch Laute, sondern durch grafische Darstellungen vermittelt, für deren Analyse die rechte Gehirnhälfte zuständig ist.

Eine besondere Ausnahme bilden Pfeifsprachen, die aus Spanien, Frankreich, Mexiko oder aus der Türkei bekannt sind. Sie folgen den gleichen grammatischen Regeln wie die gesprochene und geschriebene Sprache. Auf diese Weise können sich die Bewohner in den Bergregionen im Nordosten der Türkei zum Beispiel über größere Entfernungen von einigen Kilometern verständigen. Forscher konnten nachweisen, dass diese Pfeifsprache beide Hemisphären gleichwertig beansprucht.[26]

Halten wir fest: Unser Gehirn mit seinen zwei Hälften sieht von außen recht symmetrisch aus, aber jede Seite weist unterschiedliche Vorlieben und Spezialisierungen auf, wie das Beispiel der Sprache zeigt.

Da unser Oberstübchen Bilder liebt, haben wir uns ein Modell ausgedacht, um besser zu verstehen, wie Hand und Hirn zusammenarbeiten. Wundern Sie sich nun also nicht zu sehr. Es wird Ihnen helfen, die komplexen Vorgänge im Gehirn besser zu verstehen. Wir machen einen kleinen Ausflug. Lehnen Sie sich zurück, greifen Sie zu Ihrem Tomatensaft oder kühlem Bier, und genießen Sie Ihren Aufenthalt an Bord.

Brain City

Wir befinden uns im Landeanflug auf *Brain City* in 500 Meter Höhe: »Ganz Brain City ist geteilt. Ganz Brain City? Nein! Ein von unbeugsamen Einwohnern bevölkerter riesiger Tunnel hört nicht auf, den ganzen Tag miteinander zu kommunizieren.« Zugegeben, der berühmte Prolog aus dem Comic zu Asterix und Obelix lässt sich nur so halb auf das Gehirn übertragen. Halb passt in diesem Fall allerdings ganz gut. Denn halb und halb macht ein ganzes Gehirn.

Genießen wir nun gemeinsam den Blick aus dem Flugzeugfenster. Die Sonne scheint in Brain City – beste Bedingungen, um das städtische Getümmel unter uns zu beobachten. Ein Detail fällt uns besonders auf. Die Stadt ist geteilt. Sie können es bestimmt schon erahnen: Brain City ist eine Analogie für unser Gehirn, das bekanntlich aus zwei Hälften besteht. Die rechte Seite von Brain City nennen wir *Right Town*, die linke Hälfte heißt *Left Town*.

Zwischen den beiden Stadtteilen existiert nur eine einzige Verbindung: ein breiter Tunnel, der es buchstäblich in sich hat. Sie ahnen es bestimmt schon: Der Tunnel entspricht dem Corpus callosum, dem Balken.

In den beiden Stadtteilen von Brain City leben rund 86 Milliarden Einwohner. Sie sind die Gehirnzellen, die sich rund um die Uhr intensiv über den Balken, also den Tunnel, in ihrer eigenen Geheimsprache austauschen. Wenn die Bewohner zu weit voneinander entfernt wohnen, greifen sie natürlich auch mal zum Kabeltelefon, um Informationen schnellstmöglich ans andere Ende der Stadt zu übermitteln. Selbstverständlich verlaufen auch die Kabel durch den Tunnel – wir reden von etwa einer Viertelmilliarde Nervenfasern, die Right und Left Town miteinander verbinden. In Brain City wird schließlich telefoniert und gechattet, was das Zeug hält. Forscher gehen von Billionen Verknüpfungen im Gehirn aus.

Diese unvorstellbar vielen Verbindungen zwischen einzelnen Gehirnzellen bilden ein komplexes Geflecht, das sich in ständigem Wandel befindet: Aus den im Gehirn eintreffenden Informationen werden am laufenden Band Netzwerke aktiviert, neue Muster erstellt, Erinnerungen abgerufen und Zukunftspläne geschmiedet. Brain City ist die Stadt, die niemals schläft. Die meisten Bewohner

gehen ihren Jobs tagsüber nach. So kümmern sich die einen zum Beispiel um die Motorik, die nächsten sind für die Sensorik verantwortlich und wieder andere sind hauptberuflich für das Riechen, Sehen oder Schmecken zuständig. In dieser Stadt herrscht ein geordnetes Chaos, doch genau diese Stadt lässt uns denken und fühlen, und sie hat die volle Kontrolle über unseren Körper.

Arbeitsteilung macht den Meister

Warum ist unser Hirn überhaupt geteilt? Was bringt das? Im Gehirn übernehmen bestimmte Bereiche spezialisierte Aufgaben, was nichts anderes als Arbeitsteilung bedeutet. Spezialisierung und Arbeitsteilung steigern die Leistungsfähigkeit und Effizienz. Das Gehirn weiß um den Nutzen der Arbeitsteilung – und das, ohne das Buch *Der Wohlstand der Nationen* gelesen zu haben. Der Klassiker unter den zu diesem Thema überlieferten Beispielen ist die Herstellung von Nadeln nach Adam Smith, dem schottischen Philosophen, Begründer der klassischen Nationalökonomie und Autor des genannten Werkes. Die Gleichung lautet wie folgt: Ein Arbeiter kann, wenn er jeden der für die Produktion einer Nadel notwendigen 18 Arbeitsschritte selber ausführt, ganze 20 Nadeln an einem Tag produzieren. Zehn Arbeiter könnten nach Berechnungen des Urvaters der Ökonomie durch Arbeitsteilung 48 000 Nadeln in der gleichen Zeit herstellen.[27] Genauso ist es mit unserem Hirn: Die Spezialisierung macht es einfach deutlich leistungsfähiger und schneller. Erzählen Sie die Idee von den Vorteilen der Arbeitsteilung mal Ihren Kindern, wenn Sie das nächste Mal eine Diskussion über den Haushalt führen und darüber, wer die Wäsche zusammenlegen soll. Wirkt bestimmt Wunder!

Schauen wir uns am Beispiel einer Bewegung einmal kurz an, wie diese vorteilhafte Arbeitsteilung aussieht: Wollen wir morgens den piepsenden Wecker abstellen, muss zunächst die Idee davon im Kopf entstehen und das Bewegungsmuster dann schrittweise in detaillierte Bewegungsimpulse umgesetzt werden. Zunächst werden viele Sinnesinformationen gesammelt und in Assoziationsarealen im Scheitellappen, der sich am oberen Hinterkopf befindet, verarbeitet und zusammengeführt. Die konkrete Bewegungsidee entwirft der präfrontale Cortex, die entsprechenden Muskelgruppen werden vom sekundären motorischen Cortex ausgewählt und der primäre motorische Cortex gibt dann die entsprechenden Befehle an das Rückenmark weiter und stimmt sich dabei mit seinem sekundären motorischen »Buddy« ab. An der Ausführung der Bewegung ist auch noch das Kleinhirn beteiligt.[28] Wenn Sie morgens auf den Wecker hauen, hat Ihr Gehirn all diese Arbeitsschritte in Bruchteilen von Sekunden erledigt – obwohl wir noch nicht mal richtig wach sind. In diesem Hochleistungstempo arbeitet unser Hirn den lieben langen Tag völlig automatisch, ohne dass wir davon etwas mitbekommen. Ziemlich beeindruckend, oder?

Die Lateralität unseres Gehirns hat noch einen weiteren positiven Nebeneffekt. Bewegungen, die wir mit einer Hand erlernen, werden vorwiegend in der gegenüberliegenden Gehirnhälfte abgespeichert, doch auch auf der anderen Seite wird quasi eine Light-Version erstellt. Das bedeutet, dass die andere Hemisphäre über den Balken immer mitinformiert wird und so mitlernt. Zwar gewinnen wir mit unserer nicht dominanten Hand wohl kaum einen Schönschreibwettbewerb, wir können mit ihr aber einigermaßen leserlich schreiben. Und selbst wenn wir noch nie einen Radiergummi in der anderen Hand gehalten haben, wissen wir, wie die Bewegung abläuft.

Lange Zeit wurden den beiden Gehirnhälften ganz bestimmte Eigenschaften zugeordnet: Links sei die logischere und rechts die kreativere Seite. Ganz so einfach ist es jedoch nicht. So ist die linke Gehirnhälfte nur ein bisschen mehr für das rationale Denken verantwortlich und schaut besonders gern auf Details. Die rechte Hemisphäre ist dafür etwas mehr für kreativere Aufgaben zuständig und achtet mehr auf das große Ganze.

Zwar unterscheiden sich die beiden Gehirnhälften in der Verarbeitung von Reizen, aber das darf nicht zu dem Trugschluss führen, in unserem Kopf gäbe es zwei Gehirne, die einzeln vor sich hin wurschteln. Nur im Zusammenspiel funktioniert unser Gehirn so gut. Das klassische Hemisphärenmodell mit einer linken, rationalen, analytischen und einer rechten, kreativen, emotionalen Gehirnhälfte gilt heute weitgehend als überholt.

Um aber die kleinen Unterschiede der beiden Hirnhälften auszumachen, lassen Sie uns das nun zunächst einmal anhand von Left Town und Right Town ein wenig überzeichnen. Begeben wir uns zunächst nach Left Town, um zu sehen, was an dieser Hemisphäre besonders ist, die bei Rechtshändern neben vielen anderen Aufgaben auch die linke Hand steuert.

Left Town

Guten Tag! Willkommen in Left Town. Werfen wir einen Blick auf den linken Stadtteil. Hier wird Wert aufs Detail gelegt. In Left Town ist alles sehr, sehr ordentlich. Alle Einwohner sind vorbildlich pünktlich, streng und fokussiert. Kein Wunder, dass hier so viele erfolgreiche Anwälte, Unternehmens- und Steuerberater zu Hause sind. In Left Town wird eben ein bisschen logischer gedacht und eins nach dem anderen abgearbeitet.

Die linke Gehirnhälfte liebt Einzel- und Besonderheiten! Sie arbeitet sehr gewissenhaft und hat bei der Wahrnehmung kleiner Details die Nase vorn. Sie kann außerdem besser kurze Zeitabstände messen.[29] Ihr wird auch die Steuerung sequenzieller Abläufe und die Kontrolle zielorientierter Absichten zugesprochen. Aber nicht nur das: In der linken Hemisphäre werden mehr kausale und monokausale Erklärungen gefunden. Was das bedeutet, fand in den Sechzigerjahren der russische Wissenschaftler Vadim Lvovich Deglin heraus. In einem Experiment versetzte er jeweils eine Gehirnhälfte der Patienten, die an Epilepsie litten, mit Elektroschocks in einen schlafähnlichen Zustand. Damals war das eine gängige Behandlung, um die Symptome dieser Krankheit zu lindern. Dabei stellte er den Patienten unter anderem folgende Frage: »Alle Staaten besitzen eine Flagge. Sambia ist ein Staat. Hat Sambia eine Flagge?« War die linke Gehirnhälfte im Wachzustand, antworteten die Probanden, wenn Sambia ein Staat sei, und jeder Staat eine Flagge habe, dann habe Sambia eine Flagge. Ist doch logisch!

War dagegen die linke Gehirnhälfte eingeschläfert, reagierten die Studienteilnehmer mit ganz anderen Antworten. Sie seien noch nie in Sambia gewesen und könnten deshalb auch nicht wissen, ob Sambia eine Flagge habe. Sie griffen auf ihr Alltagswissen zurück. Das deutet darauf hin, dass es für die linke Gehirnhälfte leichter ist, logische Zusammenhänge zu erkennen. Deglin beobachtete außerdem, dass die Probanden, wenn die rechte Seite schlummerte, viel redseliger waren und einen deutlich größeren Wortschatz benutzten. Schlief wiederum die linke Gehirnhälfte, fielen die Sätze eher kurz aus[30].

Sie erinnern sich, dass die entscheidenden Sprachareale hauptsächlich auf der linken Seite verortet sind. Das erklärt, warum es in Left Town viele Angestellte gibt, die für die Sprache zuständig sind.

Denn das Sprachzentrum liegt meistens in diesem Teil der Stadt – bei etwa 95 Prozent der Rechtshänder und bei circa 70 Prozent der Linkshänder.

In den Vorurteilen, die wir bei der Begrüßung in Left Town über die linke Gehirnhälfte gehört haben, steckt ein Fünkchen Wahrheit. Vergessen Sie aber nicht, dass immer beide Hälften unseres Gehirns zusammenarbeiten. Schauen wir uns weiter um: Da gibt es ja noch einen weiteren interessanten Stadtteil zu besichtigen. Bitte folgen Sie uns!

Right Town

Wir begrüßen Sie ganz herzlich in Right Town! Fühlen Sie den Groove! Hier läuft entspannte Musik, es ist alles ein wenig lockerer, ganzheitlicher und sehr angenehm. In diesem Stadtteil handeln die Bewohner intuitiver und mit mehr Gefühl. Da passt es, dass sich in Right Town viele Künstler, Musiker, Grafikdesigner niedergelassen haben – die Kreativen halt.

Hier, in der rechten Hemisphäre, finden wir eine etwas höhere Kompetenz für emotionale Kontrolle, räumliches Vorstellungsvermögen und räumliches Denken. Auch im Erkennen von Gesichtern, inklusive einer emotionalen Bewertung, ist die rechte Hemisphäre besser. Den passenden Namen der Personen liefert aber die linke Seite. Spannend ist, dass unsere linke Gesichtshälfte, die von der rechten Gehirnhälfte gesteuert wird, unserem Gegenüber bevorzugt Gefühle und emotionale Zustände vermittelt. Und wir wissen bereits: Auch für die Wahrnehmung akustischer Feinheiten wie Tonhöhe und Melodie ist eher die rechte Gehirnhälfte zuständig.

Wenn es eine kreativere Hälfte gibt, dann ist es in jedem Fall diese hier. So ist die rechte Gehirnhälfte wesentlich am Zeichnen und Malen beteiligt und erkennt eher ganzheitliche Muster. Das bedeutet aber nicht, dass allein unsere rechte Seite alle kreativen Ideen hervorbringt – dazu benötigen wir beide Gehirnhälften.

Kreativität entsteht in ganz verschiedenen neuronalen Netzwerken. Wie Hirnscans belegen, leuchtet es bei kreativen

Aufgabenstellungen mal links, mal rechts in der Großhirnrinde auf, manchmal in gefühligeren Bereichen oder eben mal im Kleinhirn, das an der Steuerung von Bewegungen beteiligt ist. Allerdings ist der präfrontale Cortex, der Bereich hinter der Stirn, bei Kreativität immer mit dabei, denn auch um kreativ zu sein, benötigt man Aufmerksamkeit.

Zusammen spielt die Musik

Vielleicht können Sie jetzt verstehen, warum es in der Populärwissenschaft so beliebt ist, die kompliziertesten Vorgänge zu vereinfachen. Eine logische und eine kreative Seite hätten alles so schön einfach gemacht – aber unser Gehirn bleibt das komplexeste System, das wir kennen. Die vielen Bereiche des Hirns bilden eine Einheit und nur gemeinsam entfalten sie ihr volles Potenzial. Sie brauchen einander wie Ernie und Bert.

Erst das spannende und vor allem gleichberechtigte Zusammenspiel von Left und Right Town machen Brain City zu der einzigartigen, unvergleichlichen Metropole, die sie ist. Kein Stadtteil hat Vorrang. Die Stadtfeste sind schließlich am schönsten, wenn alles leuchtet und möglichst viele Bewohner mitfeiern. Jeder leistet seinen Anteil zur gelungenen Party: Manche reißen Witze, andere tanzen, die nächsten schenken Bier aus oder wenden die Bratwurst und den Halloumi-Käse auf dem Grill. Zuständig ist immer das Team, das von allen Bewohnern in der Stadt die Aufgabe am besten lösen kann.

Der Neurowissenschaftler Henning Beck, der mit Kollegen ein Buch über unser *Faszinierendes Gehirn* geschrieben hat, formuliert es so: Die meisten Aufgaben werden »an verschiedensten, weit voneinander entfernten Stellen in beiden Hirnhälften bearbeitet«[31]. Die Hemisphären sind also ein Team und keine Einzelgänger. Zusammen erschaffen sie ein gemeinsames und perfekt funktionierendes Netzwerk. Die linke und rechte Gehirnhälfte gehören zusammen.

Das Kapitel auf einen Blick

- Die Händigkeit ist schon vor der Geburt festgelegt und beeinflusst unsere Wahrnehmung und damit auch unser Denken.
- Wir haben nicht nur eine Lieblingshand, sondern mögen auch ein Auge, ein Ohr, einen Fuß und sogar ein Nasenloch meistens lieber.
- Unser Gehirn besteht aus zwei Hemisphären. Die rechte Hälfte steuert die linke Seite des Körpers und umgekehrt.
- Die beiden Gehirnhälften verarbeiten Informationen unterschiedlich. Zusammen bilden sie ein sehr effektives Netzwerk.
- Die linke Gehirnhälfte tendiert etwas mehr zur Logik und zu analytischem Denken. Die rechte Gehirnhälfte gilt als die kreativere.
- Brain City ist die bezauberndste Stadt der Welt und das komplexeste System, das die Menschheit bisher kennt.

Was Sie ausprobieren können

- Heute schon gedribbelt? Probieren Sie es mal mit der anderen Hand.
- Tor! Schießen Sie einen Ball mit Ihrem nicht dominanten Fuß.
- Halten Sie Ihr Telefon heute aus Spaß einmal an das »falsche« Ohr.
- Lassen Sie sich verschiedene Düfte in die Nase wehen und schauen Sie, was passiert. Den Duft von Senf und Limetten können wir nicht empfehlen. Denken Sie sich lieber etwas Besseres aus.

KAPITEL 4

»TYPISCH LINKS«

Schlau, schlauer, Linkshänder?

Linkshändern werden fantastische Eigenschaften nachgesagt. In manchen Büchern und Artikeln heißt es über sie, dass sie einen ausgeprägten Gerechtigkeitssinn haben, musikalisch oder schauspielerisch veranlagt sind, Farben mögen, ganzheitlich denken sowie Kreativität und Willensstärke zu ihren Persönlichkeitsmerkmalen zählen. Sie wollen das auch? Sie wären gern ein Linkshänder, dem diese positiven Eigenschaften nachgesagt werden? Wenn man der Ratgeberplattform *wikiHow* glauben darf, ist das eigentlich ganz einfach. »Übe jeden Tag, deine linke Hand zu benutzen«, heißt es dort. Oder auch: »Hebe mit deiner linken Hand Gewichte.« Und: »Trainiere das Schreiben mit der linken Hand nur zu Hause. Schreibe in der Schule oder auf der Arbeit wenigstens so lange mit deiner dominanten beziehungsweise rechten Hand, bis du ordentlich und schnell mit deiner linken schreiben kannst. Dies wird dir Zeit ersparen und verhindern, dass deine Arbeit unordentlich aussieht«.[32]

Wir müssen Sie enttäuschen. So werden Sie nicht zum Linkshänder. Die Ratschläge sind nicht nur falsch, sondern fast schon fahrlässig. Denn wer plötzlich seine dominante Hand links liegen lässt und aus einer Laune heraus die andere Hand für motorisch komplizierte Tätigkeiten nutzt, schult sich quasi selbst um. Ebenso wenig erfolgsversprechend ist der Tipp, je nach Situation mal die eine und mal die andere Hand zu benutzen. Das macht Sie nicht zum Linkshänder, sondern wahrscheinlich nur müde, unkonzentriert und gestresst.

Wie aber werden Sie nun zum Linkshänder, falls Sie schon immer einer werden wollten? Wenn Sie bislang gut aufgepasst haben, ahnen Sie es vielleicht bereits oder wissen es schon: gar nicht. Entweder Sie sind bereits Linkshänder – und wissen es vielleicht nur nicht – oder eben Rechtshänder und weder an der einen noch an der anderen Tatsache lässt sich etwas ändern. Schon im Bauch der Mutter bevorzugen Babys, wie schon kurz erwähnt, ab der 13. Schwangerschaftswoche einen bestimmten – vornehmlich den rechten – Daumen zum Nuckeln. Die Wahrscheinlichkeit ist hoch, dass sie auch später die jeweilige Hand bevorzugen.[33] Kurz: Schon vor der Geburt ist so gut wie festgelegt, ob das ungeborene Kind später Linkshänder oder Rechtshänder wird.

Mythos oder Wahrheit?

Obwohl seit Jahrzehnten das Gegenteil bewiesen ist, hält sich der Irrglaube, dass wir an unserer Händigkeit etwas ausrichten können, hartnäckig – ebenso wie jede Menge weiterer Klischees, Mythen und Vorurteile über Linkshänder. Zu den besonders beharrlichen Theorien zählt die, dass Linkshänder eine geringere Lebenserwartung als Rechtshänder haben. Der Psychologe Stanley Coren, der seine wissenschaftliche Karriere in den USA startete und danach 30 Jahre lang bis 2007 an der kanadischen University of British Columbia lehrte und forschte, stellte in den Siebzigerjahren fest, dass der Anteil an Linkshändern immer weiter abnimmt, je älter sie werden. Seine Schlussfolgerung: Linkshänder sterben früher. Um seine Theorie zu untermauern, recherchierte er weiter, sammelte selbst Daten und kam auf ein gruseliges Ergebnis: Rechtshänder leben neun Jahre länger als Linkshänder.[34] Zum Vergleich: Greift ein Mann zehn Mal am Tag zur Zigarette, verliert er etwa neun Jahre an Lebenserwartung. Glaubt man Stanley Coren, ist es gesünder, viel Alkohol zu konsumieren, an Fettleibigkeit zu leiden oder jede Menge rotes Fleisch zu essen, als Linkshänder zu sein. Doch der Professor für Psychologie machte einen entscheidenden Denkfehler: Er berücksichtigte nicht die Tatsache, dass unter den Rechtshändern, die angeblich länger lebten, auch viele umgeschulte Linkshänder waren – damals war das Umschulen der linken auf die rechte Hand noch selbstverständlich.

Später widerlegten gleich mehrere Wissenschaftler Stanley Corens Theorie, wie zum Beispiel die britischen Forscher, die die Daten von 6 000 Menschen im Alter zwischen 15 und 80 Jahren erfassten und neun Jahre später überprüften, wer von den einstigen Probanden noch lebte. Sie konnten im Hinblick auf die Lebensdauer keine nennenswerten Unterschiede zwischen Links- und Rechtshändern ausmachen.[35] Das Leben von Linkshändern ist also nicht automatisch kürzer als das von Rechtshändern. Fun Fact: Stanley Coren gab seine Forschungen über Linkshänder bald auf – und beschäftigte sich im weiteren Verlauf seiner akademischen Karriere lieber mit der Intelligenz von Hunden. Das brachte ihm mehr Erfolg ein als seine Untersuchungen über Händigkeit; mit seinem IQ-Test für Vierbeiner erregte er weltweit Aufmerksamkeit.

Neben der angeblich niedrigeren Lebenserwartung heißt es über Linkshänder oft, dass sie schneller und häufiger erkranken als der Rest der Menschheit. Dabei geht es nicht um einen einfachen Schnupfen, sondern um weitaus ernstere Leiden: Der »Gegensatz zwischen Genie und Krankheit liegt bei Linkshändern eng beisammen. Aus ihren Reihen kommen übermäßig viele Autisten, Schizophrene, Bettnässer und Stotterer«, schrieb 1989 das Magazin *Der Spiegel*. Und weiter: »Jahrzehntelange Beobachtungen brachten ans

Licht: Linkshänder werden eher zuckerkrank, leiden häufiger an Schlafstörungen, tendieren zu Trunksucht und verspäteter Pubertät.«[36] Klar, das ist ein paar Jahrzehnte her und inzwischen haben zahlreiche Folgestudien die Untersuchungen, auf die sich der *Spiegel*-Artikel damals bezog, widerlegt, doch einmal in die Welt gesetzt, halten sich solche Halbwahrheiten erstaunlich lange. Um endgültig damit aufzuräumen: Linkshändigkeit ist kein Gendefekt und keine Krankheit.

Für die Wissenschaftler um Psychiater Stefan Gutwinski von der Charité Berlin ist »Linkshändigkeit im Regelfall eine Normvariante, eine Spielart der Natur« – also eine Abweichung vom Durchschnitt, so wie es auch bei sexueller Vorliebe, Haar- oder Augenfarbe unterschiedliche Ausprägungen gibt. Für das Forscherteam sind Links- und Rechtshändigkeit keine Anzeichen einer erhöhten Anfälligkeit für spezielle Erkrankungen. Die dominante Hand sei nur im Einzelfall Ausdruck von zerebralen Entwicklungsstörungen und könne dann mit bestimmten Krankheiten verbunden sein. Linkshänder sind also so normal und gesund wie Rechtshänder.[37]

Daran wurde lange gezweifelt – sind Linkshänder doch seit jeher in der Unterzahl und fielen in ihrem »Anderssein« immer wieder auf, wurden spöttisch beäugt, ausgeschlossen oder verfolgt. Die Hexenjagd im Mittelalter ist nur ein Beleg dafür. Da überrascht es also auch wenig, dass im Laufe der Zeit Linkshändigkeit immer wieder mit Gewalt und Verbrechen in Verbindung gebracht worden ist. So wurden auch zwei der größten Gangster der Geschichte der Kriminalität – Billy the Kid und Jack the Ripper – vorschnell als Linkshänder »abgestempelt«. Über Billy the Kid, den Revolverhelden aus dem Wilden Westen, ist nur wenig bekannt. Wo und wann er geboren wurde, ist nicht eindeutig geklärt – ebenso wenig, ob er tatsächlich aus einem Hinterhalt heraus erschossen wurde oder doch ungestraft davonkam. Viele Historiker und Biografen, die sich mit Billy the Kid befassten, bezeichneten ihn als Ambidexter, als Beidhänder – vielleicht deshalb, weil er mit zwei Revolvern gleichzeitig geschossen haben soll. Ein rares Foto des Mannes, von dem es nur wenig hieb- und stichfeste historische Belege gibt, zeigt ihn allerdings mit dem Gewehr in der linken Hand. Die Sache scheint auf der Hand zu liegen: Die Legende ist Linkshänder! Bis das Original der Fotografie auftauchte: Das belichtete Eisenblech, eine sogenannte Ferrotypie, bewies eindeutig, dass er die Schusswaffe auf der rechten Seite hielt, alles andere waren nur Papierabdrucke, die natürlich seitenverkehrt sind. Das ist selbstverständlich immer noch kein eindeutiges Indiz dafür, ob Billy the Kid nun rechts- oder vielleicht trotzdem linkshändig war. Nur eines wissen wir sicher: Billy the Kid ist nicht der Beweis dafür, dass Linkshänder krimineller veranlagt sind als andere, ebenso wenig wie Jack the Ripper.

Über den Serienmörder, der im ausgehenden 19. Jahrhundert in Londons Stadtteil East End Angst und Schrecken verbreitete, schrieb der Chirurg Thomas Bond, der die Leiche eines der Opfer untersuchte und die weiteren Fallakten studierte: »Alle fünf Morde wurden ohne Zweifel von derselben Person begangen. In den ersten vier Fällen schienen die Kehlen von links nach rechts durchschnitten worden zu sein. Im letzten Fall ist es wegen der tiefgreifenden Verstümmelungen unmöglich, eine Aussage darüber zu treffen, in welche Richtung der tödliche Schnitt geführt wurde (…).«[38] Auch der mit dem Obduktionsbericht beauftragte Arzt Henry Llewellyn erkannte, dass die Messerstiche von links nach rechts führten. Er schlussfolgerte daraus, dass der Mörder eventuell linkshändig sei. Ein Irrtum! Die Bewegungsrichtung passt eher auf einen Rechtshänder als auf einen Linkshänder, sicher belegen lässt sich beides nicht. Einmal in Umlauf gebracht, lassen sich Gerüchte nicht mehr so leicht aus dem kollektiven Gedächtnis radieren. So schrieb zum Beispiel wieder der *Spiegel* vor 40 Jahren: »(…) tödlich sicher führte Jack the Ripper mit links das Mordmesser.«[39] Und 1999, also über 100 Jahre nach der Mordserie, postulierte das *Hamburger Abendblatt*: »Alles, was von Jack the Ripper als sicher gelten kann, ist die Tatsache, dass er Linkshänder war!«[40]

Doch zum Glück gibt es sie auch, die guten Geschichten über Linkshänder. »Es war eines der ersten Dinge, die mich in

Deutschland verblüfften: Neben der erstaunlichen Menge von Apotheken und Frisörsalons gab es unbegreiflich viele Linkshänder, und zwar in meiner Generation. Unter meinen Freunden, die mit mir in der sogenannten Sowjetunion aufwuchsen, kannte ich keinen einzigen. Und hier: Dutzende, Hunderte, einer interessanter als der andere, schöner, attraktiver, sie waren alle sexy, die Linkshänder. Diese verqueren Bewegungen, diese ungeschickte Anmut! Ich habe sie beneidet, als gehörten sie zu den Auserwählten, wie die Engel im ‚Himmel über Berlin'.«[41] So schön schreibt Schriftstellerin Katja Petrowskaja in der FAZ-Kolumne *Bild der Woche* über Linkshänder. Zugegeben, wir haben uns nach diesen Worten selbst gleich ein bisschen in die linkshändigen Tollpatsche da draußen verknallt – und ganz allein sind wir mit diesen Emotionen nicht. Eine gute Freundin hielt als Single am liebsten nach Linkshändern Ausschau, die seien schließlich kreativer, musischer, schlauer, cooler, irgendwie besonders. Wirklich Erfolg hatte sie mit ihrem Dating-Prinzip nicht: Inzwischen ist sie mit einem Rechtshänder verheiratet.

Doch was davon stimmt wirklich? Sind Linkshänder tatsächlich sexyer? Oder intelligenter? Stimmt es, dass es unter den Linkshändern besonders viele mit einer kreativen Veranlagung gibt? Und ist es richtig, dass so viele von ihnen ungeschickt und tollpatschig sind?

Eins nach dem anderen! Zuerst einmal in aller Kürze: Jein. So pauschal können wir diese Eigenschaften den Linkshändern nicht zuschreiben. Wer im vorherigen Kapitel gut aufgepasst hat, weiß bereits, dass zwar die rechte Gehirnhälfte als die kreativere von beiden gilt und dass die linke Hemisphäre eine etwas stärkere Tendenz zu logischem und analytischem Denken hat. Das sagt aber per se nichts über das Wesen von Links- und auch nicht von Rechtshändern aus. Auch die anfangs genannten Merkmale eines Linkshänders wie Sozialkompetenz, Musikalität, Willensstärke und eine Vorliebe für Farben kann man ganz gewiss nicht nur Linkshändern zusprechen. Genauso wenig wie die angeblichen Stärken der Rechtshänder, die bei Zahlen, Zeit, Ordnung, Logik, Erzählen und im analytischen

Denken liegen sollen. Diese Vorurteile beruhen wahrscheinlich noch auf dem Modell, das das Gehirn in zwei ganz unterschiedliche Gehirnhälften mit ganz eigenen Aufgaben einteilte. Dann gibt es ja auch noch das Vorurteil, dass so viele Genies, wie zum Beispiel Isaac Newton und Marie Curie, Linkshänder gewesen sein sollen. Da kann man schon mal durcheinanderkommen. Wer kann denn nun mit Zahlen besser? Wer ist kreativer? Schauen wir uns ein paar Vorurteile mal genauer an.

Linkshänder sind die besseren Mathematiker ...

Die Mythen über die positiven Vorzüge der Linkshänder halten sich ebenso beharrlich wie die schaurigen Ammenmärchen, dass Linkshänder früher sterben oder gewalttätiger sind. Nun mal endlich Butter bei die Fische: Was ist wahr? Sind Linkshänder in der Tat genialer als der Rest der Menschheit? Eine aktuelle Studie von 2017 liefert zumindest eine Teilantwort – und Rechtshänder müssen jetzt ganz tapfer sein: Das internationale Forscherteam hat herausgefunden, dass Linkshänder in Mathe tendenziell begabter sind als Rechtshänder. Dafür haben die Wissenschaftler der Universitäten in Liverpool, Mailand und Maastricht über 2300 italienische Schüler im Alter von sechs bis 17 Jahren verschiedene Matheaufgaben lösen lassen.[42]

Oft fragen die Forscher bei vergleichbaren Studien nur danach, ob ihre Probanden Links- oder Rechtshänder sind. Das hat den Nachteil, dass zum Beispiel umgeschulte Linkshänder nicht erfasst und auch gar nicht erst erkannt werden. Diesmal allerdings untersuchten die Wissenschaftler die Händigkeit gründlicher und fragten danach, welche Tätigkeiten die Schüler mit welcher Hand erledigen. Statt einer Dichotomie – einer Gliederung nach zwei Gesichtspunkten – entstand auf diese Weise eine Skala: von konsistenten, also besonders stabilen Linkshändern, bis zu extremen Rechtshändern, die alles mit der rechten Hand erledigen. Dazwischen liegt eine ganze Bandbreite an unterschiedlichen Händigkeitstypen – manche sind eben weniger linkshändig oder rechtshändig als andere.

Diese Methode ermöglichte den Forschern eine genauere Differenzierung zwischen Händigkeit, Alter, Schwierigkeitsgrad und Geschlecht. Das Ergebnis: Bei leichten Tests erzielten Links- und Rechtshänder gleich gute Ergebnisse. Wurden die Aufgaben jedoch komplexer und anspruchsvoller, waren die Linkshänder im Vorteil. Vor allem männliche Linkshänder stachen mit besonders guten Ergebnissen heraus. Diejenigen Schüler, die (fast) immer ihre rechte Hand benutzen, erzielten nur unterdurchschnittliche Ergebnisse.

Ein kleiner Trost für alle Rechtshänder: Kinder, die (fast) alles mit links machen, schnitten auch nicht besser ab als ihre Mitschüler. Die Forscher können die Ergebnisse also nicht linear interpretieren. Sprich: Eine simple Deutung à la »Je rechtshändiger, desto schlechter, und je linkshändiger, desto besser in Mathematik« wäre schlicht falsch. »Der bloße Vergleich zwischen Rechts- und Linkshändigkeit ist ungenügend, um zu beschreiben, wie die Händigkeit und die Mathefähigkeiten miteinander interagieren«,[43] beschwichtigen die Wissenschaftler.

Etliche Forscher haben bereits vor Jahrzehnten die Leistungen von Rechts- und Linkshändern verglichen und sind zu ähnlichen Resultaten gekommen. Sie konnten alle keine entscheidenden Unterschiede zwischen den zwei Gruppen nachweisen. Auch Chris McManus, Professor für Psychologie an dem University College London und international anerkannter Experte auf dem Gebiet der Händigkeit, kam zu einem vergleichbaren Schluss, als er den IQ und die Händigkeit von 11 000 britischen Schulkindern miteinander verglich. Der durchschnittliche Intelligenzquotient war auf beiden Seiten identisch. Bis McManus einen genaueren Blick auf die Verteilung warf: Der Anteil an Linkshändern war sowohl unter den Hochbegabten als auch unter den besonders Leistungsschwachen höher als unter den normal begabten Kindern.[44] Wenn man sich also allein auf die Studie von McManus beruft, heißt das: Einige Linkshänder sind zwar deutlich intelligenter – aber einige Linkshänder liegen eben auch signifikant unter dem Durchschnitt.

… und sind angeblich kreativer als Rechtshänder

Neben der vermeintlich höheren Intelligenz wird Linkshändern oft ein größeres kreatives Potenzial zugeschrieben. Ausnahmetalente wie Johann Wolfgang Goethe, Leonardo da Vinci oder Pablo Picasso müssen als Beleg für die schmeichelhafte These ebenso herhalten wie die weit verbreitete Annahme, dass es besonders viele linkshändige Musiker, Künstler, Schauspieler und Schriftsteller gibt. Doch weder das eine noch das andere ist ausreichend bewiesen. Oft sind die Listen berühmter Kreativer, die ihre linke Hand bevorzugen, geradewegs falsch. Unter die echten Linkshänder mischen sich solche, die nur für welche gehalten werden, aber gar keine sind, wie etwa Picasso. Selbst über die Händigkeit von da Vinci wird in der Wissenschaft kontrovers diskutiert – manche Experten zweifeln daran, ob er wirklich ein geborener Linkshänder war oder seine Werke ausschließlich mit der linken Hand gemalt hat.[45]

Auch wissenschaftliche Analysen können den vermeintlichen Vorzug der Linkshändigkeit nicht bezeugen. Unbestritten ist, dass kreativ veranlagte Menschen nicht nur in einer Bahn, also geradlinig, denken, sondern mehrgleisig unterwegs sind. Die Annahme, dass solch kreative Straßen allein in Right Town von Brain City, also in der rechten Hemisphäre, verortet sind, hat die Wissenschaft inzwischen widerlegt. Die Forscher um Lisa Aziz-Adeh von der University of California zeigen in ihrer Untersuchung, dass beide Hirnhälften gebraucht werden, um eine kreative Aufgabe zu lösen.[46]

Barbara Sattler sieht dennoch einen kleinen Unterschied zwischen Links- und Rechtshändern, wie sie in einem Interview erklärt: »Angenommen, sie haben etwa gleiche Voraussetzungen, dann hätten es Linkshänder durch die Dominanz der rechten Gehirnhälfte etwas leichter, kreativ zu sein.« Die Psychotherapeutin leitet in

München seit 30 Jahren eine Beratungsstelle für Linkshänder. Im Laufe der Jahrzehnte hat sie bei Linkshändern häufig folgende Verhaltensweisen und typische Charaktereigenschaften beobachtet. Dazu gehören unter anderem:

- strategisches Denken
- Neigung zum autonomen Subjektivismus und Einzelgängertum
- Bedürfnis, oft »mit sich und den eigenen Träumen allein zu sein«
- Bevorzugung des offenen Führungsstils
- Vertrauen in die Kraft des persönlichen Beispiels – Vorbildhaftigkeit
- erhöhtes Sicherheitsbedürfnis
- Neigung zu Sturheit
- Ideenreichtum, Assoziationsfähigkeit, Neigung zum Dogmatismus
- Kritizismus
- in der Regel nachtragend
- durch Angst vor Manipulation manipulierbar[47]

Finden Sie sich in den Erfahrungswerten wieder? Gleichen Sie einmal ab – in welchen Punkten erkennen Sie sich wieder? In welchen nicht? Wir lassen die Liste mal so im Raum stehen. Wir persönlich finden es schwierig, allgemeine Charaktereigenschaften mit der Händigkeit in Verbindung zu bringen.

Nicht in der Theorie bewiesen, aber in der Praxis häufig erlebt ist eine besondere Form des Linkshänders: der Grübler-Typ. Viele Linkshänder haben sich so gut an die rechtsdominante Gesellschaft angepasst, dass sie viele alltägliche Aufgaben eigentlich auch mit rechts erledigen können. Andere wiederum sind gar keine strikten Linkshänder und erledigen eh die eine oder andere Tätigkeit besser mit rechts. Glück haben diejenigen, die damit souverän umgehen und zielstrebig in jeder Situation die passende Hand parat haben. In seiner Arbeit als Feinmotoriktherapeut hat Hauke Stehn regelmäßig mit Linkshändern zu tun, denen das nicht so leicht gelingt. Er hat sich schon früh auf die Diagnostik von schreibauffälligen rechts- und linkshändigen Kindern spezialisiert; inzwischen arbeiten viele Therapeuten nach der von ihm entwickelten Methode. Linkshänder, die in ihrer Spontanmotorik gehemmt sind, nennt er »Grübler«. »Das heißt, er reagiert zögerlicher und langsamer als andere, bevor er eine Bewegung ausführt«, so Stehn. Die Grübler unter den Linkshändern müssen über Themen nachdenken, über die die meisten Rechtshänder in ihrem Leben noch nicht einen Gedanken verschwendet haben: Schneidet das Brotmesser, das immer nur auf der rechten Seite geschliffen ist, besser in der linken oder der rechten Hand? Funktioniert der für Rechtshänder entwickelte Dosenöffner irgendwie auch mit links oder ist das völlig unmöglich? Von welcher Seite trifft die Bowlingkugel besser die Pins am Ende der Bahn? Dreht sich die Schraube gerade raus oder in die Mutter? Kleckert es weniger, wenn der Pfannkuchenteig von links oder von rechts in die Pfanne gefüllt wird? Fragen über Fragen, auf die es erst eine Antwort gibt, wenn der Grübler in aller Ruhe darüber nachgedacht oder am besten beide Varianten ausprobiert hat.[48]

Status: Es ist kompliziert

Kein Wunder, dass viele Linkshänder mit Grübeln beschäftigt sind. Schließlich müssen sie in einer Welt zurechtkommen, die nicht für sie gemacht ist. Oft klemmt, drückt, schmiert oder kleckert etwas. Simple Alltagsgegenstände wie handelsübliche Spiralblöcke fordern den Linkshänder heraus: Wohin mit der Hand? Auf die Spiralen? Oder irgendwie den Arm um das Blatt winden? Denn wenn ein Linkshänder auf der ersten rechten Seite mit dem Schreiben beginnt, ist die Spirale im Weg. Logisch – natürlich könnten sie den Block auch einfach umdrehen, aber dann ist gleichzeitig das Deckblatt auf der Rückseite und der Karton oben. Das wäre vielleicht noch akzeptabel, aber die Löcher zum Heften wären dann auch auf der falschen Seite. Gut wäre ein Linkshänderblock mit rechtsseitiger Bindung. Noch besser: ein Block mit einer Spirale oben und nicht links oder rechts an den Seiten. So können Links- und Rechtshänder jederzeit bequem schreiben, ohne dass eine Drahtspirale nervt. Auch Scheren schneiden nur in einer Hand richtig gut – vornehmlich der rechten. Wer schon einmal versucht hat, mit einer normalen (Rechtshänder-)Schere in der linken Hand sauber und schön zu schneiden, weiß, wovon wir reden. Antje kennt das aus eigener Erfahrung:

Im Werkunterricht habe ich früher alles gegeben und trotzdem hat es immer nur für eine Drei gereicht. Dabei konnte ich mit links akkurat schreiben und wunderschön malen. Warum gelang mir das beim Werken nicht? Was ich als kleine Grundschülerin nicht wusste: Die Werkzeuge waren für Rechtshänder ausgelegt – sie funktionierten einfach nicht oder nur schlecht, wenn man sie in der linken Hand hielt.

Tröstend wirkt sich der Umstand aus, dass wenigstens die Computertastatur Linkshänder-freundlich gestaltet ist. Christopher Latham Scholes, der »Vater der Schreibmaschinen«, erfand 1874 die noch heute übliche QWERT-Tastatur. Zuvor waren die Tasten in alphabetischer Reihenfolge belegt – die neue Anordnung sollte verhindern, dass die Schreibmaschine-Typen verhaken, wenn Rechtshänder zu schnell tippen. Deshalb legte Scholes häufig zusammen auftretende Buchstaben auf möglichst entfernt voneinander angeordnete Hebel. Davon profitieren fast 150 Jahre später die Linkshänder: Die Schreibmaschine ist passé, die Tasten können nicht mehr verklemmen, aber die häufig verwendeten Buchstaben wie »a«, »e«, »r«, »s« und »t« liegen für sie trotzdem bequem dicht beieinander auf der linken Seite der Tastatur. Das lässt sie sogar etwas schneller tippen als die rechtshändigen Kollegen. Eventuell problematisch wird es für Linkshänder erst dann, wenn sie zügig und am besten ohne Hinschauen viele Ziffern tippen müssen – das Zahlenfeld liegt auf einer normalen PC-Tastatur auf der rechten Seite. Skeptiker mögen jetzt ganz richtig anmerken, dass auf jeder Tastatur auch oben über den Buchstaben ein Zahlenfeld verläuft. Doch nur der Rechtshänder kann auf den rechts angeordneten

Zahlentasten sehr schnell tippen. Schon die Wissenschaftshistorikerin Vilma Fritsch meinte vor einem halben Jahrhundert ganz passend: »Es ist nicht praktisch, Linkshänder zu sein.«[49] Recht hat sie. Denn viel hat sich daran bis heute nicht geändert.

Mir kommen da zum Beispiel unsere Frühstückstassen in den Sinn – vier große Becher, jeder in einer anderen Farbe mit einem anderen fröhlichen Gesicht. Zwischen meiner Schwester und mir brach ein kleiner Kampf aus, wer welche Tasse bekommt. Ich bekam am Ende die grüne Tasse mit dem frechen Smiley-Gesicht und war zufrieden. Das Problem: Stellte ich die Tasse an meine linke Seite mit dem Griff nach links, zwinkerte sie meine mir gegenübersitzende Schwester an und nicht mich. Den Spaß wollte ich ihr nicht gönnen. Meine Tasse sollte bitte nur mich und niemanden sonst anlachen. Also stellte ich die Tasse auf die rechte Seite und trank fortan wie ein Rechtshänder meinen Tee – so ist es bis heute geblieben. Inzwischen kann ich beides ganz gut – ich stoße gern mit links an, mit rechts ist aber auch okay. Das Klecker-Risiko ist übrigens bis heute auf beiden Seiten gleich hoch.

Der Grat zwischen charmant-tollpatschig und peinlich-unbeholfen ist für einige Linkshänder schmal. An einem Tag, an dem alles irgendwie schnell gehen musste und selbstverständlich trotzdem nichts klappte, hetzte ich nach meinen Erledigungen nach Hause, zog den Schlüssel aus der Tasche, steckte ihn in die Tür und drehte. Nichts passierte. Ich atmete tief durch, probierte es noch einmal. Wieder nichts. Die Tür ließ sich partout nicht öffnen. Mist. Ich war genervt, jede Minute, mit der ich mich damit befasste, war eine Minute zu viel. Als mein Mann extra aus dem Büro kam, nahm er mir den Schlüssel aus der Hand, drehte … und schloss völlig gelassen die Tür auf! Wie war das möglich? Ich hatte nicht aufgeschlossen, sondern abgeschlossen. So einfach war das. Typisch ich.

Für Linkshänder drehen sich Korkenzieher und Schrauben schlichtweg in die falsche Richtung. Was das heißt, erklärt besonders anschaulich das Prinzip Schraubverschluss: Dreht ein Linkshänder den Deckel der Zahnpasta-Tube auf die für ihn typische Weise – nämlich nach links –, schraubt er die Tube *auf*. Dreht dagegen ein Rechtshänder in der für ihn charakteristischen Bewegung nach rechts, schraubt er den Deckel *zu*. Das ist in diesem Fall natürlich völlig unproblematisch, erklärt aber, warum es in anderen Situationen schnell zu einem Missverständnis kommen kann. Doch zum Glück hat das Universum ein Herz für Linkshänder: Die Erde dreht sich von einem Punkt über dem Nordpol aus gesehen nach links. Es kommt also, wie so oft im Leben, immer auf die Perspektive an!

Linkshänder lesen anders ...

... und zwar gleich in dreifacher Hinsicht. Zum einen blättern sie anders als Rechtshänder – logisch, schließlich halten sie in der Regel das Buch mit der rechten und schlagen die Seite mit der linken Hand um. Das klingt nach einem kleinen, unwesentlichen Unterschied, in der Praxis heißt das aber: Linkshänder fangen am liebsten von hinten an zu lesen. Schließlich ist das Blättern für sie in die entgegengesetzte Richtung bequemer.

Der Zusammenhang zwischen dieser Tatsache und meinem persönlichen Leseverhalten ist mir erst bei der Recherche zu diesem Buch klar geworden: Ich fange Magazine grundsätzlich von hinten zu lesen an, mir sind die Kolumnen und Vorschauen im hinteren Teil so sehr vertraut wie anderen das Editorial und Inhaltsverzeichnis. Und selbstverständlich habe ich mich früher, in Zeiten, als es noch keine App, kein Wikipedia und kein Google gab, auch rückwärts durch Lexika, Duden, Telefonbücher und Register gearbeitet. Das Alphabet in umgekehrter Reihenfolge abzuspulen war für mich als ABC-Schützin eine ganz schöne Herausforderung. Klar, ich hätte auch andersrum blättern können, aber auf die Idee bin ich als Siebenjährige gar nicht erst gekommen. Ich bin kein Einzelfall, mein Leseverhalten ist typisch Linkshänder.

Außerdem unterscheidet die entgegengesetzte Blickrichtung den Links- vom Rechtshänder. Der Blick des Linkshänders geht in der Regel zuerst nach rechts und wandert dann nach links. Das ist die natürliche Blickrichtung. Klar, die »richtige« Leserichtung lässt sich trainieren, allerdings ist für viele Linkshänder der Weg dahin schwer. Für Leseanfänger wird aus einem »Tim« schnell ein »miT«, aus dem »Lager« ein »regaL« und der »Nebel« wandelt sich zum »lebeN«. Die Neigung, zuerst den Blick nach rechts schweifen zu lassen, verschwindet meist nicht völlig. Viele Linkshänder betrachten auch als Erwachsene ein Gemälde, eine Kinoleinwand oder die Zeitungsseite lieber erst mal von rechts und wandern dann nach links.

Es gibt noch ein weiteres Merkmal, das für das Leseverhalten des Linkshänders typisch ist: Sie können besonders gut Spiegelschrift lesen. Das liegt an der Blickrichtung. Apropos Spiegelschrift – sie ist hervorragend geeignet, um herauszufinden, ob Sie etwas können, was »typisch links« ist. Probieren Sie es einfach mal aus!

Test: Können Sie Spiegelschrift?

HERZLICHEN GLÜCKWUNSCH! SIE KÖNNEN ETWAS, DAS NICHT JEDEM GELINGT. SPIEGELSCHRIFT OHNE EINEN SPIEGEL ZU ENTZIFFERN, IST NÄMLICH GAR NICHT SO LEICHT. NOCH SCHWIERIGER WIRD ES, WENN DARIN WENIGER VERTRAUTE WÖRTER WIE LATERALITÄT ODER HEMISPHÄRENDOMINANZ AUFTAUCHEN.

Na? Konnten Sie den Text flüssig lesen oder sind Sie ins Stottern geraten? Keine Sorge, wir können uns noch steigern. Wie schaut es aus mit dem »Über-Kopf«-Lesen?

APPLAUS, APPLAUS. KEIN WUNDER, DASS SIE IHRE KREUZWORTRÄTSEL IMMER SO SCHNELL LÖSEN KÖNNEN! SIE MÜSSEN GAR NICHT DAS HEFT UMDREHEN, UM DAS RICHTIGE LÖSUNGSWORT ZU ENTZIFFERN. WAHRSCHEINLICH SIND SIE AUCH GANZ GUT DARIN, EINFACH IN DER U-BAHN DIE UMGEKLAPPTE ZEITUNG IHRES GEGENÜBERS MITZULESEN?

Prima. Vielleicht haben Sie jetzt Ihre geheime Superkraft entdeckt. Bevor Sie sich den Superheldenanzug anziehen, müssen Sie noch den dritten Test bestehen: gespiegelt und über Kopf. Auf geht's:

WOW, SIE HABEN ES TATSÄCHLICH DRAUF! UND SIE SCHUMMELN AUCH WIRKLICH NICHT MIT EINEM KLEINEN TASCHENSPIEGEL? NEIN? DANN HABEN SIE JETZT UNSERE OFFIZIELLE ERLAUBNIS, MIT IHREM LESETALENT BEIM NÄCHSTEN BETRIEBSFEST ANZUGEBEN.

Wenn Ihnen die letzten drei Aufgaben besonders leicht geglückt sind, steckt wahrscheinlich etwas Linkshänder in Ihnen – auch wenn Sie sich selbst nicht als solcher verstehen. Gerade umgeschulten Linkshändern fällt diese Aufgabe leichter als den meisten Rechtshändern. Sorgen Sie sich nicht, falls Ihnen das Lesen der Spiegelschrift schwerfällt – mit Ihnen ist alles in bester Ordnung. Das Entziffern der verdrehten Wörter ist für manche Menschen so kompliziert, wie es anderen kaum gelingt, links und rechts auseinanderzuhalten.

Ein weiterer guter Test dafür ist, die Spiegelschrift einmal selbst zu schreiben. Rechtshänder wissen oft gar nicht, wo und wie sie die Buchstaben drehen müssen, um am Ende ein gespiegeltes Wort aufs Papier zu bringen. Bei kleinen Feldstudien unter Freunden haben wir schon die unterschiedlichsten Varianten beobachtet: Die einen drehen jeweils nur die einzelnen Buchstaben, aber nicht die Buchstabenfolge. Andere positionieren die unsichtbare Spiegelachse waagerecht unter dem Wort und schreiben über Kopf statt Spiegelschrift. Viele Linkshänder dagegen können auch ohne Übung einfach drauflosschreiben. Vielleicht gehören Sie ja sogar zu den seltenen Talenten, die mit beiden Händen gleichzeitig schreiben können? Testen Sie es selbst!

… und schreiben anders

Der Umkehrschluss liegt nahe: Wenn Linkshänder besonders gut Spiegelschrift lesen können, können sie auch besser Spiegelschrift schreiben. Das liegt vor allem daran, dass ihre angeborene Schreibrichtung ebenso von rechts nach links führen würde.

Doch die Schreibrichtung unserer weit verbreiteten lateinischen Schrift führt von links nach rechts, sie ist rechtsläufig. Das heißt für Rechtshänder, dass sie ihre Hand beim Schreiben von der linken Blattseite zur rechten ziehen. Linkshänder dagegen müssen ihre Hand schieben, um in die richtige Richtung zu schreiben. Das mag auf den ersten Blick kein bedeutender Unterschied sein: Die einen machen es halt so rum, die anderen so rum. Wer aber einmal mit einer widerspenstigen Füllfederspitze gekämpft hat, die sich nur mühsam über das Blatt vorwärts arbeitet, statt sich einfach nur entspannt gleiten zu lassen, weiß, wie groß der Unterschied zwischen ziehen und schieben ist. Fakt ist: Hätte der Linkshänder die Wahl, würde er wahrscheinlich lieber genauso schreiben wie die Rechtshänder – nämlich ziehend. Das würde für ihn eine umgekehrte Schreibrichtung von rechts nach links bedeuten. Damit wäre endlich auch das Problem der tintenverschmierten Hand ein für alle Mal gelöst!

Zwar habe ich mir das schiebende Schreiben von links nach rechts angewöhnt, doch wenn ich mit dem Lineal eine gerade Linie zeichnen soll, ziehe ich immer noch den Stift von rechts nach links. Das fühlt sich richtig, normal, selbstverständlich an. So selbstverständlich, dass ich als Kind im Geometrieunterricht gar nicht auf die Idee gekommen bin, es anders zu machen. Meine Vorgehensweise war nicht ganz unproblematisch: Weil mein handelsübliches Lineal nur mit den Ziffern in der »richtigen« Reihenfolge bedruckt war, musste ich bei komplizierteren Aufgaben immer mühsam Kopfrechnen. Ein Beispiel: Hieß die Aufgabe »Teile eine Linie in 3,1 Zentimeter lange Abschnitte ein«, konnten die meisten meiner Mitschüler immer bequem von 0 an ihren Strich bei 3,1 setzen und wieder von vorn beginnen oder eben simpel addieren: 3,1 … 6,2 … 9,3 und so weiter. Ich dagegen musste erst mal von hinten anfangen zu rechnen: Was war noch mal 20 minus 3,1? Ah, 16,9. Rechne ich für den nächsten Strich jetzt 16,9 minus 3,1 oder ist es schneller, das Lineal wieder abzusetzen, den Strich bei 20 anzusetzen und wieder 3,1 bis 16,9 abzuzählen? Sie merken schon, irgendwie ganz schön kompliziert. Während ich noch rechnete oder das Lineal neu justierte, war mein Sitznachbar schon fertig. Was ich damals nicht wusste: Ein Geodreieck oder ein Lineal speziell für Linkshänder wäre eine einfache Lösung für mein Problem gewesen.

Ein prominentes Beispiel für das Phänomen der Spiegelschrift ist Leonardo da Vinci. Das Jahrtausendgenie verschlüsselte seine Aufzeichnungen. Doch der Da-Vinci-Code war mit einem einfachen Spiegel leicht zu knacken: Der Universalgelehrte verfasste seine Notizen in Spiegelschrift. Lange glaubte die Wissenschaft, dass er so seine Arbeiten, sein geistiges Eigentum, vor fremden Blicken schützen wollte. Neuen Erkenntnissen zufolge ist die Erklärung viel banaler: Da Vinci schrieb nicht spiegelverkehrt, um seine Ideen zu codieren, sondern er soll Linkshänder gewesen sein. Er führte also wahrscheinlich seine linke Hand am liebsten von rechts nach links – die Spiegelschrift war für ihn möglicherweise bequemer, schneller und weniger anstrengend als umgekehrt. Sprachen wie Hebräisch oder Arabisch, die von rechts nach links geschrieben werden, sind für Linkshänder leichter zu lesen und zu schreiben.

Eine für beide Seiten »faire« Schrift ist *Bustrophedon*. Das bedeutet wörtlich »ochsenwendig« und stammt aus dem Griechischen. Gemeint ist damit eine Schrift, die wie der Ochse auf dem Acker läuft: erst in die eine Richtung bis zum Ende des Ackers, dann wieder in die andere Richtung zum Anfang zurück. Ein bustrophedon geschriebener Text lief also am Ende einer Zeile wieder zurück, um dann, angekommen am Zeilenanfang, wieder ans Ende zu laufen.

Test: Bustrophedon

NA LIEBER LESER, WIE FINDEN SIE ES, DIESEN KLEINEN, ABER
FEINEN TEXT ZU LESEN? GEHT ER IHNEN SCHON JETZT EIN WENIG
AUF DIE NERVEN? KEINE SORGE, SIE HABEN ES GLEICH GESCHAFFT.
NUR EINE ZEILE NOCH. JETZT IST ABER WIRKLICH SCHLUSS!

Linkshänder haben ihren eigenen Feiertag

Von Italien über Island und Israel bis nach Indien: Menschen auf der ganzen Welt zelebrieren am 1. Juni jedes Jahr den internationalen Milchtag und stoßen mit einem Glas Frischmilch an. Kuriose Feiertage wie dieser sind keine Ausnahme, im Gegenteil.

Selbstverständlich gibt es auch einen Weltlinkshändertag. Am 13. August feiern Leftys in über 30 Ländern der Welt ihre bessere Hälfte. Das hat – wie auch beim Welttoilettentag, der auf fehlende sanitäre Einrichtungen hinweisen will – einen ernsten Hintergrund: Der Tag soll auf die Bedürfnisse von Linkshändern in einer von Rechtshändern dominierten Welt aufmerksam machen. 1976 hatte der US-Amerikaner Dean R. Campbell den Linkshändertag ins Leben gerufen. Der 13. August 1976 war ein Freitag – ein Freitag, der 13.! Das soll kein Zufall gewesen sein. Manche munkeln, dass Campbell den Tag bewusst wählte, um besonders deutlich auf die alltäglichen Hürden für Linkshänder hinzuweisen. Dem Münchner Verein Linkshänder e. V. war das noch nicht genug. Sie gründeten den Weltlinksfüßertag. Nicht nur Lionel Messi und Mesut Özil müssen sich den 13. Juli im Kalender anstreichen!

Berühmte Linkshänder

Apropos typisch Linkshänder: Zum Schluss darf die obligatorische Liste berühmter Persönlichkeiten, die ihre linke Hand bevorzugen, hier nicht fehlen. Eine Handvoll berühmter Linkshänder haben wir schon kennengelernt; ein paar Royals gehören dazu, erstaunlich viele US-Präsidenten und Mesut Özil. Nein, Lionel Messi gehört nicht in die Liste. Offiziell gilt er als Rechtshänder und Linksfüßer, auch wenn viele immer wieder mutmaßen, der Sportler könnte doch auch Linkshänder sein. Fotos belegen allerdings: Der mehrfache Weltfußballer schreibt mit rechts, greift mit rechts, winkt mit rechts.

Verwirrende Informationen über vermeintliche Linkshänder und Rechtshänder sind nichts Ungewöhnliches, wie wir bereits bei der Queen, Prinz Charles und Maradona gelernt haben. Solche Halbwahrheiten werden ungeprüft verbreitet und wie beim Spiel »Stille Post« Stück für Stück weiter verfälscht. Vielleicht liegt es oft daran, dass wir erst dann genau über die Händigkeit Bescheid wissen, wenn die betroffene Person sich von Experten testen lässt oder bereitwillig selbst Auskunft gibt. Zugegeben, Queen Elizabeth hat andere Sorgen und Themen, als über ihre starke Hand zu sprechen. Allerdings registrieren gerade Linkshänder schnell andere Linkshänder in ihrer Umgebung oder bemerken, wenn jemand bestimmte Tätigkeiten mit links ausführt, auch wenn derjenige sich selbst als Rechtshänder sieht. Die angeblichen Zeugen verbreiten ihre Beobachtungen und schon rutscht jemand als Linkshänder durch, der vielleicht gar keiner ist. Prominentes Beispiel ist Altkanzler Gerhard Schröder, der überall, selbst in den Qualitätsmedien, als (umgeschulter) Linkshänder bezeichnet wird. Unser Ehrgeiz war geweckt und wir fragten einfach nach. Die Absage, die dann folgte, war auch eine Antwort: Gerhard Schröder ist weder Linkshänder noch umgeschulter Linkshänder. Im Vergleich zu Albert Einstein muss der Altkanzler allerdings nur selten als prominenter Vorzeigelinkshänder herhalten. Der Physiker führt weltweit viele Listen berühmter Leftys an. Fotos von Albert Einstein sagen aber etwas ganz anderes: Der Wissenschaftler schreibt eindeutig mit der rechten Hand. Trotzdem behaupten unzählige Medien felsenfest, der Entdecker der Relativitätstheorie sei Linkshänder. Wir fragten wieder nach – diesmal beim Albert-Einstein-Archiv in Jerusalem, das seinen schriftlichen Nachlass verwaltet. Die Antwort ist eindeutig: »Albert Einstein war Rechtshänder.« Bei Muhammad Ali liegt der Fall ähnlich. Oft wird er als Linkshänder bezeichnet, was schlichtweg falsch ist. Auch er war ein Rechtshänder.

Fast scheint es, als wäre es sinnvoller, aufzuzählen, wer alles kein Linkshänder ist. Glücklicherweise gibt es aber ein eindeutiges Indiz, auf das wir uns ziemlich verlassen können. So ist zum Beispiel die Liste der linkshändigen Hollywood-Schauspieler relativ lang. Denn von ihnen gibt es eine Menge Schnappschüsse, auf denen sie mit der linken Hand Autogrammkarten signieren. Bruce Willis zählt dazu, ebenso wie Angelina Jolie, Nicole Kidman und Julia Roberts. Bei Schauspielerin Goldie Hawn liegt die Vorliebe für die linke Hand – wie so oft – in der Familie: Auch ihre Tochter Kate Hudson schreibt mit links. Bei Marilyn Monroe wären wir uns da nicht so sicher. Die Filmdiva gilt zwar als Linkshänderin, wenn man sich jedoch auf ihre (rechte) Schreibhand verlässt, war sie keine.

Übrigens, doppelt hält besser! Neben dem Signieren von Autogrammkarten gibt es noch ein zweites stichhaltiges Indiz, das die Linkshändigkeit von Promis belegt: Sie geben im Interview einfach selbst Auskunft über ihre bessere Hälfte.

Das Kapitel auf einen Blick

- Die linke Hand zu bevorzugen ist so normal wie Rechtshändigkeit.
- Viele Mythen über Linkshänder sind falsch. Sie sterben nicht früher und leiden auch nicht häufiger an Krankheiten.
- Zwischen Händigkeit und Intelligenz gibt es keinen direkten Zusammenhang. Linkshänder sind nicht automatisch cleverer als der Rest der Menschheit.
- Die meisten Gebrauchsgegenstände sind für Rechtshänder konzipiert und können den Alltag von Linkshändern erschweren.

Was Sie ausprobieren können

- Streichen Sie den 13. August im Kalender rot an und feiern Sie den Weltlinkshändertag – am besten mit Ihrem eigenen kleinen Ritual. Wenn Sie Rechtshänder sind, könnten Sie zum Beispiel einem Linkshänder-Freund eine Postkarte schicken, die Sie mit Ihrer linken Hand geschrieben haben.
- Aufgepasst: Achten Sie beim nächsten Serienmarathon gezielt auf Linkshänder. Welcher TV-Kommissar schießt mit links und welcher Darsteller hält den Stift in der linken Hand?
- Blättern Sie in Ihren Fotoalben aus der Kindheit und suchen Sie nach frühen Anzeichen für Ihre bessere Hälfte. Mit welcher Hand greifen Sie nach dem Weihnachtsgeschenk? In welcher Hand halten Sie Jo-Jo, Quartettkarten, Kreide & Co.? An welchem Daumen haben Sie vielleicht genuckelt?

KAPITEL 5

»TYPISCH RECHTSHÄNDER«

Was wissen Sie schon über Rechtshänder?

Wer bis zu dieser Stelle gut aufgepasst hat, weiß bereits eine Menge über Rechtshänder, noch bevor wir überhaupt mit ihrem eigenen Kapitel starten. Wollen wir wetten? Als Beweis testen wir kurz Ihr Wissen. Sind Sie bereit? Nur eine Antwort ist richtig. Auf die Plätze, fertig, los:

1) Wenn Sie beim Schreiben eine ausgeprägte Vorliebe für die rechte Hand haben, dann wird sie …
   a) … natürlich auch von der rechten Hirnhälfte gesteuert. Ist doch klar: Rechtshänder gleich Rechtshirner.
   b) … von der gegenüberliegenden, also der linken, Hirnhemisphäre gelenkt. Oder, wie es in der *Sendung mit der Maus* heißen würde: Klingt komisch, ist aber so.
   c) … abwechselnd von der einen oder der anderen Hirnhälfte gesteuert. Wie ein Fähnchen im Wind!

2) Welche Aussage über Rechtshänder ist wahr?
   a) Rechtshänder leben länger als Linkshänder.
   b) Rechtshänder sind genauso schlau wie Linkshänder.
   c) Rechtshänder zelebrieren jedes Jahr am 13. August ihren eigenen Feiertag.

3) Die meisten Rechtshänder …
   a) … haben weder einen Lieblingsfuß noch ein Lieblingsauge oder gar ein Lieblingsnasenloch. Das ist totaler Mumpitz!
   b) … wechseln beim Rollerfahren je nach Kurvenlage das Bein zum Abstoßen.
   c) … bevorzugen beim Kauen ihre rechten Zähne, halten das Telefon am liebsten an den rechten Lauscher und kicken mit dem rechten Fuß sicherer als mit dem linken.

4) Was kann die rechte Hirnhälfte besser als die linke?
   a) Die rechte Hemisphäre hat eine etwas stärker ausgeprägte künstlerische Veranlagung.
   b) Das analytische Denken ist auf der rechten Seite im Vorteil. Logisch!
   c) Eine dominante rechte Hirnhälfte schützt Menschen besser vor ernsten Krankheiten wie Schizophrenie oder Alkoholismus.

5) Die Lösung für dieses kleine Rätsel finden Sie auf der letzten Seite, weil …
   a) … Rechtshänder so gern schummeln.
   b) … Linkshänder so gern schummeln.
   c) … weil wir es denjenigen, die gut über Kopf lesen können, nicht so leicht machen wollten.

Wir haben garantiert die Wette gewonnen! Das war eine leichte Übung für Sie, oder? Falls Sie doch für einen nanosekundenlangen Augenblick ins Straucheln geraten sind, fassen wir noch einmal kurz zusammen, was wir auf den vorherigen Seiten über Rechtshänder gelernt haben: Sie bevorzugen für anspruchsvolle Tätigkeiten die rechte Hand – die Steuerung dafür übernimmt die linke Hirnhälfte, deren Stärke das logische und analytische Denken ist. Die große Mehrheit der Rechtshänder ist auch »Rechtsseiter«: Von Ohr über Auge bis zu Fuß und sogar Nasenloch ist meist die rechte Variante die beliebtere. Entgegen aller Klischees sind Rechtshänder weder gesünder und friedfertiger noch dümmer oder messbar weniger kreativ. Auch ist ihre Lebenserwartung nicht höher als die des Linkshänders. Der nach unserer Ansicht mit Abstand größte Unterschied zwischen Rechtshändern und Linkshändern ist – abgesehen davon, dass die einen so und die anderen so schreiben: Rechtshänder haben keinen eigenen Feiertag, während der International Lefthanders Day jedes Jahr am 13. August die Linkshänder ehrt. Echt unfair!

Nachdem wir gemeinsam unser Wissen aufgefrischt haben, sind Sie und wir startklar für einen Abstecher mit der Zeitmaschine weit zurück in die Vergangenheit zu den Anfängen der Rechtshändigkeit. Bitte anschnallen, Gurte festzurren, klappen Sie die Tische hoch und stellen Sie Ihre Sitze in eine senkrechte Position, wir heben ab in 3 … 2 … 1 …!

Es war einmal …

… ein *Homo habilis,* der vor 1,8 Millionen Jahren in den Wäldern und Schluchten des heutigen Tansanias in Afrika lebte. Sein Gesicht war klein und affenartig, und auch mit seinen langen, gekrümmten Fingern ähnelten seine Hände mehr denen eines Affen. Er konnte wahrscheinlich gut klettern, verbrachte viel Zeit in Bäumen und war vermutlich der erste Vormensch, der Werkzeug nicht nur benutzte, sondern auch selbst baute – daher sein Name: Homo habilis bedeutet geschickter Mensch. Weil es ihm dennoch an Messer, Gabel und Teller fehlte – so geschickt war er dann auch nicht –, funktionierte er sein Gebiss quasi zur dritten Hand um, damit er seine Mahlzeit in kleinere Happen zerteilen konnte. Dafür hielt er mit den Vorderzähnen das Essen fest, während die eine Hand das Essen so sehr spannte, dass es straff genug war, um es mit einem Werkzeug in der anderen Hand zu durchschneiden. Eigentlich wäre die Geschichte unseres Homo habilis und damit auch unsere Reise in der Zeitmaschine an dieser Stelle zu Ende, wenn 1995 nicht ein fossiler Oberkiefer entdeckt worden wäre. Mit dem nur wenige Zentimeter großen, knöchernen Fossil, das die Wissenschaftler auf den Namen »OH 65« tauften, geht die Geschichte weiter.

Denn den Forschern um David Frayer von der University of Kansas in Lawrence ließ eines keine Ruhe: Während rund 85 bis 90 Prozent der Menschen Rechtshänder sind, ist bei Schimpansen der Anteil geringer – unter den niedlichen Menschenaffen gibt es deutlich mehr Linkshänder als bei ihren weiter entwickelten menschlichen Verwandten. David Frayer und sein Team interessierte zunächst weniger, warum und wie sich die Dominanz der Rechtshänder beim Menschen durchsetzte, sondern in erster Linie, wann sich in der langen Stammesgeschichte des Homo sapiens die Bevorzugung der rechten Hand entwickelte. Wie bei vielen anderen Fragen über Händig- und Seitigkeit auch, war es gar nicht so leicht, darauf eine Antwort zu finden. Denn die fossilen Knochenfunde – oft nur Splitter und kleine Bruchstücke, über mehrere Quadratmeter verteilt und dann mühsam zusammengetragen – lassen sich zum einen nicht ohne Weiteres wie ein einfaches Puzzle zusammensetzen, sondern bleiben lückenhaft. Wenn die Hand fehlt, der Unterarm oder gleich alle Knochen abwärts des Kiefers, ist es für die Forscher schwierig bis unmöglich, Rückschlüsse über die bevorzugte Hand zu ziehen. Zum anderen waren die Skelettfragmente nur in Ausnahmefällen so gut erhalten, dass beide Hände und Arme in Hinblick auf Asymmetrien analysiert werden konnten. Das Vorhaben der Wissenschaftler, einen Zeitpunkt für die Präferenz der Rechtshänder auszumachen, schien also fast eine aussichtslose Angelegenheit zu sein.

Doch hier kommt wieder »OH 65«, unser Homo habilis, ins Spiel. Denn um der Antwort auf ihre Frage ein Stück näher zu kommen, stellten die amerikanischen Wissenschaftler von der University of Kansas die Zähne des Homo habilis in den Mittelpunkt ihrer Arbeit. Damit betraten die Anthropologen Neuland: Zuvor hatte noch niemand versucht, anhand der Zähne mehr über die Entwicklung der Händigkeit zu erfahren. Dass »OH 65« und seine Verwandten dabei das Gebiss als zusätzliche Hand benutzten, kam David Frayer und seinen Mitstreitern gelegen. Denn die Methode, Essen zu zerschneiden, während es mit dem Gebiss fixiert wird, führte wahrscheinlich nicht nur mehrfach zu blutigen Lippen, sondern hinterließ auch Spuren für die Ewigkeit: Die Zähne der geschickten Vormenschen, die vor rund zwei Millionen Jahren lebten, waren mit vielen Kerben und Kratzern buchstäblich gezeichnet – vergleichbare Beschädigungen fanden die Wissenschaftler übrigens auch an den Zähnen der Neandertaler.

Auf den Zähnen von »OH 65« zählten die Forscher 559 Schrammen: Die konservierten Blessuren entlarvten unseren Homo habilis als den bislang ältesten bekannten Rechtshänder der Welt. Denn fast die Hälfte aller Kratzer verlaufen aus der Perspektive von »OH 65« von links oben nach rechts unten – typisch für jemanden, der das Werkzeug in der rechten Hand hält. Nur knapp jede zehnte Kerbe lässt auf einen Linkshänder schließen, die verbleibenden Rillen geben keinen Aufschluss über die verwendete Hand. Trotzdem sind die amerikanischen Anthropologen davon überzeugt, dass »OH 65« seine rechte Hand bevorzugte, um das Schneidewerkzeug zu halten. Denn einerseits sind manche der Kratzspuren, die darauf hinweisen, tiefer und abgenutzter als andere, und andererseits sind hauptsächlich die zwei Schneidezähne in der Mitte sowie der rechte Eck- und Schneidezahn betroffen. Hätte »OH 65« seine linke Hand präferiert, wären, so sind die Experten überzeugt, die Kratzer vor allem mittig und auf der linken Seite des Gebisses zu finden.[50]

Warum gibt es so viele Rechtshänder?

Nachdem wir das »Wann« beantwortet haben, fragen wir neugierig nach dem »Warum«: Warum sind Menschen mit einer dominanten rechten Hand überall auf der Welt in der Überzahl? Und warum haben sich die Rechtshänder gegenüber den Linkshändern durchgesetzt?

Wieder helfen uns David Frayer und sein Team von der University of Kansas weiter. Diesmal konzentrierten sie sich auf den Neandertaler, den ausgestorbenen Verwandten des modernen Menschen. Erinnern Sie sich noch? Woran können wir etwas über seine Händigkeit lernen? Genau, auch an den Zähnen des Homo neanderthalensis zeugen Kratzspuren von Verletzungen am Gebiss. Die Beißerchen unseres verstorbenen Urururururonkels sind dabei deutlich jünger als die des Homo habilis – aber immer noch ziemlich steinalt: Der Höhlenmensch lebte vor rund 200 000 Jahren, bis er vor etwa 30 000 Jahren aus bislang ungeklärter Ursache ausstarb. Damit war er mehr als 1,5 Millionen Jahre jünger als der Homo habilis. Während David Frayer für den »geschickten« Menschen keine Aussage darüber treffen konnte, ob in dieser Bevölkerungsgruppe insgesamt die rechte Hand die beliebtere war, erlauben seine Untersuchungen der Zähne des Neandertalers ein konkreteres Resultat. Die Vorliebe für die rechte Hand hatte sich schon damals durchgesetzt. Unter zehn Neandertalern sei nur etwa ein Linkshänder gewesen.

Für diese Analyse arbeitete Frayer mit Wissenschaftlern aus Italien, Spanien und Kroatien zusammen. Gemeinsam erforschte das internationale Team fossile Zähne prähistorischer Menschen aus verschiedenen Neandertaler-Stätten in Europa sowie von dem Fundort Sima de los Huesos. Dieses unterirdische Höhlensystem ist Teil des kleinen spanischen Gebirgszugs Sierra de Atapuerca im Norden des Landes, der wegen seines archäologischen Reichtums zum UNESCO-Welterbe erklärt worden ist. In der Höhle Sima de los Huesos gruben Anthropologen zahlreiche Knochen des Homo heidelbergensis aus, des direkten Vorfahren des Neandertalers.[51]

Diese Höhlenmenschen waren viel weiter entwickelt als »OH 65«: Sie suchten sich eine feste Bleibe, hausten nicht mehr auf Bäumen, machten Feuer, trugen Fellkleider, gingen auf die Jagd, bauten dafür Waffen aus Stein und Holz – und verletzten sich bei der Arbeit, so wie es uns auch heute ab und an passiert, wenn wir mit den Gedanken schon beim Wochenende sind. In einem kurzen Moment der Unachtsamkeit rutschten also auch die Neandertaler und die Heidelbergmenschen mit ihrem Steinwerkzeug kurz ab und stießen versehentlich damit gegen ihre Zähne.

Für die Anthropologen um David Frayer stehen die Kratzmuster, die sich aus den vielen einzelnen Schrammen ergaben, in unmittelbarem Kontext mit der Links- oder Rechtshändigkeit der einzelnen Urmenschen. Außerdem waren manche Kerben so stark ausgeprägt, dass die Forscher von einer lebenslangen Angewohnheit ausgehen. Nach Auswertung aller urzeitlichen Zähne schlussfolgerten die Wissenschaftler, dass in 93,1 Prozent der Fälle die Blessuren eindeutig von rechtshändigen Steinzeitmenschen verschuldet worden sind.[52] Wären Linkshänder am Werk gewesen, sähe das Muster anders aus, weil sie das Werkzeug auch anders geführt hätten.

Das »Warum« erklärt diese Erkenntnis noch nicht, aber sie bringt uns ein Stückchen weiter auf der Suche nach der Antwort. Denn wir wissen jetzt, dass vermutlich auch die Evolution ein Faktor bei der stärkeren Verteilung der Rechtshänder ist: Dieses Phänomen besteht nicht erst, seitdem sich der Homo sapiens durchgesetzt hat, sondern geht viel weiter in die stammesgeschichtliche Entwicklung des Menschen zurück.

Doch wir wollen gar keine falschen Erwartungen wecken und Sie auch nicht zu lange auf die Folter spannen: Es ist nach dem heutigen Stand der Wissenschaft noch völlig unklar, warum Linkshänder überall auf der Welt in der Unterzahl sind. Die Forscher sammeln seit Jahrzehnten emsig einzelne Puzzlesteine zusammen und hoffen darauf, dass sie eines Tages das eine Puzzlestück finden, das alle anderen Einzelteile miteinander verbindet und zu einem großen Ganzen zusammenfügt. Die einen suchen in der Endokrinologie – der Lehre von den Hormonen – nach dem letzten

Puzzleteil und glauben, dass das männliche Sexualhormon Testosteron eine Rolle bei der Entstehung von Händigkeit spielt.[53] Andere wiederum fokussieren sich bei der Recherche auf mögliche kulturelle oder entwicklungsbedingte Gesichtspunkte, die eine Rolle spielen könnten.

Ein weiterer Erklärungsansatz ist die *Right-Shift-Theorie* der britischen Psychologin Marian Annett. Händigkeit wird laut ihrer Theorie durch zwei Faktoren bestimmt, nämlich durch den *Chance-Faktor*, hiermit sind Zufall, kultureller Druck und soziales Umfeld gemeint, und den genetischen *Right-Shift-Faktor* zur Rechtshändigkeit.[54]

Annett ist der Ansicht, dass die ungleiche Verteilung der Händigkeit beim Menschen in direktem Zusammenhang mit der Anlage des Sprachzentrums steht. Daher geht sie von einem speziellen genetischen (Right-Shift-)Faktor aus, der eine Entwicklung der Sprachdominanz in der linken Gehirnhälfte bevorzugt und damit eine Hemmung der neuronalen Entwicklung der rechten Hemisphäre zur Folge hat, was die Asymmetrie der Händigkeit erklären würde. Nach ihrer Theorie würde die Entstehung der Sprachdominanz in der linken Gehirnhälfte bei rund 80 Prozent der Menschen begünstigt, während als Nebeneffekt die motorische Geschicklichkeit der linken Hand weniger stark ausgeprägt wäre. Fehlt der Right-Shift-Faktor, entscheiden Zufall und das soziale Umfeld über die Rechts- oder Linkshändigkeit.

Mit der Right-Shift-Theorie entwickelte Marian Annett in den Siebzigerjahren einen komplett neuen Ansatz, bei dem die Händigkeit als ein Kontinuum auf einer Skala von »extrem linkshändig« bis »extrem rechtshändig« verstanden wird. Die Händigkeit ist dabei zwischen diesen beiden Extremen normal verteilt, der Verteilungsschwerpunkt jedoch nach rechts verschoben – deshalb auch »right shift«.[55] Die Einteilung in Rechts-, Links- und Beidhänder ist nur mithilfe von Schwellenwerten auszumachen.

Fast scheint es einfacher, nach dem Ausschlussprinzip vorzugehen, um zu klären, warum so viel mehr Rechts- als Linkshänder existieren. So war die Wissenschaft zum Beispiel lange überzeugt, dass es das eine Master-Gen gibt, das über die bevorzugte Hand bestimmt. Ein falscher Ansatz, wie sich inzwischen zeigt: »Heute wissen wir, dass sehr viele verschiedene Gene bei diesem Prozess beteiligt sind. Wir entdecken gerade einen kleinen Ozean an Genen, die für die Entstehung unserer Asymmetrien verantwortlich sind«, erklärt Onur Güntürkün von der Ruhr-Universität Bochum, der dort die Abteilung Biopsychologie am Institut für Kognitive Neurowissenschaft leitet.[56] Unter ihm und seinen Kollegen herrscht derzeit Konsens darüber, dass nicht die genetischen Mechanismen allein für die Entwicklung der dominanten Hand verantwortlich sind. Vielmehr sorgt nach heutigen Erkenntnissen ein Mix aus unterschiedlichen Einflüssen dafür, dass die einen ihre linke und die anderen ihre rechte Seite bevorzugen. »Die genetische Veranlagung interagiert vor allem mit zwei großen Mächten«, so Güntürkün. Die eine sei die Umwelt: Je früher diese Umwelt asymmetrisch eingreife, desto mächtiger sind ihre Effekte. Was kompliziert klingt, erklärt der Biopsychologe verständlich am Beispiel von Taubenembryos: »Sie liegen zusammengeklappt im Ei – der Kopf ruht auf dem Bauch. In der Regel ist der Kopf dabei nach rechts gedreht. So schaut das rechte Auge zur Eischale, während der Bauch das linke Auge verdeckt. Da Taubeneltern beim Brüten immer mal wieder Pausen einlegen, fällt zwischendurch Licht – ein Umweltfaktor – auf das Ei, das dann vor allem das rechte Auge erreicht.« Dieser buchstäbliche Lichtmoment sei der entscheidende Zeitpunkt, bei dem die Asymmetrien des Taubengehirns entstehen. Bei Hühnern ist das übrigens ähnlich.

Der zweite große Faktor neben der Umwelt ist die Epigenetik. Dieses noch junge Teilgebiet der Biologie versucht zu erklären, wie sich trotz identischer Erbinformationen unterschiedliche Zellen oder gar ganze Lebewesen entwickeln. Auch hierfür findet Onur Güntürkün eine anschauliche Erklärung: »Wenn jemand geboren wird, hat er eine ganz kleine Nase. Später hat dieser jemand eine typische Erwachsenennase, die irgendwann aufgehört hat zu wachsen, sonst wäre sie einen Meter groß. Die Gene, die für das Wachstum der Nase zuständig sind, waren eine Weile aktiv und haben dann ihre Aktivität eingestellt – aber nicht vollständig, denn die

Nase wird alle paar Jahre erneuert, da abgestorbene Zellen auch wieder ersetzt werden. Je nachdem in welcher Entwicklungsphase man sich gerade befindet, sind die Gene also stärker oder weniger aktiv. Doch wie wird das reguliert? Wer sagt ihnen, dass sie aufhören sollen, Nase zu bauen, weil sie sonst zu groß wird?« Zum einen seien das Umweltfaktoren, die der Körper selbst produzieren kann, wie zum Beispiel Hormonveränderungen, die das Ende des Wachstums einläuten. Zum anderen seien das eben epigenetische Faktoren, die eventuell im Erfahrungsschatz der Mutter liegen und die sie an ihr Kind weitervererbt haben könnte. Tatsächlich konnten Güntürkün und sein Team diese These mit einer Untersuchung von zwölf Wochen alten menschlichen Embryonen belegen. »Wir wissen aber nicht, woher diese Signale kommen. Sind das frühe Erfahrungen, die das Embryo im Mutterbauch gemacht hat? Was für Erfahrungen können das sein? Oder aber sind das Dinge, die das Kind von seiner Mutter geerbt hat? Das sind große Fragen, die wir im Moment nicht beantworten können.«

Das mag für manche frustrierend klingen und erinnert an den großen Satz »Ich weiß, dass ich nichts weiß«, den vor über 2000 Jahren der römische Denker Cicero dem griechischen Philosophen Sokrates in den Mund gelegt hat. Doch das hindert Güntürkün und seine Kollegen selbstverständlich nicht daran, weiter nach Antworten und Puzzlesteinen zu suchen. Schließlich ist ein erklärtes Ziel der Wissenschaft, ihre Kenntnisse kontinuierlich und systematisch zu vergrößern.

Die Forscher der Universität Bochum sind dabei wieder einen Schritt weitergekommen: Ein Team um Onur Güntürkün sowie seine zwei Mitstreiter Sebastian Ocklenburg und Judith Schmitz hat gemeinsam mit Wissenschaftlern aus Südafrika und den Niederlanden jüngst nachgewiesen, dass schon im Mutterleib die Genaktivität des Rückenmarks asymmetrisch ist. Bislang ging die Fachwelt davon aus, dass die Ursache für Links- und Rechtshändigkeit im Gehirn liegt. Die internationale Forschergruppe untersuchte die sogenannte Genexpression von der achten bis zur zwölften Woche der Schwangerschaft. Bereits in der achten Woche fanden sie in den Rückenmarkssegmenten deutliche Differenzen zwischen rechts und links – nämlich genau dort, wo die Bewegungen der Beine und Arme gesteuert werden. Auch hier sehen sie wieder epigenetische Faktoren als Ursache für die nicht symmetrische Genaktivität. Die Wissenschaftler hegen keine Zweifel: »Die Ergebnisse verändern unser Verständnis über den Ursprung hemisphärischer Asymmetrien fundamental«, schlussfolgern die Autoren, die ihre Studie in der Fachzeitschrift *eLife* veröffentlichten.[57]

Doch auch dieser Durchbruch ist noch immer nicht das letzte Puzzleteil. Viele Fragen bleiben ungeklärt – oder in Ocklenburgs Worten: »Alles, was wir heute darüber wissen, kann morgen schon wieder komplett überholt sein.«[58] Wer eines Tages das Mysterium Händigkeit enträtseln kann, verdient wahrscheinlich den Nobelpreis.

Unser Abstecher zurück in die Urzeit nähert sich dem Ende. Doch unsere Zeitmaschine hält eine weitere Etappe für uns bereit: Diesmal reisen wir ins späte 20. Jahrhundert, genauer gesagt ins Jahr 1992 – das Jahr, in dem Bill Clinton zum 42. Präsidenten der USA gewählt wird, der VfB Stuttgart die Deutsche Meisterschaft gewinnt, *Arte* auf Sendung geht, *Basic Instinct* in die Kinos kommt, Christiane fünf Jahre alt wird und Walt Disney für einen Dauer-Ohrwurm sorgt:

Zwo, eins, Risiko!

»Heldenduck, Geheimnisduck, Schattenduck schlechthin.« Wer ein echtes Kind der Neunziger ist, überzeugt an dieser Stelle mit absoluter Textsicherheit und weiß, von wem hier die Rede ist: natürlich von Darkwing Duck, dem Schrecken der Bösewichte, der gemeinsam mit Bruchpilot Quack, Adoptivtochter Kiki und deren Freund Alfred Wirrfuß seine Heimatstadt Sankt Erpelsburg vor dem Bösen beschützt.

Seine Pistole ist eine echte Wunderwaffe: Sie hält für jede Situation die passende Munition bereit, versprüht Nebelwolken, um die Gegner einzulullen, schießt Netze, um Feinde zu fangen, oder spuckt Seile aus, um schneller Hindernisse erklimmen zu können. Wenn Darkwing Duck seine Pistole zückt, outet er sich als Rechtshänder (Bart Simpson ist übrigens Linkshänder). Denn der Superheld im lilafarbenen Outfit trägt die Allzweckwaffe in der rechten Hand.

Doch es deutet noch etwas auf seine bevorzugte Hand hin: Darkwing Duck ist abenteuerlustig und liebt waghalsige Aktionen, was auch sein Schlagruf »Zwo, eins, Risiko!« beweist. Risikobereitschaft – eine Eigenschaft, die nach Barbara Sattlers Ansicht charakteristisch für Rechtshänder ist. Die Psychologin, die typische Wesenszüge an Linkshändern beobachtet hat, ermittelte auch Verhaltensweisen und Persönlichkeitszüge, die den Rechtshänder prägen. Damit es eine Eigenschaft in ihre Liste schafft, muss sie bei mehr als 75 Prozent der »beobachteten und untersuchten links- bzw. rechtshändigen Personen auftreten«. Zu den charakteristischen Merkmalen für Rechtshänder zählen demnach unter anderem:

- taktisches Denken
- Neigung, Gruppen zu bilden oder sich Gruppierungen anzuschließen
- Geselligkeit, Neigung zum Opportunismus
- Bevorzugung der verdeckten Führung
- Organisationstalent und verbale Überzeugungskraft
- Neigung zur Risikobereitschaft
- Flexibilität
- Ideenvereinnahmung, Ideenumsetzung, Ideensprunghaftigkeit
- Begeisterungsfähigkeit[59]

Vergleichen Sie einmal: Haben Sie sich mehr in der Linkshänder-Liste wiedererkannt oder trifft eher diese Aufzählung auf Sie zu? Vielleicht sehen Sie sich ja auch als eine gelungene Mischung aus beidem.

Beim Knutschen gilt: rechts vor links

Wissen Sie, was eine *Akkolade* ist? Zugegeben, uns war der Begriff bis zur Arbeit an diesem Buch völlig unbekannt. Wer das große Latinum gemeistert oder im Französischunterricht immer gut aufgepasst hat, kann sich die Bedeutung vielleicht zusammenreimen, alle anderen müssen im Duden nachschlagen: »Ak | ko | la | de, die; -, -n { franz. } (feierliche Umarmung beim Ritterschlag u.a.; (…))«.[60] Doch der Begriff findet noch eine weitere Verwendung – im Benimm-Deutsch wird der Wangenkuss als Akkolade bezeichnet. Der kann schnell zum kleinen Malheur werden, wenn die Küssenden nicht wissen, mit welcher Wange sie beginnen sollen und die Nasen kollidieren.

Wenn ich meine Freundin Petra treffe, läuft unsere Begrüßung immer nach dem gleichen Drehbuch ab. Zuerst breite ich meine Arme aus und bewege mich nach rechts auf sie zu. Petra macht das Gleiche, aber nur fast, und steuert von sich aus gesehen nach links, sodass wir eigentlich ungeschickt zusammenstoßen würden – wenn sie nicht jedes Mal in letzter Sekunde noch schnell nach rechts lenken würde, damit wir uns bei der Umarmung und dem Begrüßungsbussi buchstäblich ergänzen können.

Wie die Akkolade richtig abläuft, erklären die Knigge-Benimmexperten: »Hierbei geben sich zwei Leute, die sich gerade getroffen haben, abhängig von der jeweiligen Landessitte, ein Küsschen links und rechts auf die Wange. Diese Küsschen sind aber meist nur angedeutet, da man ansonsten etwaiges Make-up bei der Dame verwischen könnte.«[61] Das klärt zwar immer noch nicht, welche Wangenseite die erste ist, verrät uns aber, dass laute Schmatzer unangemessen sind, sofern das Verhältnis nicht intimer ist.

Wie aber verhalten sich Liebende? Stoßen sie beim Küssen zusammen oder vervollkommnen sie sich gegenseitig? Auch das wollte Onur Güntürkün von der Ruhr-Universität Bochum wissen. Der Biopsychologe untersuchte vor einigen Jahren in einer Feldstudie das Kussverhalten von Pärchen. Dafür beobachtete der Wissenschaftler insgesamt 124 Paare beim Küssen in der Öffentlichkeit – in Stadtparks, an Stränden, auf dem Bahnhofsgleis oder in der Ankunftshalle am Flughafen. Das klare Ergebnis seiner vielfach zitierten Analyse: Die große Mehrheit der Menschen neigt ihren Kopf beim Küssen in dieselbe Richtung – und zwar nach rechts. Nur etwa ein Drittel bewegt beim Kuss auf die Lippen seinen Kopf nach links, zählte Güntürkün während seiner Studie.[62] Damit bestätigt sich erneut, dass der Mensch eine Neigung zu asymmetrischen Bewegungen hat und dabei in der Regel die rechte Seite bevorzugt. Denn Unterschiede je nach Körperseite bei der Emotions- und sensorischen Verarbeitung können wir auch in anderen Bereichen beobachten. Erinnern Sie sich noch an die »Kippenschnorrer« aus Italien? Genau, die Wissenschaftler Luca Tommasi und Daniele Marzoli demonstrierten, dass die Bitte um eine Zigarette häufiger erfüllt wird, wenn man nicht am linken, sondern am rechten Ohr fragt.[63] Die meisten Menschen sind also Rechtshänder und wahrscheinlich, wenn auch weniger stark ausgeprägt, außerdem Rechtsküsser, Rechtshörer, Rechtsseher und Rechtstreter.

Onur Güntürkün ist davon überzeugt, dass das Phänomen der Kopfdrehung auf frühkindliches Verhalten zurückgeht. Bereits Säuglinge wenden in den letzten Monaten vor der Geburt und bis zu einem halben Jahr danach ihr kleines Köpfchen lieber nach rechts als nach links. Dabei üben sie besonders Bewegungen auf der rechten Seite – für Güntürkün der Startschuss für die laterale Entwicklung des Hirns. Doch zwischen der Kopfdrehung der Babys und der Vorliebe für eine Körperseite klafft eine zeitliche Lücke – die frühkindliche typische Bewegung verschwindet nach sechs Monaten, Rechtsäugigkeit und -füßigkeit machen sich erst später bemerkbar. Die Kuss-Studie schlägt eine Brücke zwischen beiden Phänomenen: Güntürkün schlussfolgert aus seinen Beobachtungen, dass die bevorzugte Kopfdrehung nie völlig verloren geht. Wer küsst, ist selbst der lebende Beweis!

Übrigens, Knutsch-Unfälle zwischen Links- und Rechtsküssern hat der Wissenschaftler nicht beobachten können. Er geht davon aus, dass sich seine Probanden nicht zum ersten Mal küssten und sich bereits an die bevorzugte Kussrichtung des Partners gewöhnt hatten.

Unser Tipp: Beobachten Sie mal eine Woche lang ganz bewusst die Bewegungen Ihres Gegenübers bei der Begrüßung – ganz gleich ob es der Kuss des Partners ist, die Umarmung mit Freunden oder das Wangenbussi unter guten Bekannten. Ergänzen Sie sich in der Regel? Oder gibt es auch mal einen ungewollten Zusammenstoß?

Flexibel in Rekordzeit

Ob nun beim Schreiben oder Küssen – Rechtshänder sind in der Überzahl. Eine Tatsache, die im Alltag kaum auffällt: Rechtshändigkeit ist so normal und selbstverständlich wie die Gewissheit, dass morgen früh die Sonne im Osten aufgeht, dass das kalte Wasser mit dem rechten Griff des Wasserhahns auf- und zugedreht wird und dass hierzulande im Straßenverkehr die Regel »Rechts vor links« gilt. Kein Wunder, dass die Welt für Rechtshänder gemacht ist: Ob Zollstöcke, Portemonnaies, Suppenkellen, Motorsägen, Computermäuse, Messbecher, Golfschläger, Musikinstrumente, Bankautomaten, Korkenzieher oder Scheren – alles ist perfekt auf ihre bessere Hälfte abgestimmt. Linkshändern bleibt nichts weiter übrig, als sich darauf bestmöglich einzustellen und damit zurechtzukommen.

Das ist der maßgebliche Grund, warum Linkshändern eine größere Flexibilität im Denken nachgesagt wird – schließlich müssen sie je nach Tätigkeit zwischen linker und rechter Hand hin- und herspringen. Beim Schreiben können sie problemlos auf ihre starke Hand vertrauen, doch wenn sie beispielsweise die Weinflasche entkorken wollen, müssen sie entweder mit der linken Hand in die für sie gefühlt falsche Richtung drehen oder gleich einen Versuch mit rechts wagen.

Wer aber den Umkehrschluss zieht, dass Rechtshänder deswegen weniger flexibel sind, liegt falsch. Eine aktuelle Studie der Universität Zürich hat nämlich das genaue Gegenteil bewiesen. Ist der rechte Arm eines Rechtshänders eingegipst und damit seine starke Hand zu einer Zwangspause verdonnert, stellt sich das Gehirn zügig auf die veränderten Bedingungen ein. Das ist das Ergebnis einer Untersuchung, für die die Wissenschaftler um Neuropsychologe Nicki Langer insgesamt zehn Rechtshänder mit gebrochenem rechtem Oberarm untersucht hatten. Zwei Wochen lang konnten die Probanden ihre rechte Hand wegen des Gipses nur sehr wenig bis gar nicht benutzen. Also mussten sie auf das Können ihrer linken Hand vertrauen und für alltägliche Aufgaben wie Essen, Schreiben oder Zahnhygiene zum zeitweiligen Linkshänder werden.

Was die Umstellung von der rechten auf die linke Hand für das Gehirn bedeutet, analysierten die Forscher mithilfe von Magnet-Resonanz-Tomografie. Dafür mussten die verletzten Rechtshänder gleich zweimal in die Röhre: als Erstes 48 Stunden direkt nach der Läsion und ein weiteres Mal 16 Tage nachdem der Arm ruhiggestellt worden war. Die Neuropsychologen berechneten so die Dicke der Hirnrinde, analysierten die Feinmotorik der linken Hand und untersuchten sowohl graue als auch weiße Hirnsubstanz. Dabei stellte sich heraus, dass die Ruhigstellung der dominanten Hand innerhalb kurzer Zeit für Veränderungen der motorischen und sensorischen Hirnareale verantwortlich ist. Während in der linken Hirnhälfte, die die pausierende rechte Hand steuert, sowohl graue als auch weiße Hirnsubstanz schrumpfte, wuchs zeitgleich die Substanz der motorischen Areale in der rechten Hemisphäre, die für die Steuerung der linken Hand zuständig ist. Übersetzt bedeutet das: Die feinmotorischen Fertigkeiten der linken Hand erzielten bessere Ergebnisse als vor der Verletzung – und das ohne langes Üben und Trainieren. Rechtshänder brauchen sich also nicht zu sorgen. In einer Linkshänderwelt kämen sie ganz gut zurecht – die Fähigkeit des flexiblen Denkens ist kein Alleinstellungsmerkmal der Leftys.[64]

Alles nur Fake?

Wie Sie sehen, zeigt auf unserem Cover der Pfeil für Rechtshänder auf Christiane und der linke Pfeil auf Antje. Natürlich wollten wir uns selbst testen lassen, um wirklich alles zum Thema Händigkeit in Erfahrung zu bringen. Ohne das Buch hätten wir gar keinen Händigkeitsberater aufgesucht, weil wir im Alltag beide keine Probleme mit unserer besseren Hälfte haben und eigentlich ganz gut zurechtkommen. So war es auch keine riesengroße Überraschung, dass bei Antjes Test eindeutig das Ergebnis Linkshänderin rauskam, da sie mit links schreibt, löffelt und wirft. Bei Christiane war das Resultat nicht ganz so eindeutig:

Nun war ich dran. Zum kleinen Routinetest reiste ich nach Berlin. Für mich stand eindeutig fest: Natürlich bin ich Rechtshänderin. Nie wollte meine linke Hand etwas lieber machen. In meinem Leben war ich immer eine Rechtshänderin gewesen. Ich hatte während des Schreibens dieses Buches natürlich überlegt, ob es Dinge gibt, die ich mit links mache. Eingefallen war mir nach langer Überlegung aber tatsächlich nur das häufige Entsperren des Handys mit der linken Hand. Antje hatte mich zwar darauf hingewiesen, dass sie glaube, dass viele der positiven Klischees über Linkshänder auch auf mich zutreffen, worauf ich aber nur herzlich lachte. Gut, ein bisschen tollpatschig und verplant bin ich. Aber wer ist das nicht? Nichts wies für mich darauf hin. Gar nichts. Zur Sicherheit rief ich kurz vor dem Termin meine Eltern an, um mich nach Linkshändigkeit bei meinen Verwandten zu erkundigen, denn das liegt oft in der Familie und ich wusste nicht, welche Fragen mich bei so einem Händigkeitstest erwarten. Meine Eltern wussten von nichts. Es war mir fast schon unangenehm, nun meine eindeutige Rechtshändigkeit testen zu lassen, weil das eigentlich absurd ist. Es ist wie zum Arzt gehen und einen Komplett-Check-up verlangen, obwohl man kerngesund ist. Ich möchte Sie an dieser Stelle nicht mit den Details meines Tests langweilen. Die Frage, die zuerst bei einem Händigkeitsberater abgeklärt wird, ist: Kann die andere Hand überhaupt etwas? Gibt es Potenzial? Meine linke Hand hatte Potenzial. Und das Ergebnis war, ja, ich könnte eine Linkshänderin sein, vorsichtig formuliert. Meine erste Reaktion war komplette Ungläubigkeit. Bestimmt hatte ich einfach eine linke Hand, die einfach viel kann. Aber dann erinnerte ich mich an meine Schulzeit, die von riesigen Problemen durchkreuzt wurde, und daran, dass ich noch heute sehr selten etwas aufschreibe. Das wäre mir sonst nie aufgefallen, aber als ich genauer darüber nachdachte, wurde mir bewusst, dass ich eine Abneigung gegen das Schreiben mit der Hand habe und dass ich nie eine persönliche Handschrift entwickelt habe. Kann das nicht einfach auch nur Faulheit sein? Aber Bücher signieren kann ich zum Beispiel recht schön. Eigentlich habe ich fünf Handschriften. Eine für Klausuren, eine unleserliche, eine schräge, eine in Druckbuchstaben und eben eine zum Büchersignieren. Ich weiß nicht, welche davon meine echte Handschrift ist. Mir blieb nichts anderes übrig, als den Test erst mal leicht verwundert hinzunehmen und zu versuchen, das Thema für ein paar Tage auszublenden.

Unter der großen Zahl der Menschen, die im Alltag ihre rechte Hand bevorzugen, sind viele, die als Linkshänder zur Welt gekommen sind, aber aus den unterschiedlichsten Gründen als Rechtshänder durchs Leben laufen. Doch der Schein trügt: Echte Rechtshänder sind diese Menschen nicht, denn einmal Linkshänder, immer Linkshänder! Und einmal Rechtshänder, immer Rechtshänder.

Wie groß der Anteil der sogenannten Pseudo-Rechtshänder ist, lässt sich nicht genau sagen, schließlich gibt es selbst über die offensichtlichen Linkshänder keine konkreten Zahlen. Doch wenigstens kann im Einzelfall auch nach 40, 50 oder gar 60 Jahren zweifelsfrei nachgewiesen werden, welche Hand von Natur aus die dominante ist. Um das zu beweisen, ließ ein Team um Neurologe Hartwig Siebner Linkshänder, Rechtshänder und umgeschulte Linkshänder mehrfach das Wort »bellen« schreiben, während ihr Gehirn bei einer Positronen-Emissions-Tomografie analysiert wurde.[65] Dieses Verfahren ermöglicht, dass die Wissenschaftler genau nachvollziehen können, welche Areale des Denkorgans beim Schreiben aktiv sind.

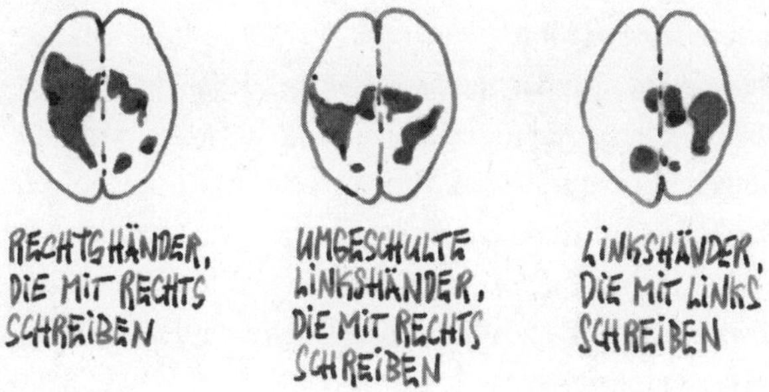

Während bei Rechts- und Linkshändern die Aktivierungsmuster der dominanten Hand vor allem in der jeweiligen gegenüberliegenden Gehirnhälfte deutlich werden, verhält es sich bei umgeschulten Linkshändern anders. Sie nutzen zwar wie die Rechtshänder für den reinen Bewegungsvorgang ihre linke Gehirnhälfte, doch die Forscher konnten bei den ebenfalls beteiligten kognitiven Arealen einen deutlichen Unterschied erkennen. Diese sind für die übergeordnete Steuerung, die präzise Koordination und Kontrolle des Schreibvorgangs zuständig. Bei umgeschulten Linkshändern sind beide Gehirnhälften aktiviert, weil auch die ursprünglichen Schaltstellen weiterhin beteiligt werden. Egal wie flüssig und schön ein geborener Linkshänder mit der rechten Hand schreibt: Er bleibt im Kopf teilweise Linkshänder, die angeborene Dominanz verschwindet nicht völlig.[66]

Das Kapitel auf einen Blick

- Der vermutlich älteste Rechtshänder der Welt lebte vor rund 1,8 Millionen Jahren.
- Schon zu Zeiten der Neandertaler waren die Rechtshänder in der Mehrzahl.
- Nach dem heutigen Stand der Wissenschaft ist noch nicht geklärt, warum es ein Ungleichgewicht zwischen Rechts- und Linkshändern gibt.
- Die meisten Menschen sind Rechtsküsser.
- Das Gehirn reagiert schnell, wenn Rechtshänder aus medizinischen Gründen gezwungen sind, mit links zu schreiben. Die Feinmotorik verbessert sich innerhalb weniger Tage.
- Viele Menschen sind sogenannte Pseudo-Rechtshänder und wissen oft auch gar nicht, dass eigentlich die linke Hand ihre bessere Hälfte ist.

Was Sie ausprobieren können

- Testen Sie einmal, ob Sie Ihre Liebste oder Ihren Liebsten küssen können, wenn Sie beide den Kopf in unterschiedliche Richtungen drehen. Aber bitte nicht zu schwungvoll! Sie werden schon verstehen, warum wir auf diesen Warnhinweis Wert legen.

- Warnhinweis II: Probieren Sie bitte nicht aus, wie unsere steinzeitlichen Vorfahren das Essen zwischen den Zähnen festgehalten und dann geschnitten haben! Besuchen Sie lieber mal wieder ein indisches oder äthiopisches Restaurant und legen das Besteck beiseite: Essen Sie – landestypisch – mit der Hand!

KAPITEL 6

DER MYTHOS VOM BEIDHÄNDER

Wie gut kennen Sie Beidhänder?

Falls Sie glauben, dieser Test wird eine genauso simple Nummer wie der vorherige, dann müssen wir Sie leider enttäuschen. Die 500-Euro-Fragen haben Sie ohne Telefonjoker geschafft. Gratulation! Doch jetzt nähern wir uns der 16 000-Euro-Grenze. Dafür drehen wir den Spieß um und stellen Fragen, deren Antworten Sie ausnahmsweise noch nicht oder nur teilweise auf den vorherigen Seiten lesen konnten.

1) Was haben umgeschulte Linkshänder, Pseudo-Rechtshänder und die meisten Beidhänder gemeinsam?
a) Nichts, dafür ist ihre charakteristische Händigkeit zu unterschiedlich ausgeprägt.

b) Ihr präfrontaler Cortex ist stärker entwickelt als der eines normalen Links- oder Rechtshänders.
c) Die Wahrscheinlichkeit ist hoch, dass sie alle geborene Linkshänder sind.

2) Wie werden Beidhänder noch genannt?
a) Bothys, nach dem englischen Wort »both« für beide – so wie Linkshänder auch als Leftys bezeichnet werden.
b) Ambidexter: Dieser Begriff stammt aus dem Lateinischen. »Ambo« bedeutet »beide«, »dexter« wird mit »rechts« übersetzt.
c) Doublehander – eine Wortzusammensetzung aus den beiden englischen Begriffen »double« und »hand«.

3) 2000 gab es eine entscheidende Änderung im Lehrplan für die Erstklässler in Bayern. Welche?
a) Schüler dürfen mit der linken Hand schreiben, wenn das Schriftbild und die Schreibgeschwindigkeit mit der rechten Hand nicht den für das Alter typischen Leistungen entsprechen.
b) Alle Kinder dürfen im Laufe des ersten Schuljahres mit beiden Händen abwechselnd schreiben, wenn sie sich nicht festlegen können. Erst zum zweiten Schuljahr müssen sie sich für eine Hand entscheiden.
c) Linkshänder dürfen in der Schule nicht zum Gebrauch ihrer nicht dominanten Hand angehalten werden. Die bevorzugte Hand darf nicht umgeschult werden.

4) Wie viele echte Beidhänder gibt es?
a) Die Zahlen schwanken. Je nach Studie schätzen Wissenschaftler, dass ihr Anteil zwischen null und zwei Prozent liegt.
b) Zahlen über Beidhänder werden statistisch nicht erfasst. Deshalb fehlen offizielle Zahlen.
c) Laut aktuellem Stand der Forschung ist etwa einer von zehn Menschen beidhändig veranlagt.

Na? Haben Sie den 50:50-Joker bereits verzockt? Und der Publikumsjoker ist auch schon weg? Wir haben Verständnis, das war nicht die allerleichteste Übung. Falls Sie jetzt schon neugierig sind, wie Sie sich geschlagen haben, dann finden Sie auf Seite 225 die richtigen Antworten. Oder aber Sie üben sich in Geduld und lesen aufmerksam die nächsten Seiten. Denn ganz am Ende des Kapitels, wenn Sie alles über Beidhänder gelesen haben, dürfen Sie die Aufgaben wiederholen – und dann wird unser Test ein Kinderspiel für Sie sein.

Doch noch stehen wir ganz am Anfang unserer nächsten Reiseetappe, für die wir erneut die Zeitmaschine aus der Garage schieben. Diesmal besuchen wir verschiedene Stationen der letzten 100 Jahre, und wir beginnen mit einem Ausflug in die Goldenen Zwanziger; jene Zeit nach dem Ersten Weltkrieg, in der die Wirtschaft wieder an Fahrt aufnimmt, Kunst und Kultur einen neuen Höhepunkt erreichen, und die Bürger der Weimarer Republik das rauschhafte Vergnügen genießen, um aus dem tristen Alltag zu entfliehen. Nehmen Sie Platz, das Sektglas steht schon bereit, die Vorstellung beginnt.

Eine Frage der Definition

Wenn Thea Alba die Bühne des Berliner Varietés Scala betritt, begrüßt das Publikum die hübsche Blondine im Glitzerkleidchen mit frenetischem Applaus – schließlich sind die Erwartungen hoch. Die Theaterkritiker loben die junge Frau in den höchsten Tönen und versprechen ein außergewöhnliches Bühnenspektakel: »Ein Wunder der Konzentration – was sie zeigt, sind möglich gemachte Unmöglichkeiten, Unfassbarkeiten, vor denen man nur staunend stehen kann!«, und: »Eine Höchstleistung des Gehirns und ein Beweis der erstaunlichen Willensteilung.« »Was uns Thea Alba auf der Bühne zeigt, grenzt beinahe an Zauberei«, oder: »Sie löst scheinbar ohne geringste Anstrengung die schwersten Probleme.

Sie vollbringt gleichzeitig entgegengesetzte Handlungen auf eine Weise, als sei es die selbstverständlichste Sache von der Welt.«

Und tatsächlich hält Thea Alba, was das Programmheft und die Plakate versprechen. Sie ist die Frau mit den zehn Gehirnen – für jeden Finger eins. Die Varieté-Künstlerin trägt lange krallenartige Kreideaufsätze auf ihren Fingerkuppen und schreibt so gleichzeitig zehn verschiedene Ziffern auf die Tafel. Der kleine Finger der linken Hand notiert eine »1«, während der Ringfinger eine »2« schreibt und parallel der Daumen eine »7«, zeitgleich bringt der rechte Mittelfinger eine »4« auf die Tafel und der rechte Zeigefinger eine »3«. Die Zuschauer trauen ihren Augen kaum und klatschen die Verwunderung mit lautem Applaus weg. Als Nächstes nimmt Thea Alba, die eigentlich Dorothea Sohm heißt und sich früh einen Künstlernamen zugelegt hat, die Füße zu Hilfe: Mit der linken Hand schreibt sie das Wort »Tokio« und mit der rechten »Paris«, der linke Fuß schreibt »Rom«, der rechte »Sofia«. Unter den staunenden Blicken der Zuschauer beweist die junge Frau, dass sie sogar mit dem Mund schreiben kann. Nicht etwa krakelig, sondern schön sauber und lesbar, während – selbstverständlich wieder gleichzeitig – ihre Hände zwei weitere Worte schreiben. Für den letzten Teil ihres Auftritts setzt sich die junge Frau an das Klavier und beginnt zu singen. Die eine Hand begleitet ihren Gesang am Klavier, die andere schreibt. Nach 16 Minuten ist der Auftritt des Stars vorüber: Die Menge applaudiert und Thea Alba verabschiedet sich mit charmantem Knicks und Verbeugung von der Bühne.

Genauso könnte die Show der Unterhaltungskünstlerin Ende der 1920er-Jahre im Revuetheater in Berlin-Schöneberg ausgesehen haben. Davon zeugen handschriftliche Notizen, Originalfotos, Zeitungsausschnitte und Werbeprospekte aus ihrem Nachlass, den das »Circus-, Varieté- und Artistenarchiv Marburg« sammelt, bewahrt und pflegt. Trotzdem gerät Thea Alba, die bis in die Sechzigerjahre hinein ihr Können auch auf internationalen Bühnen in New York, Montreal, Paris und Brüssel zeigte, heute immer mehr in Vergessenheit. Nur vereinzelt erinnern noch Blogs oder Online-Portale an die einst berühmteste Beidhänderin der Welt.

Stopp! Beidhänderin? Gilt Thea Alba tatsächlich als Ambidexterin? Auf den ersten Blick lautet die Antwort selbstverständlich Ja. Schließlich kann sie mit beiden Händen schreiben. Doch wie wir schon kurz beim Thema Händigkeit im dritten Kapitel erklärt haben, sind echte Beidhänder nur diejenigen, die mit beiden Händen eine Aufgabe gleichermaßen gut erledigen können. Links- und Rechtshänder erledigen im Unterschied dazu anspruchsvolle Aufgaben mit ihrer besseren Hälfte, während leichtere Tätigkeiten auch mal von der nicht dominanten Hand bewältigt werden können. Doch je herausfordernder die Aufgabe wird, desto offensichtlicher setzt sich die starke Seite durch.

Deshalb sind »richtige« Beidhänder rar: Den Anteil dieser Menschen schätzen Forscher als extrem niedrig ein. Je nach Studie variieren die Zahlen zwischen null und zwei Prozent der Bevölkerung. Oft zitiert wird in diesem Zusammenhang vor allem eine Analyse der Universität Leicester, wonach nur 3 von 1000 Menschen zu den Ambidextern gehören.[67] Das heißt im Umkehrschluss, dass 99,7 Prozent der Menschen eindeutig Links- oder Rechtshänder sind – genauso wie auch den allermeisten Menschen ein Geschlecht zugewiesen werden kann und nur in wirklich seltenen Ausnahmefällen nicht klar ist, ob jemand als Mann oder Frau zur Welt gekommen ist.

Soweit ich mich zurückerinnern kann, habe ich mich immer als Linkshänderin gefühlt. So ganz selbstverständlich sei das für meine Mitmenschen wohl nicht gewesen, weiß meine Mutter. Als kleines Mädchen habe ich immer gern und viel gemalt, erzählt sie, und dabei oft in beiden Händen gleichzeitig einen Stift gehalten. Auf den ersten Blick sah es so aus, als ob linke und rechte Hand gleichermaßen an dem Kritzel-Kunstwerk beteiligt waren. Doch wer genau hinschaute, entdeckte eindeutig meine bessere Hälfte: Während die linke Hand die Gesamtkomposition zeichnete, unterstützte die rechte Hand ihre Partnerin auf der anderen Seite immer nur mit einzelnen Strichen, Punkten und Schraffierungen. Gerade wenn es kompliziert wurde und ich mir besonders viel Mühe gab, um das Blümchen exakt auszumalen oder dem kleinen Häschen noch kleinere Öhrchen zu zeichnen, vertraute ich auf die Fertigkeiten meiner linken Hand. Ich habe also ab und an mit beiden Händen gemalt. Ein Beidhänder war ich deshalb noch lange nicht.

Sind wir nicht alle ein bisschen beidhändig?

Vor allem im Kindesalter ist ein gewisses Maß an »Beidhändigkeit« normal – es dauert, bis sich die angeborene Händigkeit klar durchsetzt. Wer sich allerdings die Mühe macht und im Freundes- und Bekanntenkreis nachfragt, wird vielleicht feststellen, dass in seinem Umfeld der vermeintliche Anteil an erwachsenen Ambidextern höher zu sein scheint, als Wissenschaftler für realistisch halten. Wesentlich mehr Menschen zählen sich zu den Beidhändern – so wie die Nachbarin, die mit rechts schreibt, aber mit links wirft und fängt. Oder der Arbeitskollege, der zwar noch schlechte Erinnerungen an seine Umschulung hat, sich inzwischen aber für einen talentierten Beidhänder hält, weil er mit links seine Suppe auslöffelt und das Obst schält, den Squash-Schläger jedoch in der rechten Hand hält und schnell die Hand wechselt, wenn der Ball in der hinteren linken Ecke des Spielfelds aufkommt. Doch richtige Beidhänder wären sie nur dann, wenn die Nachbarin auch ebenso gut mit links wie mit rechts schreiben, werfen oder fangen könnte und wenn es für den Kollegen keinen Unterschied macht, ob er den Squash-Schläger, den Löffel oder den Obstschäler in der linken oder in der rechten Hand hält. Wir gehen jede Wette ein, dass die Beiden eine zweifelsfrei identifizierbare starke Hand haben, die nicht unbedingt die Schreibhand sein muss. Wissen Sie noch? Richtig, es gibt keine Tätigkeit, die uns eindeutig die dominante Hand verrät.

Was sind aber nun die Nachbarin und der Kollege, wenn sie keine Beidhänder sind? Und was ist mit Thea Alba? Gemach, eins nach dem anderen. Fangen wir mit dem Arbeitskollegen an: Bei ihm ist die Sache ziemlich klar. Schließlich kann er sich noch gut daran erinnern, wie ihn Lehrer und Eltern einst dazu anhielten, doch lieber das gute Händchen zu nehmen und stattdessen die linke Hand buchstäblich links liegen zu lassen. Er gehört zu den umgeschulten Linkshändern. Allerdings werden nicht alle Tätigkeiten umtrainiert; meist beschränkt sich die Umschulung auf das Schreiben, das »richtige« Handgeben und eventuell noch den »korrekten« Umgang mit Schere, Messer und Gabel. Doch so wie sich die natürliche Dominanz einer Seite nicht ändern lässt und auch nach Jahrzehnten der Umschulung die ursprüngliche Händigkeit noch nachgewiesen werden kann, lässt sich auch im Alltag die starke Hand nicht völlig unterkriegen. Gerade bei Tätigkeiten, die der Mensch nicht bewusst erlernen muss – wie etwa winken, klatschen, Seiten in einem Buch umblättern –, setzt sich oft trotz Umschulung die eigentlich starke Hand durch. Das ist der Grund, warum der Arbeitskollege noch heute Löffel und Schäler am liebsten in der linken Hand hält, ansonsten aber mit der rechten Hand arbeitet.

Ganz ähnlich sieht es bei der Nachbarin aus. Sie kann sich nicht daran erinnern, dass sie zum Schreiben mit der rechten Hand gezwungen worden ist, und kann einfach einige Dinge besser mit der einen und andere Dinge besser mit der anderen Hand. Das ist nicht ungewöhnlich: Viele umgeschulte Linkshänder verdrängen die oft rabiaten Methoden, mit denen sie zum Schreiben mit rechts gezwungen worden sind. Oft waren sie auch einfach noch zu jung, um Erinnerungen daran zu haben. Denn eine Umschulung kann schon lange vor dem Eintritt in die Schule abgeschlossen sein: Es kann bereits genügen, dass die Eltern – auch einfach unabsichtlich aus Unwissenheit – ihrem Nachwuchs Schnabeltasse, Greifring, Wachsmalstift und Spielzeugauto stets nur in die rechte Hand geben, um so aus einem geborenen Linkshänder einen Rechtshänder zu machen. Tatsächlich muss nicht mal direkter Einfluss von außen vorhanden sein, um die starke Hand zurückzudrängen. Manche (linkshändigen) Kleinkinder trainieren sich den Gebrauch der rechten Hand einfach von allein an, indem sie sich von den großen (rechtshändigen) Geschwistern oder von Mama und Papa einfach abgucken, wie man aus einer Tasse trinkt, einen Stift hält und die Zahnbürste benutzt. Gerade für Eltern gilt deshalb: Achten Sie darauf, wie sich die Händigkeit Ihres Kindes entwickelt. Wenn Sie aufmerksam sind, bleibt die starke Hand des Nachwuchses nicht im Verborgenen. Mehr über die Entwicklung der Händigkeit im Kindesalter und konkrete Tipps lesen Sie im achten Kapitel.

Zurück zur Nachbarin, die mit rechts schreibt, mit links wirft und sich für eine Beidhänderin hält: Sie hätte sich mit Blick auf ihre Schreibhand ebenso gut als Rechtshänderin bezeichnen können. Allerdings ist es viel wahrscheinlicher, dass sie ebenfalls aus dem Lager der Linkshänder kommt – so wie die meisten der angeblichen Beidhänder und Pseudo-Rechtshänder auch. Übrigens, eine andere mögliche Bezeichnung wäre *Gemischthänder*. So werden manchmal die Menschen genannt, die je nach Tätigkeit die Hand wechseln. Die Trennlinie zwischen Beid- und Gemischthänder ist oft unscharf.

Wer das erstaunliche Talent von Thea Alba verstehen will, braucht nicht auf Vermutungen vertrauen, sondern muss bloß einen Blick in das Marburger Zirkusarchiv werfen. Könnte Thea Alba tatsächlich ihren Willen teilen, wie manche Zeitungen über sie berichten, und wäre sie wirklich ein »Weltwunder« mit zwei gleich gut befähigten Schreibhänden, dann ließen sich sicher Hinweise darauf finden, dass sie ihre Briefe mit linker und rechter Hand gleichzeitig schreibt. So würde sie den Traum jeder Sekretärin wahr machen und zwei Briefe zur gleichen Zeit oder wenigsten einen Brief in Rekordgeschwindigkeit verfassen können. Doch ihre persönlichen Notizen sind krakelig und nicht so ebenmäßig schön wie die wohlgeformten Worte, die sie vor Publikum an die Schautafeln schreibt. Stattdessen bleibt Thea Alba eine Frau mit einer stärkeren und schwächeren Hand, die in ihre spektakulären Auftritte einfach nur viel Übung und jahrelanges Training investiert hat. In einem Brief formuliert sie es selbst so: »Üben muss ja wohl jeder Künstler, der in Form sein muss. Meine Privatschrift ist, wie man so sagt, eine Klaue und schwer leserlich; aber die Schrift auf der großen Tafel erfordert (…) eine gewisse Schönschrift (…). Dass ich dies in Ihrem Falle besonders üben muss, wird Ihnen ohne Weiteres klar sein.«[68]

Hätte Thea Alba auf der Bühne plötzlich andere Worte und Zahlen als die einstudierten schreiben müssen, käme klägliches Gekritzel dabei heraus. Ob die Künstlerin nun in Wahrheit eine Links- oder Rechtshänderin war, ist nicht überliefert. Nur eines ist klar: Auch Thea Alba gehört wohl kaum zu den 0,3 Prozent der echten Ambidexter. Unsere Theorie: Thea Alba könnte als Linkshänderin zur Welt gekommen sein, die trotz Umschulung auf die rechte Hand nie aufgehört hat, die linke Hand weiter zu benutzen und damit beide Hände zu trainieren. Denn Übung macht den Meister – und den vermeintlichen Beidhänder! Schauen Sie sich nur mal einen Konzertpianisten an oder die Oma, die virtuos einen Winterschal oder Babysöckchen strickt.

Falls Sie Fingermalfarben oder einen Tuschkasten daheim haben und auf eine bunte Sauerei auf Ihrem Küchentisch stehen, können Sie Thea Albas Kunststück selbst ausprobieren: Tauchen Sie zuerst die Kuppen des Mittelfingers und des Zeigefingers in die Farbe und versuchen Sie dann zwei verschiedene Symbole gleichzeitig auf Papier zu malen. Starten Sie ruhig einfach und fangen Sie mit einem simplen Strich und einem Kreis an. Sobald Sie etwas Übung haben, können Sie den Schwierigkeitsgrad langsam steigern: Testen Sie, ob Ihnen auch komplizierte Symbole wie Ziffern oder Buchstaben gelingen. Versuchen Sie, ob Ihnen der Trick mit drei Fingern einer Hand gelingt. Oder experimentieren Sie mit beiden Händen: Können der linke und der rechte Finger zwei verschiedene Dinge zeitgleich schreiben?

Neustart im Kopf

Die Motorhaube unserer Zeitmaschine hat sich zwar gerade erst etwas abgekühlt, doch wir sind schon bereit für die nächste Etappe: Nach unserem Ausflug in die Goldenen Zwanziger reisen wir mit Höchstgeschwindigkeit ein paar Dekaden weiter. Unser Ziel ist das Jahr 1960: John F. Kennedy wird zum 35. Präsidenten der Vereinigten Staaten von Amerika gewählt, Cassius Clay, der sich wenige Jahre später Muhammad Ali nennt, gewinnt die Goldmedaille im

Halbschwergewicht bei den Olympischen Spielen in Rom, 18 afrikanische Kolonien erlangen die Unabhängigkeit, die Antibabypille kommt auf den Markt und eine Handvoll junger Musiker aus Liverpool treten in Hamburg erstmals unter ihrem neuen Bandnamen auf: The Beatles.

1960 ist aber auch das Jahr, das Heinrich Strassers Leben – weit abseits der großen Bühnen der Weltgeschichte – für immer verändern wird. 1938 im bayerischen Salzach geboren, wächst der junge Heinrich zunächst im 40 Kilometer entfernten Kirchanschöring auf, einem kleinen Ort nahe der österreichischen Grenze. Hier geht er zur Schule und hier lernt er den Beruf des Schreiners. So beschaulich sein Heimatdorf ist, so beschaulich sehen auch Heinrichs Zukunftsaussichten am südöstlichen Zipfel Deutschlands aus. Bis zu jenem tragischen Tag im Jahr 1960, nach dem nichts mehr sein wird, wie es war: Der Rechtshänder Heinrich Strasser verliert bei einem Arbeitsunfall den rechten Arm von der Hand bis über das Ellenbogengelenk. Seine Arbeit als Schreiner muss er aufgeben, mit nur einem Arm kann er die Werkzeuge nicht mehr so millimetergenau führen, dass er den Ansprüchen des Schreiner-Handwerks gerecht wird. Fortan ist Heinrich Strasser gezwungen, nicht nur mit einem Arm im Leben zurechtzukommen, sondern auch auf die Fähigkeiten seiner linken, nicht dominanten Hand zu vertrauen: Ein schmerzvoller Prozess beginnt für den erst 22 Jahre alten jungen Mann.[69] Doch Heinrich Strasser ist stark. Zwölf Jahre nach dem Verlust beginnt er mit dem Malen, weitere vier Jahre später legt er die Staatliche Skilehrerprüfung ab und arbeitet eine Weile als Skilehrer. Seine Berufung fand er aber in der Kunst. Seinen bürgerlichen Namen legte Heinrich Strasser dafür ab. Der erfolgreiche und als Rechtshänder geborene Maler und Bildhauer nannte sich fortan: Heini Linkshänder.

Heini Linkshänders Geschichte macht Mut – denn der Künstler ist der beste Beweis für eine herausragende Eigenschaft des menschlichen Gehirns: Unser Denkorgan bleibt ein Leben lang formbar und lernfähig. Dank der *neuronalen Plastizität*, wie der Fachbegriff für dieses Hirn-Merkmal heißt, können sich nicht nur einzelne Synapsen und Nervenzellen, sondern ganze Teile des

Gehirns umorganisieren und sich neuen Bedingungen anpassen. Erst diese Besonderheit macht eine Umschulung beziehungsweise Beidhändigkeit möglich.[70] Ein weiteres prominentes Beispiel finden wir dafür wieder in der Kunst: Maurits Cornelis »M. C.« Escher. 1960 ist der niederländische Grafiker und Künstler bereits in den USA und ganz Europa für seine rätselhaften Illusionen bekannt. Als Kind quälte er sich in der Schule, er hasste den Unterricht regelrecht. Seine Leistungen waren unterdurchschnittlich und auch im Kunstunterricht glänzte der junge Escher nicht mit seinen Bildern. Kein Wunder: Der geborene Linkshänder wurde, wie damals noch üblich, zum Schreiben mit der rechten Hand gezwungen. Escher musste erst Architekturstudent werden, bis ein Lehrer sein grafisches Talent entdeckte und förderte. Während er die Fähigkeit, mit rechts zu schreiben, nie ganz verlor, arbeitete er im Atelier vor allem mit seiner linken Hand. Seine berühmten *Drawing Hands,* die aus dem Papier dreidimensional hervorzutreten scheinen und sich gegenseitig zeichnen, schuf er mit links.

Kein Ende in Sicht

Unsere Reise führt uns weiter Richtung Gegenwart. Sind alle angeschnallt? Dann kann es jetzt wieder losgehen: Wir schalten die Gänge hoch, treten das Gaspedal durch, die Jahre verschwinden im Rückspiegel und schwups!, überqueren wir auch schon die Jahrtausendgrenze. Achtung, festhalten: Vollbremsung! 2000 – wir haben das nächste Etappenziel erreicht. Das Jahr, in dem erstmals in Bayerns Lehrplänen verankert ist, dass jeder Erstklässler mit seiner bevorzugten Hand schreiben darf.[71] Moment mal! Haben wir uns vertan und sind zu weit gereist? Ist nicht schon wesentlich länger bekannt, dass das Umschulen schwerwiegende Folgen haben kann?

Nein, 2000 ist tatsächlich korrekt. Erst nachdem Bayern erstmalig festgelegt hat, dass die angeborene Händigkeit nicht umgeschult werden darf, dürfen Linkshänder ganz offiziell mit ihrer starken Hand das ABC lernen. Doch in der Praxis sieht es glücklicherweise längst ganz anders aus: In der zweiten Hälfte des 21. Jahrhunderts ist die Zahl der Linkshänder sprunghaft angestiegen.[72] Denn die Zeiten haben sich inzwischen geändert. Linkshändige Frauen werden schon seit Jahrhunderten nicht mehr als Hexen verfolgt und in den vergangenen Jahrzehnten hat die gesellschaftliche Akzeptanz für Linkshänder stetig zugenommen. Die einschlägigen Praktiken, mit denen linkshändige Kinder nicht nur in der DDR, sondern auch in der alten BRD zum Gebrauch der »schönen« Hand gezwungen wurden, galten bei aufgeklärten Lehrern bereits in den Siebzigerjahren als überholt und wurden, je näher das neue Jahrtausend rückte, immer seltener angewendet.

Da scheint es nur logisch, dass mit jeder neuen Generation die Zahl der angeblichen Beidhänder und umgeschulten Linkshänder weiter abnimmt. Weit gefehlt! »Eigentlich dürfte es keine neuen umgeschulten Linkshänder mehr geben, das habe ich auch gedacht«, sagt Marina Neumann.[73] Die Diplom-Psychologin berät seit 2002 in ihrer Berliner Praxis Linkshänder, die wieder zu ihrer natürlichen starken Hand zurückkehren wollen, nachdem sie fast ihr ganzes Leben als Pseudo-Rechtshänder verbracht haben. Sie ging in der Startphase davon aus, dass sie vor allem ältere umgeschulte Linkshänder betreuen wird. »Das Gegenteil ist der Fall. Ich habe mit so vielen Kindern zu tun, wie ich es nie gedacht hätte«, so Neumann, die sich im Alter von 47 Jahren selbst auf das Schreiben mit links zurückgeschult hat. Der Grund sei ihrer Vermutung nach, dass weder in der Vorschule noch im Kindergarten ausreichend auf die Händigkeit der Kinder geachtet wird und einige Kinder bereits als umgeschulte Linkshänder in die Schule kommen. Marina Neumann ist überzeugt, dass in ihre Praxis »unendlicher Nachwuchs« kommt, solange die Pädagogen im Vor- und Grundschulbereich nicht besser ausgebildet sind: »Es ist beileibe nicht so, dass nur die über 60-Jährigen Hilfe suchen. Auch viele junge Studenten brauchen Rat und Unterstützung. Bis sich daran etwas ändert, gehen noch Jahrzehnte ins Land.«

Doppelt hält besser

Kreatives Genie versus Logik-Meister. Clever versus nicht so clever. Kränklich versus kerngesund. Linkshänder versus Rechtshänder: Die Klischee-Liste an »typischen« Unterscheidungsmerkmalen ist lang. Für uns und aufmerksame Leser ist das nicht neu, doch wie verhält es sich mit den umgeschulten Linkshändern? Den Pseudo-Rechtshändern? Den Beid- und Gemischthändern? Die gute Nachricht: Es gibt kaum Legenden, die sich um diese Randgruppen ranken. Eine Unwahrheit kennen Sie bereits: Viele umgeschulte Links- und seltener auch verkappte Rechtshänder halten sich für Beidhänder. Das ist in der Regel ein Irrtum: Ein Großteil dieser Menschen hat weiterhin eine dominante Seite und wechselt je nach Tätigkeit, Schwierigkeitsstufe und Kraftaufwand die Hand, kann aber nicht mit beiden Händen gleich gut arbeiten.

Dennoch haben Linkshänder, die zu Rechtshändern umerzogen worden sind, in Bezug auf die Handsteuerung tatsächlich eine stärkere beidhemisphärische Kontrolle – »aus einem trivialen und weniger trivialen Grund«, erklärt Onur Güntürkün von der Ruhr-Universität Bochum. Ersteres sei der Fall, weil im Grunde immer nur die Schreibhand umgeschult worden sei und andere Tätigkeiten wie zum Beispiel Werfen oder Zeichnen bei der linken Hand verbleiben würden. In beiden Hirnhälften müssen also die entsprechenden neuronalen Mechanismen vorhanden sein, um die feinmotorischen Arbeiten von beiden Hemisphären steuern zu können. Der zweite Grund ist laut Güntürkün, dass die »Theorieplanung der Bewegung«, die bei Linkshändern in der rechten Hemisphäre zu Hause ist, nach dem derzeitigen Stand der Wissenschaft auch bei umerzogenen Linkshändern in der rechten Hirnhälfte verbleibt – und buchstäblich nicht die Seiten wechselt. Ein Beispiel: Neben Ihnen auf dem Couchtisch steht fast in Griffweite die Kaffeetasse. Zwischen Ihnen und dem letzten lauwarmen Schluck liegen aber noch Ihr Handy und die Fernbedienung. Weil Sie ein Koffein-Junkie sind, wollen Sie unbedingt jetzt den Becher austrinken – müssen dafür aber um die Fernbedienung und Ihr

Handy herumgreifen. Als umgeschulter Linkshänder greifen Sie selbstverständlich mit der rechten Hand nach der Tasse. Das haben Sie schließlich von Kindesbeinen an gelernt: Links liegt die Gabel, rechts das Messer, das Glas, die Tasse. Damit Ihnen das gelingt und Sie nicht aus Versehen die Fernbedienung auf den Boden schieben oder den Kaffee auf das Smartphone schütten, ist eine komplexe Bewegungsplanung notwendig. Ihr Gehirn ist sofort einsatzbereit und hilft Ihnen unmittelbar weiter: Es aktiviert als Erstes die Bewegungsorganisatoren in der alten Heimat, der rechten Hemisphäre. Von dort werden die Instruktionen an die linke Gehirnhälfte, den neuen Wohnsitz, weitergeleitet. Die linke Hemisphäre ist jetzt im Bilde und bereit, die Bewegungen der rechten Hand zu kontrollieren und zu steuern. Nur durch das abgestimmte Zusammenspiel beider Hemisphären ist Ihnen der Griff zur Kaffeetasse geglückt. Kurz: Umgeschulte Linkshänder haben in der Tat eine stärkere beidhemisphärische Steuerung als reine Links- oder Rechtshänder. Wer von Anfang an seine dominante Hand benutzt, muss diesen Umweg über die andere Gehirnhälfte nicht gehen.[74]

Das Kapitel im Überblick

- Wer von Beidhändern spricht, muss differenzieren: zwischen Menschen, die etwas mit beiden Händen gleich gut können, und denjenigen, die nur für bestimmte Tätigkeiten jeweils die andere Hand benutzen.
- Beidhänder, die mit der rechten und linken Hand feinmotorisch auf einem gleichen Leistungsniveau sind, gehören einer seltenen Minderheit an.
- Alle anderen, die sich zu den Beidhändern zählen, gehören meist zum Lager der (umgeschulten) Linkshänder.
- Bei umgeschulten Linkshändern sind bei der motorischen Steuerung der Hand beide Hemisphären stärker aktiv.

Was Sie ausprobieren können

- Blättern Sie zum Anfang des Kapitels zurück und überfliegen Sie noch einmal den Test. Bestimmt wissen Sie die Antworten ganz ohne Zusatzjoker.
- Suchen Sie sich zwei kleine Bälle und einen Mitspieler, stellen Sie sich gegenüber und los geht's: Werfen Sie sich gleichzeitig den einen Ball nur mit der rechten Hand zu, während Sie mit der linken Hand den Ball fangen, den Ihnen Ihr Partner zuwirft. Fangen Sie ganz langsam an, Sie werden sehen, mit etwas Übung klappt es immer besser. Wechseln Sie nach einer Weile die Seiten. Jetzt wirft die linke Hand und die rechte Hand fängt den Ball. Viel Spaß!

KAPITEL 7

DAS CHAOS UND SEINE FOLGEN

Dauerbaustelle Gehirn

»Nimm die schöne Hand« – ein Satz, den ich jahrzehntelang nicht mehr gehört habe. Bis zur Arbeit an diesem Buch. Als er mir während der Recherche erstmals wieder begegnete, blitzten gleich mehrere Erinnerungsfetzen flammend hell vor meinem inneren Auge auf. Ich bin 1990 in die erste Klasse gekommen und bei meiner Einschulungsuntersuchung hieß es, meine Handpräferenz sei noch nicht eindeutig ausgeprägt. Ich solle fortan besser ausschließlich mit rechts schreiben. Ein Fehler! Schon damals sah ich mich als Linkshänderin und nahm meine rechte Hand nur als willkommene Assistenz zu Hilfe, wenn ich mit dem Ausmalen schneller fertig sein wollte. Ob beim Schreiben (Nimm die schöne Hand!), Schneiden (Nimm die schöne Hand!) oder Essen (Nimm die schöne Hand!) – fortan sollte die Aufforderung zu meinem Mantra werden. Zum Glück gab meine Lehrerin nach wenigen Monaten entnervt auf, meine Schrift mit rechts muss zu krakelig gewesen

sein oder vielleicht habe ich sie auch einfach nur lang genug mit meiner durchsetzungsstarken linken Hand genervt: »Na, dann schreib halt mit links.« Sechs Worte – ein kleiner Satz für meine Lehrerin, ein großer Satz für mich.

Viele andere Linkshänder haben nicht so viel Glück gehabt – sie wurden mit teils rabiaten Methoden dazu gezwungen, mit rechts zu schreiben. »Ich habe noch Zeiten erlebt, in denen der Lehrer mit einem Lineal auf das böse linke Händchen schlug, wenn man damit schrieb«, erinnert sich ein Rechtshänder an das Schicksal seiner linkshändigen Klassenkameraden. Die fragwürdigen Erziehungsmethoden glichen fast einer Gehirnwäsche, wie der Rückblick einer umgeschulten Linkshänderin beweist: »Mir wurde nicht auf die Hand gehauen, aber ich musste die linke Hand während des Unterrichts auf den Rücken legen. Das sollte mir helfen, gerade weil ich auch links und rechts nicht auseinanderhalten konnte.« Generationen von Eltern und Lehrern züchteten so aus geborenen Linkshändern falsche Rechtshänder – nicht etwa, weil die Schläge die linke Hand zurückdrängten und die rechte stärker machten, sondern weil das Gehirn in der Lage ist, sich Neuem anzupassen.

Neuronale Plastizität heißt diese erstaunliche Eigenschaft, die wir Ihnen schon im vorherigen Kapitel kurz vorgestellt haben. »Plastizität bedeutet hier einen Umbau des Gehirns und eine Veränderung des Verhaltens. Dazu kommt es, wenn das Leistungsniveau des Gehirns und die gestellten Anforderungen länger voneinander abweichen«, erklärt Ulman Lindenberg, der am Berliner Max-Planck-Institut für Bildungsforschung die Anatomie des Lernens untersucht.[75] Dieses Merkmal macht aus unserem Hirn quasi eine Art Dauerbaustelle – so wie der Hauptstadtflughafen BER. Nur mit einem entscheidenden Unterschied: Während der BER wegen Fehlplanung und technischer Mängel nie fertig zu werden scheint, baut das Gehirn einfach um, wenn es neue Verknüpfungen und Verschaltungen benötigt. Anders gesagt: Bräuchte unser Denkorgan neue Brandschutzmaßnahmen, es würde einfach von selbst Feuerlöscher produzieren.

Doch woher kommen dann die negativen Effekte, die immer wieder mit einer Umschulung in Zusammenhang gebracht werden? »Natürlich fällt es leichter, innerhalb der angeborenen Präferenzen zu bleiben«, sagt Sebastian Ocklenburg von der Ruhr-Universität Bochum.[76] Doch er und viele seiner Kollegen aus der Wissenschaft sind überzeugt: Nicht das Umlernen als solches ist für die Schäden verantwortlich, sondern vielmehr der Stress und die Überforderung, die mit der erzwungenen Umschulung einhergehen. Denn längst nicht in allen Fällen tragen die Umschulungskandidaten Schäden davon. Oft genug ist eine Umschulung sogar wünschenswert, zum Beispiel nach einer Verletzung oder einer Erkrankung, die die Leistungsfähigkeit der angeborenen Schreibhand beeinträchtigt. Heini Linkshänder, der seinen rechten Arm verlor und dem gar nichts anderes übrig blieb, als mit links zu schreiben, ist ein Beleg dafür – oder die vielen Schlaganfall-Patienten, die von einer Umstellung profitieren, weil der *motorische Cortex*, der die schreibdominante Hand kontrolliert, betroffen ist. Sie können aufgrund der neuronalen Plastizität oft recht schnell auf die andere Hand zurückgreifen.

Achtung, Verwechslungsgefahr!

Ganz gleich ob umgeschulter Linkshänder, Leftie, Rechtshänder oder Ambidexter – rechts und links zu unterscheiden ist für viele ein Problem. Oben und unten auseinanderzuhalten ist dagegen ein Kinderspiel. Fast jeder ist schon mal an einer Kreuzung falsch abgebogen, weil der Beifahrer zwar »links« gesagt hat, aber »rechts« gemeint hat. Unsere Freundin Alma verzichtet deshalb sogar freiwillig auf's Autofahren, obwohl sie natürlich einen Führerschein hat. Sie schafft es einfach nicht, in einer dem Straßenverkehr angemessen Reaktionszeit die beiden Richtungen zu unterscheiden – und wird damit zur Gefahr für sich und andere Verkehrsteilnehmer. Dumm ist Alma keineswegs, im Gegenteil. Wir halten sie für superschlau. Ganz ähnlich verhält es sich mit unserem Kumpel Peter. Wenn er mit seiner Freundin spazieren geht, gibt sie die Richtung an. Beim Kommando »links« bleibt er kurz stehen, streckt beide Hände vor sich aus, schaut auf die rechte, die linke und wieder zurück zur rechten Hand, schüttelt den Kopf, und guckt nach zwei Fehlversuchen endlich auf die linke Hand und biegt ab. Alle Autofahrer können wir an dieser Stelle beruhigen: Peter hat keine Fahrerlaubnis. Er wird Ihnen garantiert nicht im Kreisverkehr entgegenkommen. Versprochen. Dafür sollten Sie bei der nächsten Fahrradtour nach Lukas Ausschau halten. Lukas ist acht Jahre alt und führt die Familien-Fahrrad-Formation gern an, in dem er mindestens zehn Meter vorausfährt. Wenn seine Eltern hinter ihm rufen: »Es geht rechts lang«, lenkt er völlig selbstsicher sein Rad nach links. »Rechts!«, brüllen seine Eltern dann laut und erschrocken reißt Lukas sein Lenkrad nach rechts. Nicht, weil er plötzlich gemerkt hat, dass er falsch abgebogen ist, sondern weil er an der durchdringenden Kommando-Stimme seiner Mutter gehört hat, dass irgendwas nicht stimmt.

So wie Alma, Peter und Lukas geht es vielen: Eine Menge Menschen können links und rechts nicht unterscheiden, im Extremfall spricht man von der Rechts-Links-Schwäche. Etwa jeder Fünfte hat damit seine Schwierigkeiten und nein, entgegen der landläufigen Meinung sind Frauen nicht die Hauptbetroffenen, auch wenn sie selbst gern damit kokettieren, sich nicht richtig orientieren zu können.[77] Studien belegen, dass beide Geschlechter von dem Problem betroffen sind. Die Belfaster Queens University ließ Männer und Frauen einen Rechts-Links-Test lösen. 82 Prozent der männlichen Probanden lösten die Aufgaben korrekt, bei den Frauen schafften es 78 Prozent.[78] Vier Prozent Unterschied – ein großes Gefälle sieht anders aus.

Warum wir links und rechts so leicht verwechseln, hat auch damit zu tun, wie wir uns orientieren. Denken Sie zurück an die Guugu Yimidhirr – die Aborigines, die mit einem inneren

Kompass zur Welt kommen, sich nur anhand der Himmelsrichtungen orientieren und in ihrer Sprache auch gar keine Worte für »links« und »rechts« haben. Dieses Orientierungsprinzip nennt man *allozentrisch*, was so viel wie »zentriert in etwas anderem« bedeutet. Es ist das Gegenstück zu unserem westlichen – dem *egozentrischen* – Orientierungsmodell. Das heißt, dass wir die Lage von Dingen von unserem eigenen Standpunkt aus beschreiben. Ob das Buch tatsächlich links neben dem Sofakissen liegt, hängt davon ab, wo Sie sich im Verhältnis zum Sofakissen befinden. Wechseln Sie plötzlich auf die gegenüberliegende Seite und rutschen an das andere Ende der Couch, liegt das Buch nunmehr rechts vom Kissen. Keine Frage, das kann Sie und uns ganz schön verwirren. Die kleine Schwester von Lukas, dem Fahrrad-Anführer, dagegen sagt: »Das Buch liegt zwischen dem Kissen und der Kuscheldecke.« Diese intuitive Strategie ist angeboren, erst etwa ab dem sechsten Lebensjahr übernehmen Kinder die egozentrische Variante.[79] Sie müssen lernen, rechts und links zu unterscheiden – und benötigen dafür ganz schön viel Zeit. Wir wissen ja, bei manchen dauert dieser Lernprozess bis ins hohe Erwachsenenalter und selbst dann verwechseln sie die beiden Richtungen immer noch – wie der Kasseler Arzt, der 1999 einem Krebspatienten den gesunden statt den kranken Lungenflügel herausschnitt. Der Patient verstarb ein Jahr später und das Landgericht Kassel verurteilte den Mediziner wegen fahrlässiger Körperverletzung zu einer Geldstrafe. Für den Tod des Mannes, so das Urteil des Gerichts, könne der Chirurg nicht verantwortlich gemacht werden, die Krankheit sei auch zum Zeitpunkt der Operation schon zu weit fortgeschritten gewesen.[80] Dass Ärzte bei einem Eingriff die Seiten verwechseln, kommt sehr selten, aber leider immer wieder vor. Seit dem dramatischen Fall von 1999 sollen verschiedene Maßnahmen solch schwerwiegende Missverständnisse verhindern. Dazu gehört ein mehrstufiges Kontrollverfahren inklusive farbiger Markierung der Operationsstelle sowie ein Timeout kurz vor dem Eingriff, bei dem das Team gemeinsam checkt, ob alles korrekt vorbereitet ist.

Auch im Alltag helfen ein paar Tricks, um links und rechts zweifelsfrei identifizieren zu können. Autofahrer, die damit Probleme haben, können sich kleine Sticker auf das Lenkrad kleben: ein »L« für links auf die linke Seite, ein »R« für rechts auf die rechte Seite. Vielleicht auch eine Idee für Lukas' Fahrrad? Kindern hilft ansonsten ein farbiger Schnürsenkel im Schuh, Erwachsene können einfach Daumen und Zeigefinger ausstrecken: Wenn die beiden Finger ein »L« bilden, zeigt ihre Hand nach links.

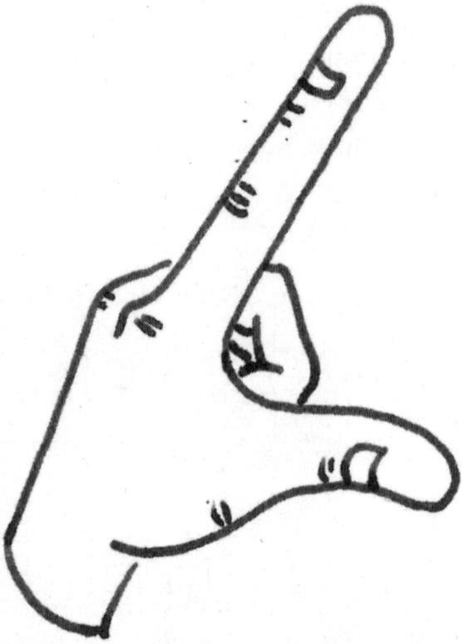

Links ist da, wo Daumen und Zeigefinger ein »L« zeigen

Das Durcheinander im Kopf

Jetzt ist kurz Zeit für eine Pause. Erinnern Sie sich noch an die Tasse Kaffee, die Sie vor wenigen Seiten geleert haben? Wir helfen Ihnen auf die Sprünge: Während Links- und Rechtshänder einfach nach dem Pott greifen konnten, muss das Gehirn umgeschulter Linkshänder die Kommandos über einen Umweg durchs Gehirn schicken, damit die Hand den Henkel angelt. Dabei entsteht ein Durcheinander im Kopf, das umgeschulte Linkshänder oft weniger geschickt wirken lässt.

Welche Hand gehört zu welchem Gehirn? Und entdecken Sie das Wort »Chaos«, das wir im Bild versteckt haben?

Doch Tollpatschigkeit ist eine Eigenschaft, die auch manchem echten Linkshänder nachgesagt wird. Ein Rechtshänder mag nicht verstehen, warum ein Linkshänder auch beim 127. Mal Pfannkuchenbacken noch darüber nachdenkt, wie er Kelle, Schüssel, Pfanne und Wender am besten so positioniert, dass die Küche hinterher nicht wie ein Schlachtfeld aussieht. »Stellt euch gefälligst nicht so an!«, mögen einige rechtshändige Pfannkuchenbäcker über ihre linkshändigen Kollegen denken. Doch in Wahrheit hat das wenig mit Sich-Anstellen und auch nichts mit Tollpatschigkeit zu tun.

Die Erklärung lautet dagegen: *Willkürmotorik*. So nennen Fachleute die automatisierte, gelernte motorische Leistung, die sich im Laufe der Zeit aus einer ungelernten Bewegung entwickelt. Ist für diese Bewegung ein Gegenstand nötig – sei es eine Kelle, eine Bohrmaschine oder ein Hockeyschläger –, speichert das Hirn den richtigen Umgang mit dem »Werkzeug« ab, um den Ablauf bei Bedarf wieder rekonstruieren zu können. Bei Rechtshändern funktioniert dieses Prinzip hervorragend. Sie müssen nur ein paar Mal eine Schere in der Hand halten, um im Bewegungszentrum des Gehirns abzuspeichern, wie das Prinzip »mit einer Schere schneiden« funktioniert. Bei (umgeschulten) Linkshändern sieht es dagegen manchmal anders aus: Haben sie eine Linkshänderschere parat, können sie problemlos schneiden. Doch die steht ihnen nicht immer zur Verfügung. Oder nehmen Sie in den Urlaub Ihre eigene Haushaltsschere mit? Sobald ein Linkshänder mit einer herkömmlichen (Rechtshänder-) Schere schneiden muss, ist sein Gehirn zum Umdenken gezwungen: Wie hält man die Schere am besten? Wie muss man den Kopf neigen, um die Schnittkante zu sehen? Auch wenn wir hier nur von Sekunden reden, die das Gehirn benötigt, um mit dem Schneiden zu beginnen, so fällt die Reaktionszeit in diesem speziellen Fall doch länger aus als bei Rechtshändern üblich. Ähnlich verhält es sich beim Pfannkuchenbacken: Je nach Ausstattung der Küche gibt es Kellen mit oder ohne Ausgießtülle, die in der herkömmlichen Variante links angeordnet ist. So kann der Rechtshänder elegant und selbstsicher den Teig in die Pfanne gießen. Der Linkshänder denkt dagegen, noch während die Kelle mit dem flüssigen Mehl-Eier-Milch-Gemisch über der Herdplatte schwebt, vielleicht darüber nach, ob er die Kelle in die rechte Hand gibt, um den Teig durch die Tülle laufen zu lassen, oder ob er die Masse einfach über den Rand schwappen lässt. Und während Sie jetzt darüber nachdenken, wie kompliziert so ein Pfannkuchen eigentlich sein kann, verbrennt gerade zischend etwas Teig auf der Herdplatte. Dabei ist die Lösung so herrlich simpel: Eine Beidhänder-Kelle (ja, die gibt es wirklich!) mit doppeltem Ausguss verspricht kleckerfreies Backen und Kochen für Links- und Rechtshänder.

Der Kampf mit den Buchstaben

Zugegeben, wenn das Problem mit der perfekten Kelle das einzige wäre, gäbe es dieses Kapitel nicht. Denn die Schwierigkeiten und Herausforderungen, die sich im Zusammenhang mit der Händigkeit ergeben, sind wesentlich komplexer.

Ein Problem, das in diesem Zusammenhang immer wieder genannt wird, ist Dyslexie.[81] Darunter versteht man die Schwierigkeit, bei gesundem und durchschnittlichem Seh- und Hörvermögen Wörter und ganze Texte lesen und begreifen zu können. Die Lesestörung ist nicht zu verwechseln mit der Legasthenie: Betroffene, die daran leiden, haben massive Probleme, gelesene und geschriebene Sprache in gesprochene umzusetzen und umgekehrt. Manche vermuten sogar, dass die Umschulung der Händigkeit eine der Hauptursachen für Legasthenie und Dyskalkulie (Rechenschwäche) ist.[82] Doch ganz so einfach geht die Rechnung nicht auf: Für eine Studie der TU Darmstadt verglich der Psychologe Reinhard Leichner die kognitive Leistung von mehr als 100 Linkshändern, Rechtshändern und umgeschulten Linkshändern. Sein Fazit: »Entgegen unserer Erwartung schnitten die Umgeschulten nicht schlechter ab.«[83] Auch er sieht wie Sebastian Ocklenburg den Auslöser für die Probleme vieler Umgeschulter in den brutalen Methoden der Vergangenheit und nicht in der Umschulung als solcher.[84]

Silvia Paracchini von der schottischen University of St. Andrews untersucht die biologischen Grundlagen der Lesestörung – sie vermutet die Ursache für Dyslexie in den Genen. Sie und ihr Team haben ein Gen entdeckt, das möglicherweise im Zusammenhang mit Händigkeit steht und gleichzeitig »auch für die Entstehung der Rechts-links-Körpersymmetrie verantwortlich ist«, wie die Wissenschaftlerin in einem Interview erklärt. Auf die Frage, warum das bei Dyslexie von Bedeutung ist, antwortet sie: »Dieser Zusammenhang scheint nur bei Menschen mit Dyslexie zu bestehen – ich behaupte sogar, dass der gleiche Weg, der strukturelle sowie Hirnasymmetrien verursacht, auch für Ungleichmäßigkeiten wie Händigkeit relevant ist. Wir wissen bereits, dass Menschen mit Dyslexie untypische

Hirnasymmetrien aufweisen. Es ist also sehr wahrscheinlich, dass es eine Verbindung zwischen beiden Phänomenen gibt.« Dabei genüge es allerdings nicht, nur einen Blick auf die Anzahl von Linkshändern in einer Gruppe von Studienteilnehmern zu werfen. Die Verbindung sei sehr viel komplexer – man könne nicht einfach Händigkeit für die Lesestörung verantwortlich machen: »Wir alle lieben einfache Ideen. Wenn es allerdings so einfach wäre, hätten wir die Lösung schon längst gefunden. Je mehr wir das menschliche Genom und Gehirn erforschen, umso besser verstehen wir, dass alles sogar noch viel komplizierter ist, als wir bisher immer geglaubt haben.«[85]

Schönschrift oder Sauklaue?

Sind Sie schon mal auf Ihre eigenen Erinnerungen hereingefallen? War der Schulkantinen-Milchreis nicht viel leckerer? Und die Rudi-Carrell-Show nicht wesentlich lustiger? Und überhaupt: War das Ferienheim an der Ostsee nicht deutlich größer? Ja, früher war alles irgendwie besser – meine Handschrift auch. Zumindest habe ich das geglaubt. Dass ich mich aber dabei jahrelang geirrt habe, beweist ein Blick in mein altes Deutschheft. Okay, meine Schrift war leserlich und sicher sauberer als die der Jungs in meinem Alter, aber von einer runden, harmonischen Handschrift sind die eckigen, stakkatohaften Buchstaben, die ich in meinen Aufzeichnungen entdeckte, weit entfernt. Jetzt verstehe ich, warum meine Sitznachbarin, die zugleich Klassenbeste war, eine Eins in Schönschreiben bekam und es bei mir nur für eine wohlwollende Zwei reichte: Da war noch deutlich Luft nach oben!

Doch die Wahrheit ist: Schönschreiben kann jeder! Für eine saubere, leserliche und persönliche Handschrift sind eine Handvoll Zutaten nötig. Was der richtige Stift und die perfekte Handhaltung damit zu tun haben, lesen Sie im achten Kapitel. Doch neben diesen zwei Punkten spielen auch die Finger- und Unterarmmotorik eine entscheidende Rolle. Starten wir mit zwei kleinen Übungen:

Test 1: die Arme

Winkeln Sie den Arm Ihrer Schreibhand im rechten Winkel an und kippen die Hand soweit es geht nach oben. Die Finger sind dabei geschlossen und maximal angespannt. Jetzt drehen Sie die Hand hin und her, ohne dass sich der Oberarm dabei bewegt. Diese Übung müsste Ihnen sehr leicht fallen, wenn Sie mit Ihrer natürlichen schreibdominanten Hand schreiben. Sind Sie umgeschult, müssen Sie sich dabei stärker konzentrieren. Probieren Sie zum Vergleich die Übung mit dem anderen Arm aus.

Test 2: die Finger

Lassen Sie den Daumen über die Finger laufen: vom Zeigefinger zum Mittelfinger, weiter zum Ringfinger und dann zum kleinen Finger. Nun geht es wieder zurück zum Ringfinger, Mittelfinger und Zeigefinger. Stellen Sie sich vor, Ihr Daumen ist ein Feuerwehrmann, der die Leiter rauf- und runterläuft. Machen Sie keinen Doppeltritt auf dem Zeige- und dem kleinen Finger, sondern laufen Sie gleich wieder zurück. Mit Ihrer Schreibhand können Sie diese Übung vermutlich ausprobieren, während Sie weiterlesen. Wenn Sie das allerdings mit der nicht dominanten Hand testen, ist deutlich mehr Konzentration erforderlich.

Diese zwei Tests veranschaulichen Ihnen, worum es bei der Finger- und Unterarmmotorik geht. »Die erste Übung entspricht einem Teil der Schreibbewegung, die für die obere Hälfte der Buchstaben zuständig ist«, erklärt Hauke Stehn, der Kinder und Erwachsene bei Schreibproblemen berät und diese beiden Aufgaben entwickelt hat. Die zweite Übung zeigt, was die Finger beim Schreiben machen: eine Art Zugbewegung. Die Finger sind für die Buchstabenverbindung verantwortlich. Erst das perfekte Zusammenspiel der Unterarm- und Fingermotorik ermöglicht eine runde, leserliche Schönschrift. »Wenn die Koordination beider Bewegungen nicht klappt, gibt es dort Ecken in den Buchstaben, wo eigentlich

Rundungen hingehören«, erklärt Stehn, der schon an einzelnen Lettern erkennen kann, ob jemand Schwierigkeiten beim Schreiben hat oder nicht.

Umgeschulte Linkshänder müssen sich oft lange quälen, bis sie flüssig und leserlich schreiben können. Kinder, bei denen die Händigkeit nicht erkannt oder bewusst beeinflusst wurde, kommen in der ersten und zweiten Klasse meist noch mit. Sie haben ausreichend Zeit, die Buchstaben zu »malen«. Die Lehrer sind oft nachsichtig mit Kindern, die gerade Schreiben und Lesen lernen und nicht ganz so fix sind wie die Klassenbesten. Schließlich ist für die Jungen und Mädchen alles neu und unbekannt. Dass der Grund für die langsame Schreibgeschwindigkeit aber auch eine Umschulung sein kann, lässt sich nur schwer entdecken. Erst ab der dritten Klasse fallen diese Kinder auf: Während ihre Mitschüler das Schreibtempo erhöhen können, weil sie zwei Jahre lang geübt haben, kommen umgeschulte Linkshänder nur noch schwer hinterher. Sie schaffen es nicht, das gesteigerte Pensum zu halten und die Geschwindigkeit beim Schreiben zu steigern. Im schlimmsten Fall wird die eigentlich starke Hand dann immer noch nicht erkannt und sie bleiben ein Leben lang Schreibmuffel, die nur langsam oder extrem unleserlich schreiben können: Der Schulstress ist vorprogrammiert.

Die richtige Schreibhand ist also die wichtigste Voraussetzung, um gut und gern schreiben zu können. Daneben zählen für Stehn auch der Stuhl, die Sitzhaltung und die Tischhöhe zu den Erfolgskriterien einer sauberen Handschrift. Nur wer wirklich gerade sitzt, kann auch optimal schreiben. Das funktioniert allerdings nur, wenn Händigkeit und Äugigkeit im Einklang sind. Ein Beispiel: Ein Rechtshänder, der zugleich rechtsäugig ist, rutscht beim Schreiben unter Umständen mit den Fingern so weit den Stift herunter, dass der Daumen den Blick auf das Geschriebene verdeckt. Ihm bleibt nichts anderes übrig, als mit dem Kopf nach links abzuknicken, um sehen zu können, was er schreibt. »Dabei verkrümmt sich die Halswirbelsäule – die Kopfschmerzen sind vorprogrammiert«, so Stehn. Sein Tipp: Denken Sie beim Schreiben an einen Buddha, der aufrecht und gerade sitzt.[86]

Schritt für Schritt zurück

Kopfschmerzen, Schwierigkeiten beim Lesen oder verzögerte Reaktionen bei der Zubereitung von Pfannkuchen – das alles sind Peanuts gegen die Probleme, mit denen umgeschulte Linkshänder noch zu kämpfen haben. Es sind nicht nur die brachialen Methoden, mit denen noch bis vor wenigen Jahrzehnten aus geborenen Linkshändern Rechtshänder gemacht worden sind und die bei etlichen für erhebliche negative Effekte sorgen. Auch eine sanfte Umgewöhnung auf das richtige Händchen kann das Leben eines Linkshänders beeinträchtigen.

Nur wenige überstehen die Umerziehung auf rechts problemlos, ist Marina Neumann überzeugt. »Viele umgeschulte Kinder und Jugendliche haben Lernprobleme. Dazu gehören unter anderem auch schnelle Ermüdbarkeit, Gedächtnis- und Konzentrationsstörungen«, erklärt die Psychologin, die sich auf die Beratung von umgeschulten Linkshändern spezialisiert hat. Auch Minderwertigkeitsgefühle und Schlafstörungen gehören ihrer Ansicht nach zu den typischen Symptomen. »Wenn ein Kind vor mir sitzt, schaue ich diskret auf die Fingernägel«, so Neumann. Sind die Nägel abgekaut, ist das ein weiteres mögliches Indiz dafür, dass mit der Händigkeit etwas nicht stimmt. Einige umgeschulte Linkshänder, die zu Marina Neumann in die Praxis kommen, leiden außerdem an psychosomatischen Problemen, wie zum Beispiel wiederkehrender Migräne oder Bauchschmerzen. Kinder, die längst trocken waren, werden plötzlich wieder zu Bettnässern. »Häufig beobachte ich auch ein Gefühl der Resignation und Hoffnungslosigkeit, weil sie das Gefühl haben, sie können, schaffen und verstehen es nicht. Sie erleben alltäglich den Frust, dass ihre Anstrengungen nicht von Erfolg gekrönt werden«, so Neumann. Im schlimmsten Fall leiden die Betroffenen an Depressionen und quälen sich gar mit Suizidgedanken.

Die gute Nachricht: Es gibt einen Ausweg. Das Zauberwort heißt »Rückschulung«. Dabei lernen umgeschulte Linkshänder Schritt für Schritt wieder das Schreiben mit der linken Hand. Für den Rückwärtsgang ist es in keinem Alter zu spät. »Natürlich ist das kindliche Gehirn viel plastischer und für bestimmte Erfahrungen besonders empfänglich«, erklärt Ulman Lindenberger, der Direktor des Berliner Max-Planck-Instituts für Bildungsforschung ist. »Allerdings konnten wir nachweisen, dass unser Gehirn seine Fähigkeit zu plastischer Veränderung bis ins Alter behält. Nur müssen ältere Menschen dafür mehr tun als jüngere.«[87] Marina Neumann, die Pseudo-Rechtshänder auf dem Weg zurück in die Linkshändigkeit unterstützt, kann das nur bestätigen: »Die Altersspannweite ist enorm. Zu mir kommen schon sechsjährige Kinder. Der Älteste, den ich begleitet habe, war 77 Jahre alt.« Mit einer behutsamen Rückschulung können die negativen Effekte langsam verschwinden. Vorausgesetzt, man gewährt Körper, Gehirn und Psyche ausreichend Zeit, um diese tiefgreifende Veränderung zu vollziehen. Spielerisches und langsames Vorgehen kann dazu führen, dass Kinder zum Beispiel den Spaß am Lernen, Schreiben und der Schule neu entdecken. Auch für die umgeschulten Erwachsenen besteht Aussicht auf Hoffnung: Die psychosomatischen Beschwerden werden seltener, die Leistungsfähigkeit steigert sich und in Kombination mit einer Psychotherapie bessern sich auch die psychischen Symptome.[88]

Das Kapitel im Überblick

- Das Gehirn ist bis ins hohe Alter lern- und anpassungsfähig. Deshalb können umgeschulte Linkshänder auch nach Jahrzehnten als »Rechtshänder« noch zu ihrer eigentlich starken Hand zurückkehren.
- Wir können unser Denkorgan nicht so schnell »überfordern«. Die negativen Folgen einer Umschulung resultieren vor allem aus dem Stress und den negativen Erfahrungen, die damit verbunden sind.

- Eine Rechts-Links-Schwäche ist keine Frage der Intelligenz, des Alters oder des Geschlechts.
- Damit eine Bewegung automatisiert werden kann, muss von Anfang an das richtige Equipment vorhanden sein.
- Forscher vermuten einen Zusammenhang zwischen der Händigkeit und einer Lesestörung. Von einer Verallgemeinerung à la »Linkshändigkeit ist für Legasthenie verantwortlich« halten die Wissenschaftler jedoch nichts.

Was Sie ausprobieren können

- Kramen Sie in Ihren Erinnerungen und suchen Sie nach alten Schriftstücken von damals. Vielleicht haben Sie noch Schulhefte, Poesiealben oder Mitschriften aus der Uni aufbewahrt. Sie werden überrascht sein, wie sehr sich Ihre Schrift im Laufe der Jahre verändert hat.
- Falls Sie das nächste Mal in einer neuen Stadt unterwegs sind oder einfach nur nach dem Weg suchen: Lassen Sie das Navi im Auto und das Handy in der Hosentasche. Wenn Sie sich mithilfe eines Stadtplans orientieren, halten Sie Ihr Hirn fit und fördern die Vernetzung der Hemisphären.
- Wenn Sie Rechtshänder sind: Schnappen Sie sich Schere, Stift, Papier und zeichnen Sie eine Schnecke. Versuchen Sie nun, die Schnecke mit der Schere in der linken Hand auszuschneiden.
- Wenn Sie umgeschulter Linkshänder sind: Probieren Sie ganz bewusst aus, was Ihre linke Hand noch alles kann. Wie schwer fällt es Ihnen, mit links ein Strichmännchen zu malen?
- Wenn Sie Linkshänder sind: Zählen Sie einmal durch – wie viele speziell auf Ihre Bedürfnisse abgestimmte Gebrauchsgegenstände haben Sie im Haushalt?

KAPITEL 8

HÄNDIGKEIT IN DER KINDHEIT UND SCHULE

Zeigt her eure Hände

Die ersten Schritte, das erste Lächeln, die ersten Worte, die ersten Kritzeleien auf Papier, die ersten Versuche auf dem Fahrrad, der erste Schultag: Die Entwicklung eines Kindes steckt voller Wunder und Abenteuer. Doch wann erkennt man überhaupt, ob ein Kind Links- oder Rechtshänder ist? Wenn es anfängt zu malen? Wenn das Schreiben auf dem Stundenplan steht? Oder schon viel früher? Und ist es wirklich der Beweis für Rechtshändigkeit, wenn ein Kind am ersten Schultag den Stift in der rechten Hand hält? All diesen Fragen widmen wir uns ausführlich in diesem Kapitel.

Die Zahl der Linkshänder ist in den vergangenen Jahrzehnten de facto angestiegen, da sie in der Schule – zum Glück – nicht mehr zum Schreiben mit der rechten Hand angehalten werden. Inzwischen ist zumindest die Tatsache anerkannt, dass eine Umerziehung der Händigkeit einen großen Eingriff in die Entwicklung eines

Kindes darstellt. Doch darüber hinaus? Wer kann die oben gestellten Fragen alle sicher beantworten?

Wenn Sie mit dem Thema Händigkeit vertraut sind, ist die Beantwortung vermutlich kein Problem für Sie. Wir bezweifeln allerdings, dass dieses Wissen tatsächlich allen Eltern, Erziehern in Krippen und Kindergärten oder Lehrern in Grundschulen bekannt ist – auch wenn wir wirklich nicht alle über einen Kamm scheren wollen. Es gibt sehr viele informierte Mütter und Väter sowie engagierte Pädagogen, die einen Blick für diese Problematik haben, sich weiterbilden und versuchen, schon früh die persönliche Händigkeit der Kinder zu beobachten und zu fördern. Gerade in den so wichtigen ersten Jahren haben die Eltern natürlich den größten Einfluss auf ihre Kinder. Worauf sollten sie achten? Warum werden anscheinend Kinder aus Versehen immer noch umgeschult? Und was können Krippe, Kindergarten und Schule leisten, um die Händigkeit zu erkennen? Und warum ist es so wichtig, dass all das noch vor dem entscheidenden Zeitpunkt geschieht, nämlich bevor es mit dem Schreiben losgeht?

Stand der Dinge versus Wunschdenken – Theorie und Praxis

Während Bayern und Brandenburg noch Ferien machen, sitzen die Kinder in Niedersachsen und Hamburg schon wieder im Klassenzimmer. Die einen müssen zwölf Jahre zur Schule gehen, um das Abi machen zu können, die anderen brauchen 13. So unterschiedlich das Schulwesen in den 16 Bundesländern ist, so einig sind sich die Verantwortlichen in einer Angelegenheit: Linkshänder dürfen nicht mehr umgeschult werden. In den meisten Bundesländern soll die Händigkeit bei der Einschulungsuntersuchung festgestellt werden. Einheitliche, standardisierte Tests gibt es dafür jedoch nicht. Die Kultusministerien gehen unterschiedlich mit dem Thema Händigkeit um. In einigen Bundesländern wissen die Grundschulen durch Austausch mit dem Kindergarten und den Eltern sowie durch das jeweilige Einschulungsverfahren, wie viele Kinder des neuen Jahrgangs Linkshänder sind, meistens nicht mehr als ein bis zwei Schüler pro Klasse. Diese Schüler bekommen einen auf ihre Bedürfnisse abgestimmten Sitzplatz, sie benutzen Linkshänder-Stifte und erhalten passende Arbeitsmaterialien. Die Umsetzung dieser wünschenswerten Vorgehensweise kann sich, obwohl man in derselben Stadt lebt, von Grundschule zu Grundschule sehr unterscheiden. Allgemein sollen alle Kinder individuell gefördert werden.

Theoretisch ist das Thema in den meisten Rahmen-, Bildungs- oder Lehrplänen der Bundesländer mittlerweile schon sehr gut behandelt. So sollen Kinder ihrer Händigkeit entsprechend gefördert und beim Schreibenlernen unterstützt werden – unabhängig davon, ob sie dabei die linke oder rechte Hand bevorzugen. Die Frage ist nur, wie es in der Praxis aussieht. Denn was in den Lehrplänen steht und wie tatsächlich unterrichtet wird, können zwei verschiedene Dinge sein. Eigentlich sollten Erzieher und Lehrer ausreichend über das Thema Linkshändigkeit informiert sein, doch das scheint nicht immer der Fall zu sein. Für ein linkshändiges Kind ist es mehr oder weniger eine Frage des Glücks, wie gut seine Kindergärtner und Grundschullehrer über das Thema Händigkeit informiert sind. Es wäre wünschenswert, dass spätestens die Lehrer in der ersten Grundschulklasse eventuelle Linkshänder erkennen, die möglicherweise im Elternhaus oder Kindergarten unabsichtlich umgeschult wurden oder die sich früh durch Beobachtung ihrer rechtshändigen Umgebung selbst umgeschult haben.

Es gibt ein paar Hinweise, die auf einen umgeschulten Linkshänder deuten können – aber nicht müssen. Gerade dann, wenn Kinder gleich am Anfang Schwierigkeiten beim Schreiben- und Lesenlernen haben, sollten Lehrer aufmerksam sein und einen möglichen Zusammenhang mit der Händigkeit in Betracht ziehen. Nur wer entsprechend geschult ist, kann dies erkennen und andere Ursachen für die Schreibprobleme ausschließen. Denn zum Zeitpunkt der Einschulung hat sich ein Kind meist schon für eine Hand entschieden und in manchen Fällen leider nicht für die »richtige«. Das kann viele Gründe haben, deren Ursprung wahrscheinlich weit vor dem Einschulungstermin liegt.

Auf der Suche nach Antworten auf unsere Fragen müssen wir also viel früher ansetzen. Nicht nur bei Lehrern, auch bei den Eltern herrscht oft Unwissenheit. Das sollte sich ändern. Fangen wir damit an, und zwar ganz von vorn.

Die fantastische Entwicklung des kindlichen Gehirns

Wenn ein Kind auf die Welt kommt, sind längst nicht alle Weichen gestellt. Das Gehirn ist noch nicht fertig ausgebildet und gerade in den ersten Jahren sehr formbar. Die Erfahrungen des Kindes werden darüber entscheiden, wie es sich entwickeln wird. Unser Gehirn ist so konzipiert, dass es sich an jede Umgebung und Familie – überall auf der Welt – anpassen kann. Es gibt kein anderes Lebewesen, das mit einem so gestaltbaren Gehirn auf die Welt kommt und so sehr von den emotionalen, intellektuellen und sozialen Kompetenzen seiner Umgebung abhängig ist. Wären Sie zum Beispiel am Amazonas geboren, könnten Sie jetzt Hunderte verschiedene Grüntöne unterscheiden. Als Inuit wären Sie in der Lage, die unterschiedlichen Formen von Schnee und Eis zu deuten. Und als Angehöriger des Aborigines-Stammes Guugu Yimidhirr wüssten Sie stets, in welche Himmelsrichtung Sie gerade blicken.[89] Am wichtigsten in den ersten Jahren sind Vertrauen und Verbundenheit und die daraus resultierende Sicherheit, selbst immer wieder über sich hinauszuwachsen, sowie die Freude, Neues zu erleben und auszuprobieren.

Allein im ersten Lebensjahr wächst das Gehirn um das Dreifache. Zwischen den Gehirnzellen entstehen vor allem erst mal Unmengen neuer *Synapsen*, wie man die Kontakte zwischen diesen Zellen nennt. Hier geht es noch wahllos, rasant und ungeordnet zu. Zu diesem Zeitpunkt weiß das Gehirn eines Kindes nicht, was in

Zukunft wirklich gebraucht, wichtig und bedeutsam wird. Stellen Sie sich das wie bei Facebook vor: Es wäre, als ob man erst mal jedem Menschen im Netzwerk eine Freundschaftsanfrage schickt und erst später entscheidet, welche Verbindung sinnvoll und nützlich ist. Mit drei Jahren verfügt ein Kind dann etwa über doppelt so viele Synapsen wie ein Erwachsener – bei ihnen geht man von hundert Billionen bis einer Trillion aus.[90] Allerdings bildet sich ab diesem Zeitpunkt etwa die Hälfte der Synapsen wieder zurück, und zwar nach dem Prinzip »use it or lose it«: Verbindungen, die nicht genutzt werden, verschwinden. Die Synapsen aber, die oft aktiv sind, werden gestärkt. Aufgrund dieser Abläufe sind wir Menschen vor allem in diesen jungen Jahren so anpassungsfähig, können so viele Eindrücke aufnehmen und lernen im Alter von drei bis sechs Jahren besonders leicht. Um auf unsere Facebook-Analogie zurückzukommen: Ab drei Jahren werden wir wählerischer, und es beginnt ein großes Sich-Trennen-von-Freunden und damit auch ein Abschied von Synapsen. Individuelle Lernerfahrungen geben Ausschlag darüber, welche Verknüpfungen gekappt werden und wer die wirklichen Freunde sind.

Die Entwicklung in den aufgabenspezifischen Gehirnarealen verläuft unterschiedlich schnell. So entstehen die Gehirnstrukturen für das Lernen, das Gedächtnis und die Motorik schon sehr früh, während der präfrontale Cortex zum Beispiel besonders lang braucht, bis sich Impulskontrolle und Urteilskraft bilden. Seine Ausformung ist erst im jungen Erwachsenenalter abgeschlossen – das ist Ihnen bestimmt noch aus eigener Erfahrung bekannt.

Bei jedem Neugeborenen läuft die Entwicklung der Händigkeit nach seinem ganz eigenen Tempo ab. Sie ist von Anfang an festgelegt, aber nicht immer zum gleichen Zeitpunkt abgeschlossen. Manche Kinder greifen bereits nach dem ersten Lebensjahr deutlich öfter mit der rechten oder der linken Hand nach Gegenständen, einige wiederum können sich im Schulalter noch nicht entscheiden und wechseln immer wieder zwischen den Händen hin und her. Die Bandbreite zwischen den beiden Extremen ist groß. Jedes Kind ist anders.

Wichtig ist, Kinder bewusst zu beobachten, ohne sich aktiv in ihre Händigkeit einzumischen. Bei den meisten Kindern erfolgt die Entwicklung der Lateralität zwischen zwei und drei Jahren. Mit vier Jahren scheint die Präferenz für eine Hand meistens weitgehend festgelegt zu sein.[91] Da die Entwicklung in den ersten Jahren bei allen Kindern in einem so rasanten Tempo geschieht, ist es wichtig sie zu fördern, indem man ihnen ermöglicht, sich beim Spielen selbst zu entfalten und viele Erfahrungen und die unterschiedlichsten Sinneseindrücke zu sammeln.

Wie weit das geht, ist natürlich jedem selbst überlassen. Meine Mutter hat das zum Beispiel mal so gelöst: Als mein Bruder fünf und ich drei Jahre alt war, wollten wir alleine auf den Spielplatz im Englischen Garten gehen, der etwa 200 Meter entfernt war. Sie hat uns tatsächlich ziehen lassen. Hand in Hand sind wir losmarschiert, aber sie ist uns selbstverständlich dicht auf den Fersen gefolgt und hat sich falls nötig hinter parkenden Autos versteckt. Vor der wenig befahrenen Straße traf sie uns dann »zufällig«.

Wie Ihnen Ihr Kind seine Händigkeit verrät

Das Wissen um diese wichtige Entwicklungsphase ist entscheidend. Manche Mütter und Väter kommen vielleicht gar nicht auf die Idee, sich über die Händigkeit Gedanken zu machen. Warum auch, wenn es bisher in den Familien keine Linkshänder gibt? Für sie ist es selbstverständlich, dass ihr Kind wie sie selbst auch Rechtshänder ist. So übersehen viele Eltern mögliche Anzeichen, die auf die Linkshändigkeit ihres Kindes hinweisen können.

Was deutet nun aber auf die Händigkeit von Kindern hin? Mit etwa fünf Monaten beginnt ein Kind nach Gegenständen zu greifen, die sich in seinem Gesichtsfeld befinden. Danach fangen Kinder an, sich Gegenstände von einer in die andere Hand zu geben. Wieder einige Wochen oder Monate später können sie in jeder Hand ein Klötzchen halten und diese zum Beispiel gegeneinanderschlagen. Wir nutzen also bereits sehr früh beide Hände. Bei vielen Babys zeigt sich schon ab dem neunten Monat die Bevorzugung einer Hand, selbst wenn Gegenstände auf der gegenüberliegenden Seite liegen. Ab diesem Alter entwickelt sich der Pinzettengriff – wenn wir, wie der Name erahnen lässt, zum Beispiel etwas mit Daumen und Zeigefinger greifen.[92] Viele Wiederholungen stärken die Muskulatur und durch Ausprobieren und Spielen festigt sich die Präferenz für eine Hand. Mit etwa zweieinhalb Jahren drehen Kinder dann Wasserhähne auf – oft jedoch nicht wieder zu, werfen Bälle, ohne die Balance zu verlieren, stapeln Bauklötze und sind bereits mit dem Laufrad unterwegs. Ungefähr ab diesem Zeitpunkt zeigt sich die Lieblingshand des Kindes deutlicher. Im Alter von vier Jahren können Kinder viele komplexe feinmotorische Bewegungen ausführen wie Perlen aufreihen, Papier falten oder schneiden.[93]

Väter und Mütter müssen also schon früh aufmerksam sein, denn Kinder passen sich in rasantem Tempo an und können blitzschnell ihre Umwelt nachahmen. Doch wer früh genug hinschaut, kann die Händigkeit bei den meisten Kindern gut erkennen. Dabei geht es aber nicht um eine permanente Kontrolle der Kinderhände. Machen Sie sich nicht zu viel Stress, Ihr Kind wird Ihnen seine favorisierte Hand gewiss zeigen. Wenn Sie für das Thema sensibilisiert sind, kann eigentlich nichts schiefgehen. Reichen Sie Rassel, Schnuller oder Löffel anfangs mittig an, sodass ihr Kind selber entscheiden kann, mit welcher Hand es zugreift. Daher sollte der Löffel von Anfang an mittig und senkrecht auf dem Teller liegen. Oder Sie legen ab und zu einen Gegenstand vor das am Tisch oder auf dem Boden sitzende Kind, und zwar möglichst genau auf Höhe der Körpermitte, sodass der Abstand für beide Hände gleich ist. Und wenn Ihr Kind mal mit der einen, mal mit der anderen Hand zugreift: Irgendwann wird sich Ihr Kind schon für eine Seite entscheiden, denn echte Beidhänder sind, wie wir wissen, sehr selten.

Es macht auf jeden Fall Spaß und Sinn, in einem Tagebuch Ihre besonderen gemeinsamen Erlebnisse zu notieren. Dazu gehören nicht nur die berühmten ersten Worte, sondern irgendwann auch die Beobachtungen, was Ihr Kind mit welcher Hand macht und welchen Gesichtsausdruck es dabei hat. Vielleicht fällt Ihnen auf, dass es sich wohler mit der Rassel in einer bestimmten Hand fühlt. Oder Sie bemerken, mit welcher Hand und welch stolzem Gesichtsausdruck es erstmals mit Erfolg nach dem Schnuller greift und ihn sich selbst in den Mund steckt. Um die künftige Seitigkeit nicht zu beeinflussen, sollte zum Beispiel am Kinderwagen das Spielzeug nicht nur auf einer Seite platziert werden. Eine genaue Beobachtung der Händigkeit ist übrigens besonders sinnvoll, wenn Sie Eltern von ein- oder zweieiigen Zwillingen sind. Hier ist die Wahrscheinlichkeit recht hoch, dass ein Kind Linkshänder und das andere Rechtshänder ist.

Notieren Sie zum Beispiel auch, mit welcher Hand sich Ihr Kind nach dem Lichtschalter streckt oder den Malstift hält. Wundern Sie sich nicht, wenn mal die andere Hand ins Spiel kommt. Trotz Veranlagung müssen Kinder ihre eigene Händigkeit erst mal finden. Das können sie nur, indem sie beide Hände gebrauchen, bis sie wissen, welche Hand sich besser anfühlt.[94] Wenn Ihr Kind immer wieder die Hand wechselt, beeinflussen Sie es nicht in seiner Händigkeit. Anfangs ist das noch vollkommen okay. Wenn jedoch bis zum Alter von vier oder spätestens fünf Jahren noch keine eindeutige Bevorzugung einer Hand zu erkennen ist, sollten Sie überlegen, einen Experten zurate zu ziehen.

Sogar die Füße verraten Ihnen etwas über die starke Seite Ihres Sprösslings. Sie sind allerdings kein eindeutiges Indiz für die Händigkeit – wie der Name schon sagt, spielen dabei die Hände die alles entscheidende Rolle. Schauen Sie einmal, auf welchem Fuß Ihr Kind besser die Balance hält. Mit welchem Bein hüpft es lieber? Stößt es sich mit dem rechten oder mit dem linken Fuß beim Rollerfahren vom Boden ab?

Spätestens ein Jahr vor dem Einschulungstermin kommt dann die Zeit, da sich ein Kind, wenn nötig mithilfe professioneller Beratung und gemeinsamer Gespräche, für eine Hand entscheiden sollte, damit diese bis zum Schulanfang noch in Bezug auf Beweglichkeit und Stärke spielerisch trainiert werden kann. Dies ist vor allem bei einer festgestellten Linkshändigkeit wichtig, damit das Kind nicht lernt, mit der verkrampften *Hakenhaltung* zu schreiben, sondern mit einer entspannten Handführung.

Ein Fallbeispiel: Linus hat als Kindergartenkind viel mit links gemacht. Doch dann verletzt er sich kompliziert am linken Arm und muss fortan alles, was er tun will, mit der rechten Hand ausführen. Als der Gips nach vielen Wochen endlich abgenommen wird, hat Linus kein Gefühl und keine Kraft mehr in der linken Hand. So verhält er sich weiterhin wie ein Rechtshänder, denn er kann inzwischen nicht nur mit rechts malen, sondern auch alles andere ziemlich gut mit rechts erledigen. Nun kommt er bald in die Schule und die Eltern, beide Rechtshänder, fragen sich: Was tun? Soll er Rechtshänder bleiben, obwohl früher alles auf eine Linkshändigkeit deutete? Sie machen alles richtig und gehen mit Linus zur Händigkeitsberatung. Das Ergebnis: Ihr Sohn ist eindeutig Linkshänder, obwohl seine linke Hand so schwach ist. Mit der Unterstützung einer Ergotherapeutin und Händigkeitsberaterin wird die linke Hand behutsam gestärkt und wieder zurückgeschult. Der Kindergarten, in den Linus noch für wenige Monate geht, reagiert zum Teil mit Unverständnis: »Wieso, es klappt doch so gut mit rechts?«. Heute ist Linus in der zweiten Klasse und schreibt mit links. Das funktioniert sehr gut – auch wenn er seine Fähigkeit, vieles mit rechts machen zu können, nicht ganz verloren hat. Inzwischen hat Linus nicht nur Schreiben gelernt, sondern auch, wie man eine Schleife bindet. Das macht er wie ein typischer Linkshänder. Sein Vater macht es genauso, der sich aber sein Leben lang für einen Rechtshänder gehalten hat. Erst mit Linus' Verletzung und Rückschulung wird ihm bewusst, dass er selbst ein umgeschulter Linkshänder ist. Manchmal zeigt sich die Händigkeit eben erst über ein paar Umwege.

Schwierigkeiten beim Erkennen der Händigkeit können nicht nur durch Verletzungen, sondern ebenso dann auftreten, wenn Ihr Kind Seh- oder Hörprobleme hat. Sollte sich das andeuten, suchen Sie bitte einen Facharzt auf. Besonders aufmerksam sollte man sein, wenn Kinder im Alter von etwa fünf Jahren noch nicht über ihre

Körpermitte gehen. Dies zeigt sich vor allem beim Malen, wenn das Kind in der Mitte des Zeichenblattes plötzlich den Stift in die andere Hand nimmt. Sie können das auch selbst testen: Stellen Sie das Trinkglas bei einer Mahlzeit rechts vom Kind hin. Als Rechtshänder greift es mit der rechten Hand zu, als Linkshänder geht es vielleicht über seine Körpermitte und schnappt sich mit der linken Hand das Glas. Bei der nächsten Mahlzeit positionieren Sie das Glas links vom Kind. Wechselt es jetzt die Hand oder bleibt es bei seiner starken Hand? Um sicherzugehen, dass das Verhalten keine Ausnahme war, können Sie den Test unauffällig in verschiedenen Situationen wiederholen. Wechselt Ihr Kind je nach Position des Gegenstands die Hand, mit der es zugreift, und vermeidet dabei, die eigene Körpermitte zu kreuzen, ist dies ein ernst zu nehmender Hinweis auf das Fehlen eines wichtigen Entwicklungsschritts. Besprechen Sie Ihre Beobachtung zunächst mit Ihrem Kinderarzt und holen Sie sich dann Unterstützung von einem Ergotherapeuten, damit sich die Händigkeit des Kindes abschließend entwickeln kann. Dieser wichtige Entwicklungsschritt, den viele Kinder aus unterschiedlichen Gründen auslassen, ist nichts Dramatisches, denn er kann mit den richtigen Übungen nachgeholt werden. Erst wenn Kinder in der Lage sind, mit jeder Hand über die Körpermitte herüberzugreifen, kann sich ihre Händigkeit gut entwickeln und zeigen.

Hegen Sie Zweifel an der Händigkeit Ihres Kindes, suchen Sie einen Fachmann oder -frau auf. Eine Adresse, bei der Sie nach einer Beratungsstelle in Ihrer Nähe suchen können, finden Sie im Anhang. Denn eine falsch eingeschätzte Linkshändigkeit führt bei Rechtshändern natürlich zu genau den gleichen Problemen wie bei umgeschulten Linkshändern. Fassen wir also zusammen – das sind eine Handvoll Hinweise, die Ihnen helfen, die Händigkeit Ihres Kindes zu erkennen:

- Quietscheentchen oder Rassel: Mit welcher Hand greift Ihr Kind nach Gegenständen, die neutral, also mittig des Körpers, angeboten werden?

- Lecker, heute gibt es Bananen-Joghurt! Ihr Kind lernt mit dem Löffel zu essen. Geben Sie Ihrem Kind in jede Hand einen Löffel. Welche Seite bevorzugt es?
- Die goldene Mitte: Legen Sie den Löffel zu Beginn immer wieder in die Mitte des Tellers, sodass der Griff auf Ihr Kind zeigt. Mit welcher Hand greift Ihr Kind bevorzugt nach dem Löffel?
- Guten Tag! Mit welcher Hand gibt das Kind bei den ersten Begrüßungen die Hand – bevor es gelernt hat, dass wir uns mit rechts die Hand geben?
- Fläschchen, öffne dich! Wie öffnet Ihr Kind den Drehverschluss einer Flasche bei den ersten Versuchen? Mit rechts oder mit links?
- Hallo, kleine Leseratte! Anzeichen für die Linkshändigkeit eines Kindes können sein, dass es ein Buch in die rechte Hand nimmt und mit links blättert, Bücher von hinten aufschlägt, Gegenstände mit der linken Hand aus seinem Rucksack holt oder sich in der Schule mit links meldet.

Wichtig ist: Bleiben Sie entspannt und machen Sie sich nicht verrückt. Ihr Kind wird Ihnen die eigene Händigkeit sehr wahrscheinlich von ganz alleine zeigen. In den meisten Fällen geschieht das schon, deutlich bevor die Schule losgeht.

Die In-Group

Fakt ist, ab dem ersten Schultag wird es ernst. Denn jetzt geht es ans Schreibenlernen, an die Fähigkeit, die uns vorrangig zu Links- und Rechtshändern macht. So wurden manche Kinder am ersten Schultag spontan zu Rechtshändern, um nicht aufzufallen. Das weiß der ungarische Pianist Géza Losó aus eigener Erfahrung.

Ein weiteres Fallbeispiel: Géza hatte sich am ersten Schultag fest vorgenommen, mit links zu schreiben. Seine Lehrerin schaute ihn zwar ein wenig grimmig an, doch er wäre bei ihr damit durchgekommen. Als er aber sah, dass alle anderen Kinder mit rechts schrieben, da habe er den Stift in die rechte Hand genommen. Ein Riesenfehler, wie er heute sagt. Doch wie soll man das mit sechs Jahren wissen? Die dominante Hand zu erkennen ist Aufgabe der Erwachsenen.

Nicht nur Kinder wollen nicht »anders« sein als die anderen. Eigentlich will jeder irgendwie und irgendwo dazugehören. Der Mensch braucht die Gruppe. Studien haben gezeigt, wie stark der Hang des Menschen ist, sich einer Gruppe zugehörig zu fühlen, was in der Wissenschaft als In-Group bezeichnet wird. Innerhalb kürzester Zeit können selbst willkürlich gewählte Unterscheidungsmerkmale zu einer Identifikation mit der eigenen sowie zu Vorurteilen und zur Diskriminierung einer fremden Gruppe führen. Bei einem Experiment des Psychologen Kurt Hugenberg sollten sich die Probanden der Miami University zunächst Bilder von Studenten anschauen. Vorab wies man sie darauf hin, dass die Personen vor rotem Hintergrund Kommilitonen ihrer eigenen Uni seien und die vor grünem Hintergrund an einer anderen Uni studierten. Dann passierte Folgendes: Die Probanden erinnerten sich allein aufgrund der »eigenen« Farbe des Bildhintergrunds viel besser an die Gesichter »ihrer« vermeintlichen Kommilitonen.

In einem weiteren Experiment wurden die Studienteilnehmer zufällig in eine rote oder grüne Gruppe eingeteilt. Sie nahmen an, dass sie ihrer entsprechenden Gruppe aufgrund eines vorher ausgefüllten Persönlichkeitstests angehören würden. Anschließend wurden ihnen – wie im ersten Versuch – wieder Personen auf Bildern gezeigt, die in der Bildunterschrift als »grün« oder »rot« charakterisiert waren. Und? Was für eine Überraschung – sowohl die »Grünen« als auch die »Roten« erkannten die Personen aus ihrer eigenen Gruppe besser. Hach, wir sind manchmal so einfach gestrickt. Diese Versuche bestätigen, dass Menschen dazu neigen, eine Vorliebe für die eigene Gruppe zu haben, und ihr mehr Aufmerksamkeit schenken. In Bezug auf die Händigkeit befinden sich die meisten in der In-Group der

Rechtshänder, was zum Teil die Vorurteile gegen Linkshänder erklären könnte.[95]

Damit gar nicht erst die Idee aufkommt, anders zu sein, sollten Kinder früh in ihrer Händigkeit bestärkt werden. Und dass ein bisschen Besonderssein gar nicht so schlecht ist, sondern sogar außergewöhnlich gut, das haben uns schon Harry Potter, Pippi Langstrumpf und all die anderen Lieblingshelden gezeigt.

Schreiben und Lesen lernen mit der dominanten Hand

Ist die Händigkeit erkannt und gefestigt, kann es mit dem Schreiben losgehen. Das Schreibenlernen und das Schreiben an sich sind sehr komplexe Tätigkeiten, sowohl feinmotorisch als auch mental. Es ist für jedes Kind, das von der Kita in die Schule kommt, nicht ganz einfach, diesen Lernschritt zu machen, ganz gleich, ob mit links oder rechts. Heute sollte zwar kein linkshändiges Kind mehr gezwungen werden, mit rechts zu schreiben, doch manchmal wird das Schreiben immer noch mit der nicht dominanten Hand erlernt, da die Linkshändigkeit des Kindes nicht erkannt oder unterstützt wurde. Die Umschulung bringt nach dem heutigen Stand der Forschung keine erkennbaren Nachteile für die Ausbildung motorischer Fähigkeiten. Doch der Umschulungsprozess selbst kann negative Auswirkungen auf die Psyche und die Entwicklung eines Kindes und somit auf seinen weiteren Lebensweg haben.

Warum das Erkennen der eigenen Händigkeit so wichtig ist, haben wir bereits im letzten Kapitel erfahren. Wir erinnern uns: Lernprobleme können die Folge sein, auch Verhaltensstörungen sind möglich. Deshalb sollte jedes Kind unbedingt mit der »richtigen« Hand schreiben lernen. Das »Wie« ist dabei mindestens genauso entscheidend. Linkshänder müssen nämlich beim Schreiben auf ein paar – wichtige – Kleinigkeiten achten.

Unverkrampft schreiben mit links

Schreiben ist Hochleistungssport unserer Hände! Wie das mit links gut funktioniert, ist aber immer noch nicht allgemein bekannt. Viele Linkshänder schreiben in der sogenannten Hakenhaltung. Der Ex-US-Präsident Obama führt sie leider in Perfektion aus.

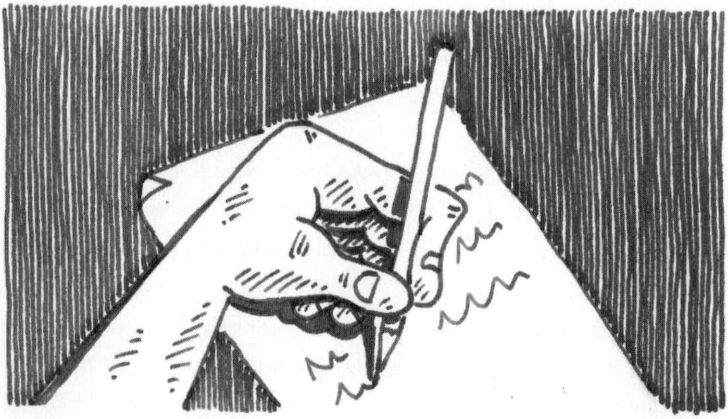

Probieren Sie es einmal aus und schreiben Sie in der abgebildeten Handhaltung einmal folgenden Text:

»Mit der Hakenhaltung schreibt es sich also so.«

Mit links:

___

Mit rechts:

___

Falls Sie die Hakenhaltung nicht selbst schon viele Jahre perfektioniert haben, fühlt sich das ziemlich unangenehm an, oder? Mit dieser Situation quälen sich viele Linkshänder jahrelang. Warum? Weil es ihnen niemand richtig vorgemacht hat. Wenn einem Linkshänder nicht gezeigt wird, wie er bequem den Stift hält, schreibt er halt irgendwie – und möglichst praktisch. Beim Schreiben von links nach rechts kann nicht nur alles leicht verwischen, auch der Handrücken kann sehr leicht Farbe abbekommen, wenn das Blatt Papier oder Heft gerade vor einem liegt. Mit der Hakenhaltung bleibt die Hand sauber. Liegt das Papier gerade auf dem Tisch, sieht man die gerade geschriebenen Wörter nicht mehr, da die linke Hand sie verdeckt. Mit der Hakenhaltung aber schon, hier gibt es freie Sicht auf das Geschriebene und deshalb ist sie so verführerisch.

Doch diese links abgebildete Schreibhaltung führt nicht nur zu einem Verkrampfen der Hand, sondern kann ebenso Schmerzen im Unterarm oder im Bereich der Halswirbelsäule auslösen. Verspannungen im gesamten Oberkörper können die Folge sein. Sie sehen, dass diese Handhaltung nicht optimal ist. Dabei ist eine gesunde und korrekte Position so wichtig! Schließlich verbringen Linkshänder genauso wie Rechtshänder unzählige Stunden mit Schreiben in der Schule und im späteren Leben. Trotzdem wissen nicht alle Grundschullehrer über die richtige Schreibhaltung und Blattlage für Linkshänder Bescheid oder achten zumindest nicht konsequent darauf. Problematisch ist, dass einige Kinder schon mit der falschen Haltung in die Schule kommen, da heutzutage bereits im Vorschulalter erste Schreibübungen gemacht werden, ohne dass den Linkshändern immer die richtige Stifthaltung gezeigt wird. Es ist gar nicht so leicht, auch nicht für ein Kind, eine falsche Angewohnheit wieder loszuwerden. Eltern, Lehrer und Kind müssen sich also ganz schön anstrengen und immer hinterher sein, eine gesunde Schreibhaltung zu entwickeln, wenn sich bereits falsche Bewegungsmuster eingeschlichen haben. Im Alltag nicht immer ganz einfach.

Weniger schlimm ist, dass die Schrift mit der Hakenhaltung meist nicht sonderlich schön aussieht, aber das kann genauso zu Frust und Unlust am Schreiben führen. Aus diesen Gründen sollte die Hakenhaltung in jedem Fall vermieden werden, denn auch im Erwachsenenalter kann ein Linkshänder seine Schrift natürlich noch verfeinern.

Wie schreibt es sich nun leichter mit links? Das Papier sollte ein wenig links von der Mittelachse des Körpers liegen. Außerdem wird das Blatt oder Heft bei dieser die Hand weniger belastenden Schreibhaltung um etwa 30 Grad nach rechts gedreht. Das Handgelenk ist – wie bei Rechtshändern – an der Schreibbewegung beteiligt und wird entspannt unterhalb des Geschriebenen oder der Schreiblinie geführt, so kann nichts verwischen. Die Hand sollte auf dem Tisch mit der Handkante und dem kleinen Finger aufliegen. Die Schreibrichtung verläuft also in Bezug zur Tischkante schräg nach rechts unten. Bei dieser gesunden Stifthaltung kann sich die Schrift eines Linkshänders nur schwer nach rechts neigen. Daher ist tendenziell eine steile oder leicht nach links geneigte Schrift zu empfehlen, die sich bei linkshändigen Kindern, die gleich richtig Schreiben lernen, oft von selbst entwickelt.

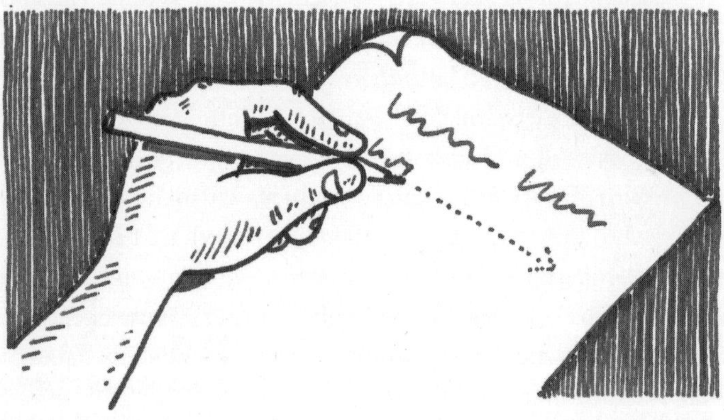

Es ist wichtig, dass Eltern sowie Erzieher im Kindergarten und in der Vorschule wissen, wie die richtige Stifthaltung aussieht, und bereits beim Malen der Kinder darauf achten. Denn wenn die Kleinen von Anfang an die korrekte Haltung lernen, haben sie es später in der Schule leichter. Damit die Hakenhaltung in der Grundschule keine Chance hat, hilft es, wenn im Heft oder auf Arbeitsblättern von Linkshändern die zu schreibenden Buchstaben oder Wörter rechts vorgeschrieben sind. In vielen Schreiblernheften ist die korrekte Schreibweise eines Buchstaben, einer Silbe oder eines Wortes bereits doppelt abgedruckt: jeweils zu Beginn und am Ende einer Zeile. Sie wundern sich darüber, denn als Sie zur Schule gegangen sind, stand das »m«, die »Mama« oder das »in« stets nur links, oder? Die neue Methode soll Linkshändern helfen. Denn beim Schreiben verdecken sie mit ihrer linken Hand den Vordruck, ihnen fehlt beim Abschreiben die Orientierung. Eine weitere Vorlage am rechten Rand der Zeile löst das Problem. Falls Sie gemeinsam daheim üben, denken Sie daran: Schreiben Sie Ihrem linkshändigen Kind das neue Wort auch auf der rechten Seite vor, nicht nur links.

Damit der Spaß am Schreiben in der Grundschule erhalten bleibt, suchen Sie gemeinsam mit Ihrem Kind die Schreibgeräte sorgfältig aus: Für die Schriftqualität, Schreiblust und die generelle Freude am Lernen ist es entscheidend, mit hochwertigen und schönen, aber vor allem zur Aufgabe passenden Werkzeugen und Materialien zu arbeiten. Wenn Sie schon mal ein Bücherregal selbst aufbauen wollten und der passende Inbusschlüssel fehlte, wissen Sie, wovon wir reden. So brauchen linkshändige Kinder nicht nur eine Linkshänder-Schere, sondern auch einen Anspitzer, ein Lineal und eventuell eine Schreibunterlage für Linkshänder. Beim Füller kommt es darauf an, dass er sich wegen der Schreibrichtung gut schieben lässt. Es gibt Füller, die für Rechts- und Linkshänder gleichermaßen geeignet sind, sowie spezielle Linkshänder-Füller. Lassen Sie sich und Ihr Kind beraten!

Folgende Punkte sind für Linkshänder in der Schule besonders wichtig:

- Von Beginn an sollte eine günstige Stift- und Handhaltung geübt werden, die eine lockere Schreibweise ermöglicht. Weiche Blei- und Buntstifte sind dafür besser geeignet.
- Spezielle Gummiaufsätze für Stifte erleichtern das Schreiben und helfen den Kindern, die richtige Griffhaltung zu üben.
- Ein linkshändiges Kind braucht seine eigene Ausstattung. Dazu gehört eine entsprechende Schere, ein Anspitzer, ein Lineal und eventuell eine Schreibunterlage.
- Der beste Sitzplatz für Linkshänder ist immer an der linken Seite des Tisches. So kann er ungestört schreiben, ohne dass die Ellbogen des Sitznachbarn an seine Arme stoßen und umgekehrt.
- Wenn möglich, sollte ein Kind im Klassenzimmer so sitzen, dass das Licht von rechts einfällt, damit das Geschriebene nicht im Schatten liegt. Das Blatt sollte immer um etwa 30 Grad nach rechts gedreht sein, damit das Geschriebene nicht verdeckt wird.
- Vorlagen auf der rechten Seite eines Arbeitsblatts oder im Übungsheft helfen dem Kind beim Schreibenlernen.
- Lassen Sie Ihr Kind vor dem Kauf eines Füllers verschiedene Modelle ausprobieren.

Lesen lernen

Im folgenden Beispiel geht es um mögliche Schwierigkeiten von Linkshändern beim Lesenlernen. Für Eltern kann es eine riesengroße Hilfe sein, sich mit dem Thema Linkshändigkeit auseinanderzusetzen, um das eigene Kind besser zu verstehen und nicht an seinen Fähigkeiten zu zweifeln.

Dazu ein weiteres Fallbeispiel: Felix ist Linkshänder und geht in die erste Klasse. Beim Lesenüben daheim treibt er seine Mutter jedoch in den Wahnsinn. Wenn zwei Wörter in einer Zeile stehen – zum Beispiel Omi und Oma –, liest er grundsätzlich verkehrt, zuerst Oma, dann Omi. Felix' Mutter zweifelt an den Lese- und

Konzentrationsfähigkeiten ihres Sohnes, bis sie herausfindet, dass Linkshänder die Tendenz haben, grundsätzlich von rechts nach links zu schauen. Ihre Blickrichtung geht daher oft zuerst nach rechts. Also schreibt sie zwei Begriffe auf, die nicht so leicht zu verwechseln sind: Papa und Omi. Doch auch diese Wörter liest er in der falschen Reihenfolge vor. Die Worte sind richtig, nur die Leserichtung stimmt eben noch nicht. Es mangelt demnach nicht an der Lesefähigkeit ihres Sohnes, sondern das Problem resultiert aus der für Linkshänder typischen Blickrichtung. Nun versteht sie ihren Sohn viel besser und hat einfach ein wenig mehr Geduld mit Felix.

Bei linkshändigen Kindern sind das Verwechseln von Begriffen, die in der gleichen Zeile stehen, sowie das Rückwärts-Lesen von Wörtern sehr häufig und kein Grund zur Beunruhigung. In unserem Kulturkreis, in dem die Schrift von links nach rechts läuft, müssen Linkshänder die für sie ungewohnte Blickrichtung einfach üben. Im Laufe des ersten Schuljahres lernen die meisten linkshändigen Kinder, ihre Blickrichtung anzupassen. Spätestens im zweiten Jahr sollte das Problem keine Rolle mehr spielen, sonst müssen die möglichen Ursachen abgeklärt werden. Treten diese Probleme bei rechtshändigen Kindern noch nach dem ersten Schuljahr auf, kann das die Folge einer nicht entdeckten Umschulung sein.

Sie können Ihrem Kind übrigens helfen, die richtige Blickrichtung zu lernen. Soll es nur eine Zeile lesen, hilft ein kleines Kreuzchen am linken Rand, damit es weiß, wo es starten soll. Wenn Sie gemeinsam ein Buch lesen, können Sie oben links auf der Seite den Startpunkt markieren. Verdecken Sie mit einem unauffälligen Lesezeichen die unteren Zeilen, damit Ihr Kind nicht in den Zeilen verrutscht und sich ganz auf »seine« Zeile konzentrieren kann. Sie oder Ihr Kind können zusätzlich langsam mit dem Finger den gelesenen Worten folgen. Das hilft, um die Leserichtung buchstäblich zu begreifen.

Viele Kinder spiegeln im ersten Schuljahr Buchstaben und Ziffern. Gerade das »b« und »d« verwechseln die Erstklässler beim Lesen und Schreiben häufig, ganz gleich, ob sie Links- oder Rechtshänder sind. Sie müssen erst lernen, in welche Richtung der Bauch zeigt, damit aus einem Strich ein b oder eben ein d wird. Diese

Anfangsschwierigkeiten sind vollkommen normal und verlieren sich nach den ersten Monaten wieder. Sie haben nichts mit Legasthenie oder Dyskalkulie zu tun. Doch wenn die dominante Hand unentdeckt bleibt, kann Schreibenlernen mit der »falschen« Hand genau dazu führen.[96]

Falls bei Ihrem Kind Legasthenie oder Dyskalkulie diagnostiziert wurde, sollten Sie auch einen Händigkeitstest in Betracht ziehen. Mit einer langsamen Rückschulung und einer begleitenden Therapie der Legasthenie oder Dyskalkulie als Folge der falschen Händigkeit kann das Problem eventuell behoben werden. Wenden Sie sich an einen Spezialisten und führen Sie eine Umschulung bei Verdacht auf keinen Fall allein durch!

Wenn Sie Ihr Kind fördern wollen, überlegen Sie gemeinsam, ob es Lust hat, ein Instrument zu spielen. Das macht vor allem Spaß und unterstützt sogar das Lernen in der Schule. Wenn weit mehr als eine Stunde in der Woche geübt wird, kann dies zu einer besseren Lese-Rechtschreibkompetenz führen.[97]

Linkshänder erkennen und fördern

Viele Eltern geben ihrem Nachwuchs oft den Löffel oder die Rassel in die Hand, die ihrer eigenen Händigkeit entspricht. Dabei kann es passieren, dass sie durch Nichtwissen Kinder unabsichtlich umerziehen, was fatale Auswirkungen haben kann. Das Wissen über Links- und Rechtshändigkeit gehört daher eigentlich schon in jeden Geburtsvorbereitungskurs. Zumindest könnte das Thema Händigkeit hier kurz angesprochen werden, so wichtig, wie es für die gesunde Entwicklung eines Kindes ist. Manche Eltern glauben auch heute noch, dass ihr linkshändiges Kind es später vielleicht einfacher hat, wenn es doch besser mit rechts schreiben lernt. Doch eigentlich sollte darüber Klarheit herrschen, dass man seinem Kind damit keinen Gefallen tut, ganz im Gegenteil.

Linkshänder-Expertin Marina Neumann ist der Meinung, dass viele Kinder selbst heutzutage im Vorschulalter auf das »gute

Händchen« umgewöhnt werden. Das kann beim Handgeben anfangen mit: »Gib mir mal das schöne oder das richtige Händchen.« So kommen die Kinder dann als umgeschulte Linkshänder schon in die Schule, weil sie es zu Hause, in der Kita oder bei der Tagesmutter so gelernt haben. Die Diplom-Psychologin hat die Erfahrung gemacht, dass viele Erzieherinnen so gut wie nichts in ihrer Ausbildung über das Thema Händigkeit lernen und oft einfach davon ausgehen, dass alle Kinder rechtshändig sind, und gar nicht darauf achten, ob ein Kleinkind ab zwei, drei Jahren vielleicht vermehrt die linke Hand nimmt oder sich beim Malen oder später beim Schreibenlernen ungeschickt anstellt. Für sie ist es auch erschreckend, wie wenig Lehrer sich mit dem Thema Links- oder Rechtshändigkeit oder umgeschulten Linkshändern aufgrund der Studienordnung befassen müssen. »Sie lernen einfach wenig bis nichts darüber. Sie wissen eben nur, wenn ein Kind den Stift mit links nimmt, dann dürfen sie nichts sagen.« Marina Neumann hat immer wieder mit Lehrern und Studenten zu tun, die selber betroffen sind und überrascht sind, wie wenig sie in ihrem Studium gelernt haben oder lernen. Es sei denn, sie hatten das Glück, im Referendariat oder privat eine Person zu treffen, die sie für das Thema sensibilisierte. Es wäre natürlich schön, wenn das nicht vom Zufall abhängen würde, denn viele junge Lehrer sagen immer noch: »Wir lernen da fast gar nichts drüber.«

Unsere Recherchen lassen darauf schließen, dass das keine Einzelfälle sind, zumindest wird diesem Problem noch nicht der Stellenwert beigemessen, den es verdient. Oft taucht das Thema Linkshändigkeit während des Referendariats nur am Rande eines Seminartags auf, und es gibt kaum Zeit, das Thema zu vertiefen. Das meiste Wissen über die besonderen Bedürfnisse von Linkshändern sammeln Lehrer im Berufsalltag oder sie lernen von erfahrenen Kollegen.

Das soll das nächste Fallbeispiel illustrieren: Ein Grundschullehrer aus Sachsen-Anhalt erzählt, dass das Thema Linkshändigkeit während seiner Ausbildung vor über 30 Jahren nicht einmal auf dem Lehrplan stand. Erst nach der Wende musste er sich erstmals mit der Thematik auseinandersetzen, als eine Mutter eine sogenannte Linkshänder-Unterlage für ihr Kind mit in die Schule brachte. Zwar wurde in der einen oder anderen Weiterbildung das Thema kurz angesprochen, doch ausschließlich im Sinne von Schwierigkeiten beim Lesen- und Schreibenlernen. Während seiner bereits mehr als drei Jahrzehnte andauernden Dienstzeit stand Linkshändigkeit nicht ein einziges Mal im Mittelpunkt einer Fachkonferenz. Heute weiß er, wo Linkshänder sitzen sollen, damit sie den Rechtshändern nicht in die Quere kommen und umgekehrt. Sein Wissen über Linkshändigkeit beschränkt sich quasi auf den richtigen Sitzplatz. Wie er zum Beispiel einen umgeschulten Linkshänder erkennt oder was die Äugigkeit mit dem Schreibenlernen zu tun hat, weiß er nicht.

Eigentlich darf es nicht sein, dass in der Ausbildung zum Grundschullehrer die Händigkeit eine so geringe Rolle spielt. Ob vor 30 Jahren oder heute – viel hat sich daran nicht geändert. Ideal wäre, dass sowohl Erzieher als auch Grundschullehrer zumindest über so viel Fachwissen verfügen würden, dass sie Eltern informieren könnten, wenn sie den Eindruck haben, dass ein Kind ein ungewollt umgeschulter Linkshänder sein könnte. Hoffnung machen die vielen Kindergärten, Vorschuleinrichtungen und Grundschulen, in denen die Betreuer oder das Kollegium sehr gut mit dem Thema vertraut sind. Sie wissen über den richtigen Sitzplatz für Linkshänder Bescheid, denken daran, Bewegungsabläufe für Linkshänder oder Linksfüßer zu zeigen, und auch im handwerklichen Bereich gehen sie entsprechend auf linkshändige Kinder ein, indem sie die Handgriffe auch mit links vormachen.

Wenn Sie als Erzieher oder Lehrer mit kleinen Kindern zusammenarbeiten oder als Eltern mehr über Händigkeit wissen wollen, helfen Ihnen vielleicht unsere Buchtipps im Literaturverzeichnis. Tragen Sie dazu bei, dass Lehrer mehr über das Thema wissen, indem Sie es bei Elternabenden ansprechen oder mit Freunden und Kollegen darüber reden. Es wird noch eine Weile dauern, bis die wichtigen Kenntnisse allgemein bekannt sind. Helfen Sie mit! Viele künftige Grundschüler werden es Ihnen danken.

Das Kapitel auf einen Blick

- Links- und Rechtshänder kann man oft schon in den ersten vier Lebensjahren erkennen, wenn man über das nötige Wissen verfügt.
- Führen Sie Tagebuch über die ersten Tätigkeiten Ihres Kindes. Notieren Sie vor allem, mit welcher Hand Ihr Kind die ersten Male etwas ausprobiert.
- Die Schreibunterlage und das richtige Halten des Stiftes sind auch schon beim Malen sehr wichtig.
- Bei Kindern, die häufig im Kindergartenalter noch ihre Hand wechseln, besteht die Möglichkeit, dass sie Linkshänder sind. Zur Abklärung ist eine professionelle Testung am besten.
- Ein Jahr bevor ein Kind in die Schule geht, sollte bereits die Händigkeit geklärt sein.
- Jeder Grundschullehrer sollte über den Arbeitsplatz, die ideale Schreibhaltung für Linkshänder Bescheid wissen und Aufgaben wie Schneiden, Malen oder Werfen auch richtig vormachen können.

Was Sie ausprobieren können

- Erkundigen Sie sich bei Linkshändern in Ihrem Bekanntenkreis nach ihrer Schulzeit.
- Überlegen Sie, ob das Phänomen der In-Group auch auf Sie zutrifft.
- Spitzen Sie mal einen Stift mit Ihrer nicht dominanten Hand an.

KAPITEL 9

HÄNDIGKEIT UND MUSIK

Wie Herr Losó seinen Flügel fand

»Seitdem ich links spiele, bin ich ein neuer Mensch geworden.«[98] Mit diesem Satz und einer Freude, die sich allein beim Zuhören auf einen selbst überträgt, beginnt das Interview mit Géza Losó, in dem er von seinem langen Weg bis zu diesem magischen Moment im Jahr 2001 erzählen wird. Losó, ein an der Musikhochschule in Budapest ausgebildeter Konzertpianist und Klavierlehrer, ist der Erfinder des Linkshänder-Klaviers. Schon als Kind sagte sein Vater über sein Klavierspiel: »Hör mal, du bist begabt! Du spielst gut, aber nicht gut genug. Du spielst gefühllos. Nur technisch bist du gut, doch wo sind die Gefühle? Wo ist die Dynamik?« Der Vater erkannte schon früh, dass sein Sohn wahrscheinlich Linkshänder ist, und wies ihn manchmal darauf hin. »Schau, du machst sehr viele Fehler mit rechts, du verletzt dich mit der Hand, wenn du Brot schneidest.« Da Losó aber mit rechts Schreiben lernte und ab da alles mit der rechten Hand machte, lachte er seinen Vater immer aus, wenn dieser mal wieder meinte, er sei bestimmt ein

Linkshänder: »Du spinnst doch, ich mach alles mit rechts, schreibe rechts und spiele Klavier genauso wie du«, war seine Antwort. »Ja, doch das ist das Problem. Die Gefühle bleiben bei dir links liegen«, erwiderte sein Vater daraufhin.

Doch Losó spürte schon damals selbst insgeheim, dass da etwas nicht richtig lief. Eines Tages – es war etwa 1973 – hörte er eine Studioaufnahme seines eigenen Klavierspiels. Er habe sich darin nicht wiedererkannt, erinnert er sich. »Wieso spiele ich das so, wenn ich es innerlich ganz anders fühle?« Irgendwann malte er sich dann einfach eine Tastatur für Linkshänder auf ein Holzbrett und spielte darauf ein ungarisches Volkslied »trocken« – also ohne Töne. Es lief ihm kalt den Rücken runter, er konnte es nicht fassen: Ein so gutes Gefühl beim Klavierspielen hatte er vorher noch nie gehabt.

Sein Vater hatte doch recht. Géza war Linkshänder. Seitdem stand für ihn fest, dass Linkshänder auch Linkshänder-Klaviere und Linkshänder-Noten brauchen. Er begann auf der ganzen Welt nach der Realisierung seiner Idee zu suchen. Anfangs nahm ihn niemand ernst. Jahrelang reiste er immer wieder in die USA, nach Holland und Italien sowie zur Frankfurter Musikmesse, um jemanden zu finden, der ihm einen Konzertflügel für Linkshänder bauen würde. Aber er stieß nur auf Ablehnung. Doch im Jahr 2000, als er gerade die Frankfurter Messe völlig frustriert und müde wieder verlassen wollte, fiel sein Blick auf einen Blüthner-Flügel und er dachte sich: »Mensch, du hast es überall probiert, aber nicht bei Blüthner.« Daher machte er noch kurz einen Abstecher, denn er kannte diese Instrumente noch aus Ungarn. Auf die Frage, ob es möglich sei, einen Linkshänder-Flügel zu bauen, antwortete der Geschäftsführer Knut Blüthner, der zufällig anwesend war: »Ja, natürlich. Das ist kein Problem.« In der Familie Blüthner gibt es nämlich viele Linkshänder, daher fand Losó Verständnis für seine Frage. Er konnte sein Glück kaum fassen. Mehr als 20 Jahre hatte er danach gesucht und nun fehlten ihm nur noch wenige Monate Geduld: Schon ein Jahr später, 2001, war sein Konzertflügel zum Preis von rund 45 000 Euro fertig. Der Konzertpianist Christopher

Seed war ein paar Jahre früher dran und orderte bereits 1997 einen Hammerflügel für Linkshänder bei der holländischen Firma Poletti und Tuinman in Utrecht.[99] 2009 ließ Losó – wieder durch die Firma Blüthner – auch ein Linkshänder-Klavier anfertigen. Dieses ist um einiges erschwinglicher und inzwischen in verschiedenen Variationen erhältlich. Losó verlegt auch als Erster Linkshänder-Noten für das Klavier. Er ist überzeugt, dass die passende Notation genauso wichtig ist wie das Instrument: »Ohne die entsprechenden Noten hat man einen Knoten im Gehirn.«

Die Links- und Rechtshänder-Noten von *Für Elise*

Hier sehen Sie zum Vergleich die ersten Takte von *Für Elise* für Links- und Rechtshänder. Klaviere und Klaviernoten für Linkshänder gibt es erst seit kurzer Zeit. Wie sieht es bei anderen Instrumenten aus? Lassen Sie uns der Frage nachgehen, wie linkshändige Musiker und Künstler das Problem bisher gelöst haben.

Musiker und ihre Instrumente

Nicht nur professionelle Musiker wie Géza Losó, uns alle berührt Musik wie kaum etwas anderes in der Welt. Denken Sie nur an einen guten Film – ohne Musik wäre er nicht annähernd so emotional. Musik baut Spannung auf, bringt uns zum Lachen, lässt uns weinen, begleitet uns in unseren schönsten Momenten und tröstet, wenn wir Beistand brauchen. Aber: Die Welt der Musik ist eine Welt der Rechtshänder. Zumindest, was die Instrumente angeht, denn sie sind für Rechtshänder konzipiert. Einzige Ausnahme ist das Waldhorn. Es spielt den Linkshändern im wahrsten Sinne des Wortes in die Hände, denn es wird mit links gespielt. Doch in kaum einem Orchester findet sich ein Linkshänder, der auf einem speziellen Linkshänder-Instrument musiziert. Es wird nicht nur befürchtet, dass sich die Musiker mit den Ellenbogen anrempeln – mit unabsehbaren musikalischen Folgen – oder sich aufgrund der unterschiedlichen Streichrichtung die Augen ausstechen, sondern auch, dass die Harmonie zwischen stimmigem Bild und homogenem Klang der Orchesterstimmen verloren ginge. Dies wäre quasi der Anfang vom Ende der abendländischen Orchesterkultur.[100]

Unter den größten Musikern und Künstlern tummeln sich viele Linkshänder. Charlie Chaplin, der sich wenig um Konventionen scherte, hielt die Geige einfach andersherum und führte den Bogen mit der linken Hand. Jimi Hendrix schrieb zwar mit rechts, doch spielte er Rechtshänder-Gitarren mit links, allerdings mit »andersherum« aufgezogenen Saiten auf neu montiertem Steg und Sattel.

Das Ausnahmetalent Hendrix konnte selbst mit seinen Zähnen Gitarre spielen. Kurt Cobain, Sänger und Gitarrist von Nirvana, schrieb ebenfalls mit rechts, spielte aber anders als Hendrix auf verschiedenen Linkshänder-Gitarren. Elizabeth Cotten, eine einflussreiche US-amerikanische Blues-Musikerin, drehte ihre Rechtshänder-Gitarre einfach um. So zu spielen wird übrigens nach ihr »Cotten picking« genannt.

Die Liste der linkshändigen Musiker – von Klassik bis Jazz – ist lang. Zu ihnen gehören Klaviervirtuosen wie Glenn Gould, aber auch gleich zwei Beatles: Sir Paul McCartney und Ringo Starr. McCartney spielt seit den frühen 1960er-Jahren Gitarre und E-Bass als Linkshänder in seitenverkehrten Versionen, während Starr als wahrscheinlich umgeschulter Linkshänder ein reguläres Schlagzeug für Rechtshänder nutzt. Seine Neigung, die Linke als Führungshand einzusetzen, macht seinen Sound für die Ewigkeit unverwechselbar. Phil Collins hingegen spielt Schlagzeug wie ein Linkshänder, sodass die einzelnen Teile des Schlagzeugs spiegelverkehrt angeordnet sind. Übrigens spielt er nicht nur mit links, sondern schreibt auch mit der linken Hand.

Anders als in der Welt der Rock- und Popmusik findet man in der klassischen Musikszene recht wenig Musiker, die ihr Instrument »andersherum« halten, doch es gibt Ausnahmen. Der Franzose Martial Gauthier verließ sich als Jugendlicher gegen alle Widerstände auf sein Gefühl, dass für ihn »verkehrt herum« das Richtige war. Der Geiger gewann Musikwettbewerbe mit links und blieb so den Juroren gut in Erinnerung. Er gründete das Castagneri-Quartett und spielt heute in verschiedenen Kammermusikensembles. Bemerkenswert ist die Leistung des 1886 geborenen österreichischen Konzertpianisten Paul Wittgenstein, der als junger Mann infolge einer Kriegsverletzung seinen rechten Arm verlor. Nach Kriegsende trainierte er seine linke Hand so intensiv, dass er seine Pianistenlaufbahn und Lehrtätigkeit erfolgreich fortsetzen konnte. Er beauftragte viele berühmte Komponisten, darunter Richard Strauss, Sergei Prokofjew oder Maurice Ravel, anspruchsvolle Werke nur für die linke Hand zu komponieren, die er uraufführte. Niccolò Paganini, der seine Geige »richtig herum« hielt, traut man aufgrund seiner Kompositionen zu, Linkshänder gewesen zu sein. Er spielte sein Instrument so virtuos, dass er als »Teufelsgeiger« in die Musikgeschichte einging. Auch um Beethoven und Mozart ranken sich Gerüchte, sich in den Klub der Linkshänder einzureihen, für die es aber bisher keine Belege gibt. Natürlich gibt es auch linkshändige Dirigenten. Der Brite Robin Ticciati, Chefdirigent des Deutschen Symphonie-Orchesters Berlin, schreibt mit links, dirigiert aber mit rechts. Donald Runnicles, Generalmusikdirektor der Deutschen Oper Berlin, ist wohl der einzige berühmte Dirigent, der den Taktstock mit der linken Hand schwingt.[101]

Die Annahme, dass es unter Musikern besonders viele Linkshänder gibt, ist weit verbreitet. Studien können diesen Mythos jedoch nicht klar belegen. Dennoch scheint es unter Musikern deutlich mehr »Linksohrer« zu geben. Ein linkes Führungsohr bei musikalischen Talenten wäre nicht verwunderlich, denn linkes Ohr und rechte Gehirnhälfte gelten in dieser Hinsicht als begabter. Erinnern Sie sich noch an Right Town? Genau, dort sind mehr Musiker zu Hause. Sie scheinen auch häufiger zur Linksäugigkeit zu tendieren. Wie viele Musiker tatsächlich Linkshänder sind, ist schwer herauszufinden. Deshalb haben wir mal einen Anfang gewagt und bei den Münchner Philharmonikern nachgefragt. Von den insgesamt 66 Streichern sind sechs Linkshänder. Drei von ihnen spielen Violine und jeweils einer Bratsche, Cello und Kontrabass. Von 18 Holzbläsern gehören drei zur Gruppe der Linkshänder. Unter den 18 Blechbläsern stufen sich ein Hornist, ein Trompeter und ein Posaunist als Linkshänder ein. Von den sieben Schlagzeugern und Paukern ist nur einer linkshändig. Insgesamt sind von den 109 Kollegen nach Selbsteinschätzung nur 13 Linkshänder. Diese Verteilung entspricht in etwa dem Verhältnis von Links- und Rechtshändern in der Gesamtbevölkerung: Bei den Münchner Philharmonikern sind rund zwölf Prozent der Berufsmusiker linkshändig, in Deutschland schätzungsweise zehn bis 15 Prozent der Menschen.

Houston, is there a problem?

Wenn Linkshänder also einfach ihre Gitarre umdrehen können, das Schlagzeug spiegelverkehrt aufbauen, auf einem spezialangefertigten Klavier üben oder im Streichquartett linkshändig spielen, kommt die Frage auf, ob es überhaupt ein Problem ist, in der Welt der Musik linkshändig zu sein.

Einige Musiker berichten über ihre nicht immer positiven Erfahrungen. So erzählte die erfolgreiche schottische Violinistin Nicola Benedetti 2010 in einem Interview, dass sie sich noch sehr gut an den Beginn ihres Geigenunterrichts erinnert: »Ich konnte nicht aufhören zu weinen, da ich ein schüchternes, kleines Mädchen war, auch noch Linkshänderin, und mein Instrument falsch herum hielt und mich dabei schrecklich unwohl fühlte.«[102] Trotzdem ist Benedetti heute eine sehr erfolgreiche Violinistin, die den Bogen mit rechts führt. Das Zweifeln hörte nicht auf – 2015 schrieb sie auf Twitter: »Ich frage mich, ob das Geigespielen angenehmer wäre, wenn ich gelernt hätte, als Linkshänder zu spielen.«[103]

Linkshändige Streicher, die mit rechts spielen, begleitet vereinzelt also ein Gefühl der Unsicherheit. Manche Musiker berichten auch von erhöhter Konzentrationsleistung und schnellerem Ermüden beim Musizieren, denn die Instrumente sind so gebaut, dass die linke Hand die Töne greift, während der Klang mit der bogenführenden rechten Hand erzeugt wird. Selbst wenn dies auf den ersten Blick nicht so scheint, erfordert die Bogenbewegung mehr Grob- und Feinmotorik – und ist mit einem höheren Krafteinsatz verbunden als beim Greifen der Töne. So ist es ebenfalls das Privileg der bogenführenden Hand, den Ton zu erzeugen und Gefühle und Emotionen auszudrücken.

Wenn jedoch die nicht dominante Hand den Bogen führt, kann sich ein Linkshänder musikalisch eventuell nicht so ausdrücken, wie er möchte. Einige Linkshänder wie Géza Losó haben beim Spielen auf einem Rechtshänder-Instrument das Gefühl, als gäbe es in ihrer Ausdrucksfähigkeit einen nicht zu lösenden Knoten, was sie verständlicherweise hemmt und ihre Lust am Spiel verringert. Musizieren soll schließlich Spaß machen, denn nur dann entwickelt man die erforderliche Motivation zum Erlernen eines Instruments, was ohne Frage mit Mühe und Fleiß verbunden ist. Das Aufgeben eines Instruments mag viele Gründe haben. Aber könnte es nicht sein, dass Linkshänder früher die Lust verlieren, ein Instrument zu spielen, weil sie nicht ihrer Händigkeit entsprechend musizieren – ohne den eigentlichen Grund dafür zu kennen? Daher stellt sich der US-Amerikaner Ryan J. Thomson in seinem Buch *Playing Violin and Fiddle Left Handed* die Frage, warum man denn mehr Zeit und Anstrengung für ein Instrument aufwenden sollte, um eine »ungeschickte« Hand für etwas zu trainieren, wenn doch eine geschicktere Hand vorhanden ist, die es viel leichter und schneller lernen könnte.[104] Doch wenige Musiklehrer würden bisher einem Linkshänder, zumindest bei einem Streichinstrument, zu einem Linkshänder-Instrument raten, weil es bis vor Kurzem kaum ein Thema war. Ist ein Instrument erst einmal gelernt, ist die Rückschulung sehr schwierig. Manche Linkshänder berichten von Schwindelgefühlen, wenn sie versuchen, den Bogen auf einmal doch mit ihrer dominanten Hand zu spielen: Das Gehirn hat sich bereits an die Bewegungsabläufe gewöhnt.

Zu den Ausnahmen zählt der Bratschist Jürgen Kussmaul. Nachdem er durch einen Unfall zwei Finger der linken Hand verloren hatte, wechselte er auf eine für die linke Hand umgebaute Bratsche und kehrte nach vielem Üben zu seinem früheren künstlerischen Niveau zurück.[105]

Vor- und Nachteile musikalischer Linkshänder

Die Frage, was denn nun besser sei – als Linkshänder mit seiner starken Hand zu spielen oder sich wie ein Rechtshänder zu verhalten –, lässt sich nicht ohne Weiteres beantworten. Reinhard Kopiez, Professor für Musikpsychologie an der Hochschule für Musik, Theater und Medien Hannover, hat die Händigkeit professioneller Musiker in einer mehrjährigen Studie untersucht. Schwerpunktmäßig erforschten er und sein Team, inwieweit die Lateralität des Gehirns Auswirkungen auf das Musizieren hat. Eine weniger stark ausgeprägte Lateralität könnte sich nämlich besonders bei Instrumenten, die beidhändig gespielt werden, wie beim Klavier oder bei Streichinstrumenten, durchaus positiv auf das Musizieren auswirken. Genau darauf weisen die Ergebnisse der Studie von 2010 hin. Je nach Instrument sind bis zu 40 Prozent der professionellen Musiker Links- oder Beidhänder. »Das ist etwa vier Mal so viel wie in der restlichen Bevölkerung«,[106] erläutert uns der Musikwissenschaftler im Interview. Allerdings wissen die Musiker oft selber nicht um ihre dominante Hand, denn der Anteil unter den Musikern, die sich selbst als Linkshänder bezeichneten, lag auch hier bei nur knapp zwölf Prozent – ähnlich wie bei unserer Feldforschung mit den Münchner Philharmonikern.

Kopiez legte seiner Studie die Right-Shift-Theorie zugrunde, die wir im vierten Kapitel schon kurz kennengelernt haben. Sie geht davon aus, dass es genetisch nur Rechtshänder und Nicht-Rechtshänder gibt. Zu den Nicht-Rechtshändern gehören die Links- oder Beidhänder, je nachdem wie stark die Lateralität ausgeprägt ist. Auch hier sind Beidhänder keine »echten« Beidhänder, da sich selbst bei ihnen die Präferenz einer Seite feststellen lässt.

Um ihre Händigkeit zu testen, klopften Musikstudenten mit aufgelegtem Handgelenk über 30 Sekunden lang auf einen Morsetaster, so schnell ihre Finger es vermochten. Bei diesem »Speed Tapping«-Test werden die Handleistungsdifferenzen ermittelt und somit festgestellt, welche Hand die schnellere, genauere und langsamer ermüdende und damit ziemlich sicher die dominantere Hand ist. Anhand dieser Daten lassen sich die Probanden dann in Rechts- oder Nicht-Rechtshänder einteilen.

Die Studie kam zu interessanten Ergebnissen. Besonders große Unterschiede fanden sich nämlich zwischen den Instrumentengruppen. Der Anteil der Nicht-Rechtshänder lag bei den Pianisten bei etwa 27 Prozent und bei Streichern sogar bei über 35 Prozent.[107]

Bei bestimmten Aufgaben, wie zum Beispiel beim Vom-Blatt-Spielen, waren die nicht-rechtshändigen Pianisten, also die Links- und Beidhänder, um etwa 20 Prozent besser, wie bereits eine Studie von Reinhard Kopiez aus dem Jahr 2006 ergeben hatte.[108] Daraus könnte man schließen, dass Linkshänder in der Musik sogar einen leichten Leistungsvorteil haben. Möglich wäre dies, da sie im Alltag – zwangsläufig in einer Rechtshänder-Welt – öfter ihre rechte Hand benutzen und sie somit geschickter und kräftiger wird. Vielleicht bringen manche »von Haus aus« eine weniger ausgeprägte Lateralität mit. Es zeigte sich ebenfalls, dass selbst bei linkshändigen Pianisten die rechte Hand immer die »bessere« ist. Das bedeutet, dass sie zum Beispiel mit ihr Tonleitern gleichmäßiger spielen können als mit ihrer linken Hand. Die Forscher führen dies allerdings auf das intensive Training der Muskulatur durch jahrelanges beidhändiges Üben zurück.

Außerdem fanden sich keine Nachteile für Linkshänder, die ein Streichinstrument rechtshändig spielen. Im Gegenteil: Die Linkshänder, die an dieser Studie teilnahmen, sahen ihre Händigkeit sogar als Vorteil und schätzten subjektiv ihre Ausdrucksfähigkeit besser ein. Es konnte nicht nachgewiesen werden, dass sich das Spiel von Linkshändern auf einem Rechtshänder-Instrument negativ auf das subjektive Wohlbefinden und Ausdrucksvermögen beim Musizieren auswirkt. Die Studie kam so zu dem Schluss, dass professionelle linkshändige Musiker keine Nachteile beim Spiel auf Rechtshänder-Instrumenten haben.[109] Dies sagt jedoch nichts darüber aus, wie es Amateuren geht, die nicht so viel Zeit ins Üben investieren, oder ob es in Einzelfällen auch mal anders abläuft und es »gute Gründe geben kann, andersherum zu spielen, weil das Gefühl nicht stimmt«, erklärt uns Kopiez. Generalisieren möchte er das aber nicht. Man müsse vorsichtig sein, von Einzelfällen auf eine ganze Gruppe zu schließen. Bei der Entscheidung für ein Linkshänder-Instrument müsse man daher gut abwägen, ob das Kind vielleicht Berufsmusiker werden will. Unabhängig von der Frage, wie die Orchester in Zukunft aussehen werden, ist der Erwerb eines historischen Instruments eine nicht zu überwindende Problematik, denn eine Stradivari gibt es nicht für linksspielende Geiger.

Abgesehen davon müsse zunächst einmal die tatsächliche Händigkeit geklärt werden. Von Händigkeitstests, die keine zeitkritischen Leistungsaufgaben enthalten, wie zum Beispiel der »Speed Tapping«-Test, hält Kopiez nicht allzu viel. Deshalb entwickelt er aktuell mit seinem Team vom Hanover Music Lab die *TApp*-App, damit bald jeder per Smartphone eine schnelle und zuverlässige Auskunft über die eigene Händigkeit erhalten kann.

Wie halte ich nun mein Instrument?

Bevor wir uns der Frage der richtigen Seite widmen, halten wir noch fest: Musik macht glücklich! Besonders glücklich, wenn man selber Musik macht. Es ist in jedem Fall empfehlenswert, ein Instrument zu erlernen, da es eine der besten Trainingsmöglichkeiten ist, die es für das Gehirn gibt. Durch kaum eine andere Tätigkeit wird es motorisch und emotional so gefordert. Ein Instrument zu spielen zählt zu den komplexesten Leistungen des menschlichen Gehirns, da zahlreiche Areale zeitgleich in Anspruch genommen und somit vorhandene Fähigkeiten weiter ausgebaut werden. Das gilt für das Notenlesen wie für das Auswendigspielen, das Hören und Überprüfen des eigenen Spiels, aber auch für Bewegungskoordination, Feinmotorik, Präzision, eigene Körperwahrnehmung oder die mit Musik verbundenen Emotionen.

Wenn Sie oder Ihr Kind als Linkshänder mit dem Gedanken spielen, ein Instrument zu erlernen, lohnt es sich zu überlegen, mit welchem Instrument man beginnen will und ob es »normal« oder andersherum gespielt wird. Zu diesem Thema hat Walter Mengler, selbst Cellist und Linkshänder, der den Bogen jedoch in der rechten Hand hält, ein Buch geschrieben, in dem er für das *Musizieren mit links* plädiert – wenn es sich wirklich besser anfühlt. Er beschreibt den hohen Stellenwert, den die dominante Hand beim Musizieren einnimmt. Anfängern rät er, durch Ausprobieren herauszufinden, wie man das Instrument halten möchte. Einen Hinweis für die passende Haltung kann auch das pantomimische Spielen bieten, das In-der-Luft-Musizieren. Mengler ist davon überzeugt, dass ein Umlernen in den ersten Wochen und Monaten noch problemlos möglich ist, selbst nach zwei oder drei Jahren noch; doch hier muss die Umschulung langsam erfolgen, sehr gut vorbereitet sein und begleitet werden. Musiziert man jedoch seit mehreren Jahren, vor allem auf einem Zupf- oder Streichinstrument, rät er – bis auf wenige Einzelfälle – grundsätzlich vom Umlernen ab, denn das ist für das Gehirn ein sehr anstrengender und schwerwiegender Vorgang und kann zu großen Irritationen führen. Er selber spielt wenige Minuten am Tag »falsch herum«, denn eigentlich fühlt er, dass sein Bogen in die linke Hand gehört.

Umlernen auf ein Klavier für Linkshänder mit Linkshänder-Noten scheint dagegen etwas einfacher zu sein. Grund hierfür könnten die exakt spiegelverkehrten Bewegungsmuster sein. Bei Blechblasinstrumenten scheinen die Hürden nicht allzu hoch zu liegen, im Gegensatz zu Holzbläsern, da hier die sehr schnellen und komplexen Fingerbewegungen stärker automatisiert sind.[110] In jedem Fall ist es sehr wichtig, sich Zeit zu nehmen und ganz ohne Druck an das Umlernen heranzugehen, sonst kann es schnell zu einer Überbelastung kommen. Probieren geht bekanntlich über Studieren.

In Finnland ist man zum Beispiel schon weiter – man lässt den Kindern beim Musizieren die freie Handwahl. Dort gibt es bereits ein Jugendorchester, in dem in jeder Streicher-Gruppe ein oder zwei Jugendliche auf einem Linkshänder-Instrument spielen.[111]

Dem Wunsch, Gitarre mit links spielen zu erlernen, stehen inzwischen nicht mehr so viele Hürden im Weg. Dank Jimi Hendrix und Kurt Cobain wird in der Popmusik heute viel entspannter und toleranter mit dem Thema umgegangen. Viele Gitarrenschüler werden schon auf einer Linkshänder-Gitarre unterrichtet – und es werden immer mehr – vielleicht bald nicht nur bei der Gitarre. Selbst spezielle Streichinstrumente, Blockflöten und Klarinetten für Linkshänder sind mittlerweile im Fachhandel erhältlich und können mancherorts ausgeliehen werden.

Keyboards für Linkshänder gibt es schon länger. Wem das aber nicht ausreicht, kann mittlerweile E-Pianos und echte Linkshänder-Klaviere erwerben. Sie erinnern sich an unsere Geschichte zu Beginn des Kapitels? Denn dies ist Géza Losó zu verdanken: Meine Frau sagt immer, Kinder sollen so Klavier spielen lernen, wie ihnen die Hände gewachsen sind.«

Das Kapitel auf einen Blick

- Ein Instrument, ob Geige oder Schlagzeug, mit der »richtigen« Hand zu spielen, kann ein ganz neues Musikerlebnis auslösen.
- Linkshändige Profimusiker, die auf einem Rechtshänder-Instrument spielen, haben nicht unbedingt Nachteile – aber es gibt Ausnahmen.
- Singen und ein Instrument zu spielen, ist auch ein sehr gutes Gehirntraining.
- Das Umlernen eines Instrumentes nach mehreren Jahren sollte sehr gut überlegt werden. Am besten sollte man sich auch hier vorher Rat und Unterstützung bei einem Fachmann holen.
- Ein Instrument mit links zu spielen, ist gar nicht mehr so ungewöhnlich wie noch vor ein paar Jahren.

Was Sie mit der anderen Hand ausprobieren können:

- Ihre Zähne putzen.
- Alle Verschlüsse von Flaschen, Gläsern oder Tuben auf- und zuschrauben.

- Ihre Haushaltsgeräte bedienen, vielleicht nicht gerade einen Plattenspieler.
- Haus- oder Wohnungstür ab- und aufschließen.
- Geld am Geldautomaten abheben.
- Nutzen Sie eine Stunde lang für alle Tätigkeiten, zum Beispiel auch fürs Naseputzen, Ihre nicht dominante Hand.
- Triangel spielen.

KAPITEL 10

UND WAS IST EIGENTLICH MIT SPORT?

Die Leichtigkeit der Seitigkeit

Erst belächelt, dann verehrt: Karl Mildenberger hat Sportgeschichte geschrieben. Er ist der einzige deutsche Boxer, der Muhammad Ali die Stirn bot – und verlor. Trotzdem feierten die Massen ihn als Helden, denn Karl Mildenberger hielt am 10. September 1966 im Frankfurter Waldstadion zwölf Runden im Ring durch. Zugetraut hatten sie ihm höchstens drei. Vor dem Kampf nannten ihn die Leute noch spöttelnd »Karl der Flache«, weil er ein paar Jahre zuvor seinen ersten WM-Kampf gleich in der ersten Runde durch K. o. verlor – doch danach hatte er sich seinen neuen Spitznamen »Karl der Große« trotz Niederlage redlich verdient. Er taumelte und wankte, ging aber nicht zu Boden, als der Ringrichter nach einer schweren Platzwunde über seinem linken Auge in der letzten Runde den Kampf beendete. Schwergewichtsweltmeister Ali, damals noch Cassius Clay, reckte die Fäuste in die Höhe, erleichtert, denn seine sechste erfolgreiche Titelverteidigung war zugleich sein härtester Kampf. Was ihm so zu schaffen machte, war Mildenbergers Rechtsauslage. Denn Karl Mildenberger ist Linkshänder – und als solcher zu boxen, war damals noch ziemlich ungewöhnlich. Mit »Southpaw«, der Südpfote, wie linkshändige Boxer und Baseball-Spieler in den USA genannt werden, hatte Ali einfach nicht gerechnet.

Die kleine Anekdote aus der Welt des Boxens zeigt: Im Sport haben es Linkshänder manchmal leichter. Sie haben hier nicht mit so vielen Problemen zu kämpfen wie in anderen Lebensbereichen. Denn im Sport kann man den Schläger halten oder den Ball werfen, dribbeln, schlagen oder schießen, wie man will. Wenige Ausnahmen bestätigen die Regel: Beim Polo muss der Schläger in der rechten Hand gehalten werden. Das soll nicht die Linkshänder diskriminieren, sondern diese Vorschrift macht das Spiel für Pferd und Mensch einfach sicherer. Beim Feldhockey sind keine Schläger für Linkshänder erlaubt. Der Ball darf ausschließlich mit der flachen linken Seite des Schlägers gespielt werden, so steht es im Regelwerk. Entscheidungsspielraum gibt es nur bei der Frage, welche Hand den Schläger oben und welche unten greift. So trainieren Hockeyspieler immer nur eine Seite, nämlich die rechte. Soll die linke fitter werden, können sie mit einem gespiegelten Schläger üben. Sobald sie aber wieder für ein offizielles Spiel auf dem Platz stehen, sind die speziellen Schläger nicht mehr erlaubt.

Sie kennen das bestimmt aus eigener Erfahrung: Im Sport spielt die Seitigkeit eine riesengroße Rolle. Es macht einen Unterschied, ob Sie mit links oder rechts werfen oder mit dem linken oder rechten Fuß abspringen. Haben Sie mal versucht, eine Pirouette zu drehen? Gar nicht so einfach, oder? Noch schwieriger wird es, wenn Sie eine Drehung in die entgegengesetzte Richtung ausprobieren – also nicht die, die sie automatisch gewählt haben. Profitänzern geht es nicht anders: Die Drehung klappt in eine Richtung immer besser als in die andere. Doch auf der Bühne ist Perfektion gefordert: Ballerinen, Musicalstars und Tänzer trainieren in jahrelanger harter Arbeit die perfekte Pirouette in beide Richtungen. Auch beim Surfen, Skifahren oder Skateboarden ist es nicht anders: Ob Amateur, Fortgeschrittener oder Profi – wir mögen immer eine Kurve lieber.

Manchmal landet der Schläger einfach aus Versehen in der »falschen« Hand, wie bei der Tennisspielerin Angelique Kerber: »Als Kind standen die Trainer ja gegenüber von mir. Da habe ich es so gemacht wie sie. Bei mir war es dann eben links, was bei ihnen rechts war.«[112] Anscheinend hat es sich richtig angefühlt: Obwohl Angelique Kerber mit rechts schreibt, ist sie als Tennis-Linkshänderin maximal erfolgreich. 2016 gewann sie gegen Serena Williams im Finale bei den Australian Open, ging im selben Jahr als Siegerin bei den US Open vom Platz und erreichte die letzte Turnierrunde in Wimbledon. Ähnlich ist es bei Phil Mickelson. Der US-Amerikaner ist einer der besten Golfspieler der Welt, berühmtester Lefty im Profi-Golf und eigentlich Rechtshänder. Als kleines Kind beobachtete Phil seinen Vater beim Golfen und lernte so den Bewegungsablauf spiegelverkehrt. Seinen Eltern fiel das zunächst gar nicht auf und als sie es bemerkten, war es zu spät. Sein Golfschwung mit links war so natürlich und perfekt, dass er dabei blieb.[113] Übrigens: Den Linkshändern unter den Golfern wird nachgesagt, einen besonders schönen, ja fließenden Schwung zu haben.

Obwohl der Anteil der Linkshänder an der Gesamtbevölkerung nur bei etwas mehr als zehn Prozent liegt, sind sie in den Weltranglisten mancher Sportarten überdurchschnittlich stark vertreten. Beim Tischtennis oder Fechten sind es zum Beispiel in der Weltspitze bis zu 30 Prozent.[114] Auch im Tennissport findet man viele erfolgreiche Linkshänder wie Angelique Kerber, Fernando Verdasco und Rafael Nadal, der schon seit zehn Jahren zu den Top-Ten-Spielern der Welt zählt. Bereits in den Achtzigern dominierten Linkshänder wie Martina Navratilova oder John McEnroe die Weltranglisten und waren bei ihren rechtshändigen Sportkollegen gefürchtete Gegner.

Nadal, der in seiner Profilaufbahn nur einen Trainer hatte, nämlich seinen Onkel Toni, hielt als Vierjähriger den Schläger bei der Vor- und Rückhand mit beiden Händen. Sein Onkel war frustriert, so spielte natürlich keiner der Weltklassespieler. Es musste eine

Entscheidung her. Sie übten den Aufschlag mit rechts und mit links. Doch »er konnte beides nicht«,[115] verrät Onkel Toni und erklärt, dass er seinem Neffen den Schläger schließlich in die linke Hand drückte, weil er Linksfüßer ist – der kleine Rafael schoss den Ball beim Fußball lieber mit links. Schreiben lernte Nadal mit rechts.

Im Profitennis fanden sich lange Zeit viele Linkshänder. Der Neuropsychologe David Holtzen untersuchte im Jahr 2000 die Platzierungen im Tennis von 1968 bis 1999 und stellte fest, dass die Weltrangliste in diesem Zeitraum zu über 30 Prozent von Linkshänderinnen und Linkshändern angeführt wurde. Auch unter den Top Ten und bei den Grand-Slam-Final-Teilnehmern tummelten sich verhältnismäßig mehr Linkshänder als in der Gesamtbevölkerung.[116]

2010 untersuchte ein Team am Lehrstuhl für Sportpsychologie an der Universität Münster, ob es bei den 500 besten Tennisspielern der Weltranglisten seit den 1970er-Jahren einen Zusammenhang zwischen ihrer Händigkeit und Platzierung gibt. Die linkshändigen Tennisspieler konnten sich früher während ihrer sportlichen Karriere besser behaupten als ihre rechtshändigen Kollegen.[117] Da denkt man schon mal nach, woran das denn liegen könnte, zumal auch in anderen Sportarten überdurchschnittlich viele Linkshänder vertreten sind. So soll im Boxsport jede oder jeder Dritte ein Linkshänder sein. Wie schon Karl Mildenberger 30 Jahre zuvor machte Henry Maske in den Neunzigern mit seiner Linken jedem seiner Gegner das Leben schwer. Könnten Linkshänder zum Beispiel durch eine tendenziell bessere Verknüpfung beider Gehirnhälften Vorteile haben und wenn ja, wie viele? Und wieso?

Warum Linkshänder in manchen Sportarten Vorteile haben

Bei Sportarten, bei denen man sich »face to face«, also unmittelbar gegenübersteht, wie beim Tischtennis, Tennis, Boxen oder Fechten, aber auch bei Mannschaftssportarten wie Fußball oder Handball, in denen man häufig in Zweikämpfe verwickelt wird, kehrt sich das vermeintliche »Handicap« tatsächlich ins Positive.

Doch woran liegt das? »Linkshänder haben in gewissen Sportarten Vorteile, indem sie von Überraschungseffekten profitieren, etwa beim Tischtennis oder Fechten. Sie können sehr schnell den sportlichen Gegner irritieren«,[118] erklärt Norbert Hagemann, Professor für Sportpsychologie an der Universität Kassel, im Interview. Denn Rechtshänder können die Bewegungen und die Schuss- oder Schlagrichtung von Gegnern, die Linkshänder sind, viel schwerer einschätzen, da sie bei Wettkämpfen nur selten auf sie treffen und sich daher durch unkonventionelle Angriffe leichter verwirren oder überrumpeln lassen. So zeigte Hagemann Tennisspielern Videoaufnahmen von Aufschlägen, Volleys oder Grundlinienschlägen von Rechts- und Linkshändern, die kurz vor dem Moment, in dem der Schläger den Ball berührte, angehalten wurden. Alle Probanden, Links- wie Rechtshänder, konnten viel besser vorhersagen, wohin der Schlag der Rechtshänder gehen würde. Bei den Linkshändern taten sich alle schwerer. Selbst wenn die Videosequenz eines Rechtshänders gespiegelt wurde, sodass sich dieser im Video in einen Linkshänder verwandelte, konnten seine Schläge ebenfalls schlecht eingeschätzt werden. Übrigens sind auch die Schüsse von Linksfüßern beim Elfmeterschießen im Fußball wesentlich schwieriger vorauszusagen. Lionel Messi oder Arjen Robben sind aber nicht nur deshalb sehr gefragt. Sie schießen – selbst ohne Elfmeter – viele Tore, und zwar mit links und rechts, was sie umso gefährlicher macht.

Linkshänder und -füßer sind also häufig aufgrund ihres unvorhersehbaren Spiels Angstgegner für ihre rechtshändigen Kontrahenten. Doch das ist noch nicht das Ende der Fahnenstange, der Rechtshänder muss sich im Duell mit einem Lefty noch mit weiteren Problemen herumschlagen. »Man kann sich das so vorstellen«, erläutert Hagemann, »die üblichen Spielmuster und Stärken, die man automatisiert hat, funktionieren gegen Linkshänder nicht. Sie stehen ja genau andersrum.«

Beim Badminton zum Beispiel wird überwiegend nur mit der dominanten Hand gespielt, Vor- und Rückhand werden mit derselben Hand ausgeführt – also nicht beidhändig – wie oft im Tennis. Wenn man mit der Rückhand schlagen muss, bekommt man rein mechanisch nicht so viel Kraft hinter den Ball. Deshalb versucht man möglichst oft, auf die Rückhand des Gegners zu spielen. Wenn man nun im Training überwiegend auf die rechte Seite des Gegners, also auf dessen Rückhand spielt und dann im Wettkampf auf einmal einem Linkshänder gegenübersteht, der nun gerade hier seine Schokoladenseite hat, schafft man es häufig nicht, sich schnell genug auf die ungewohnte Spielweise des Gegenübers einzustellen. Man kann sich nicht mehr auf seine Automatismen verlassen, sondern muss überlegen, wie man den Linkshänder auf dessen schwacher Seite erwischen kann, und ist somit häufig einen Tick langsamer. Wir erinnern uns: Linkshänder können die Bewegungen linkshändiger Gegner genauso schwer einschätzen wie ihre rechtshändigen Kollegen, denn auch sie verfügen nicht über ausreichende Erfahrungen mit linkshändigen Gegnern. Falls zufällig mal zwei Linkshänder in einem Match gegeneinander antreten, ist das für beide wahrscheinlich »the worst case«, und beide müssen improvisieren, denn ihr »Vorteil« ist hinfällig. Leftys treffen im Training sowie auf Turnieren oft genug auf Rechtshänder und können gut auf deren Spielweise reagieren.

Inzwischen stellen sich natürlich alle Spitzensportler durch individuelle und spezialisierte Vorbereitung auf ihre nächsten Turniergegner ein und trainieren zum Beispiel vor einem speziellen Match mit linkshändigen Spielern. So können sie den Linkshänder-Effekt zu einem gewissen Grad kompensieren. Waren Mitte der Achtziger- und Neunzigerjahre noch besonders viele Linkshänder im Tennis erfolgreich, ist ihr Anteil inzwischen wieder geringer geworden, was auch an den neuen Trainingsformen liegen könnte. Aber keine Sorge, wenn Sie als Linkshänder nächsten Samstag in Ihrem Tennisklub das Match gewinnen wollen. Bei den Amateuren haben linkshändige Spieler bestimmt immer noch einen Überraschungs-Vorteil.

Eine Studie des Sportwissenschaftlers Florian Loffing von der Universität Oldenburg zeigt, dass sich die Vorteile der Linkshänder gerade bei sehr schnellen Ballsportarten mit hohem Zeitdruck bemerkbar machen. So sind bei den Sportlern in der Weltrangliste bei Tischtennis, Cricket und bei den Werfern beim Baseball besonders viele Linkshänder in der Weltspitze zu finden.[119]

Bei der sehr schnellen Sportart Fechten bringt eine besondere Art der Lateralität einen speziellen Vorteil – und zwar für einige Links- und Rechtshänder. Wir wissen bereits, dass die meisten Sinneseindrücke von der gegenüberliegenden Gehirnhälfte analysiert werden. Bei den Augen verhält es sich jedoch etwas anders. Denn das, was sich in dem linken Teil unseres Gesichtsfelds befindet, wird von der rechten Gehirnhälfte wahrgenommen und umgekehrt.

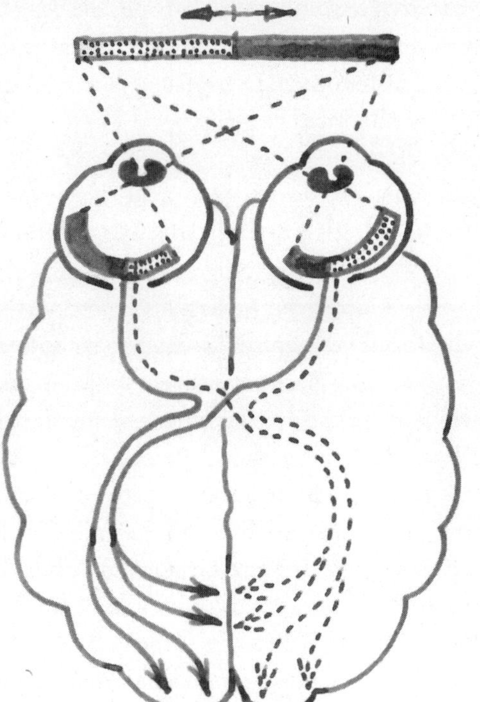

Wie unser Gehirn sieht

Wenn ein Sportler nun Linkshänder ist und über ein rechtes Führungsauge verfügt, ist dieselbe Gehirnhälfte sowohl für die Beobachtung der gegnerischen Aktionen verantwortlich als auch für das Reagieren der eigenen Hand bei Angriff wie Verteidigung. Dadurch kann er einen winzigen Moment schneller reagieren, da die Informationen nicht erst über den Balken ausgetauscht werden müssen. Bei einem Rechtshänder mit einem linken Führungsauge ist das natürlich genauso.[120]

Fassen wir die Vorteile für Linkshänder zusammen: Vom Überraschungseffekt profitieren sie besonders in sehr schnellen Ballsportarten, bei denen man sich gegenübersteht, da ihre Schläge und Würfe schwerer einzuschätzen sind. Zudem haben sie einen Vorteil durch die geringe Spielpraxis ihres Gegenübers mit Linkshändern, sodass ihre Gegner taktisch möglicherweise schlechter agieren – und aus Gewohnheit zu oft auf die Schokoladenseite spielen. Linkshänder sind also nicht grundsätzlich sportlicher, sondern können in bestimmten Disziplinen einen gewissen Vorteil genießen.

Sollen wir jetzt alle mit links sporteln?

Wenn es so viele erfolgreiche Linkshänder im Sport gibt, könnte man ja auf die Idee kommen, als Rechtshänder eine Sportart mit links zu lernen, um von diesen speziellen Vorteilen zu profitieren, oder es seinem Sprössling so beizubringen, damit der gefälligst den Wimbledon-Pott nach Hause holt! »Aber das ist natürlich ein Irrglaube, denn vor allem geht es um das positive Gefühl beim Sport. Der Glaube an die eigene Stärke ist viel wichtiger für den Erfolg«, erklärt Sportpsychologe Norbert Hagemann. Wenn ein Sportler merkt, dass er gut zurechtkommt und erfolgreich mit seiner Trainingsausführung ist, dann sammelt er positive Erfahrungen und die sind viel wichtiger als die Überlegung, ob man als Linkshänder eventuell einen Vorteil von einigen Prozent hätte. Fakt ist ja: Es gibt auch viele Rechtshänder, die es an die Weltspitze schaffen.

Und immer noch sind sie in jeder Sportart deutlich in der Überzahl. Deshalb ist es keine so gute Idee, auf Teufel komm raus mit links zu sporteln! Man sollte ein Kind bloß nicht, nur wegen eines möglichen Vorteils mit links, in seiner Entwicklung durcheinanderbringen.

Die Händigkeit ist natürlich bei jeder Person ganz unterschiedlich ausgeprägt. Einige Sportler sind sehr stark lateralisiert, ihre rechte Seite ist zum Beispiel sehr deutlich ausgeprägt. Da fällt sofort auf, dass das mit links gar nicht funktionieren würde. Der Vielfalt sei Dank, es gibt natürlich Menschen mit einer schwächeren Lateralisierung. Hier könnte man durchaus mal sagen: Okay, probiere das doch mal mit der anderen Hand aus oder versuch es mit dem anderen Fuß, etwa beim Hochsprung oder Weitsprung, und schau, ob's besser passt. Es kommt immer auf die einzelne Person an. Wenn man den Eindruck hat, der Sportler ist experimentierfreudig, neugierig auf die eigene Stärke, und man hat als Trainer das Gefühl, ein solches Experiment passt zu ihm, kann man das ruhig mal ausprobieren. »Vielleicht kommt ja was Gutes dabei raus!«, meint Hagemann.

Aber warum gibt es dann überhaupt Rechtshänder, wie Rafael Nadal oder Angelique Kerber, die so gut mit der linken Hand spielen? Tino Stöckel vom Institut für Sportwissenschaft an der Universität Rostock geht davon aus, dass bei diesen Spielern so etwas wie eine *dynamische Spezialisierung* existiert. Diese zeigt sich in der persönlichen Wahrnehmung oder in dem positiven Empfinden, dass eine Bewegung, die mit der eigentlich nicht dominanten Körperseite verknüpft ist, sich »richtig« anfühlt. »Inzwischen geht man ja bei der Händigkeit sowieso nicht mehr von einer robusten, inhärenten Persönlichkeitseigenschaft aus, nach dem Motto: Ich mache halt immer alles nur mit einer Hand«,[121] erklärt uns der Sportwissenschaftler im Interview. Es sei natürlich möglich, Hände und Beine aufgabenspezifisch zu gebrauchen. Das kann selbst bei Rechtshändern auch mal links sein. Das nennt man dann eine funktionelle Spezialisierung im Gehirn, bei der je nach Aufgabe eher die eine oder die andere Hand einen Vorteil haben kann. Im Gehirn werden bei jeder Aktion immer beide Gehirnhälften angesprochen. »Selbst wenn ich mit der rechten Hand schreibe, ist eine entsprechende Bewegungsrepräsentation im motorischen Cortex auf der linken Seite aktiviert, aber eben unterschwellig«, so Stöckel. Deshalb wirke sich das Training der nicht dominanten Hand ebenso auf die andere Seite aus. Bei einer koordinativen Aufgabe, die stärker durch Denkprozesse geprägt ist, zeige sich das natürlich etwas mehr als bei einer Kraftaufgabe, bei der es auf die Muskeltätigkeit ankommt. Der Sportexperte ist überzeugt: »Ich mach nichts kaputt im Gehirn, wenn ich mal mit der anderen Hand spiele. Es muss nicht alles konsistent sein, sondern es kann von Aufgabe zu Aufgabe wechseln. Und ich kann davon profitieren, beide Hände systematisch in den Trainingsprozess einzubinden.«

Was wir für unser Training lernen können

In manchen Sportarten profitieren Rechtshänder sogar vom Training mit der linken Hand. Solch spannende Erkenntnisse lassen sich etwa aus der Spielweise im Basketball gewinnen, denn rasend schnell wechseln die Spieler beim Dribbeln immer wieder die Hände, weichen so Gegnern aus und zielen auf den Korb. Jeder vierte Korbwurf wird sogar mit links ausgeführt. Man könnte meinen, unter ihnen befänden sich besonders viele Linkshänder, aber das ist nicht der Fall.

Im Rahmen einer gemeinsamen Studie verglichen Tino Stöckel und der Paderborner Sportpsychologe Matthias Weigelt Videoaufnahmen von Basketballspielern auf unterschiedlichem sportlichem Niveau. Dabei zeigte sich: Je erfolgreicher ein Basketballer spielt, desto öfter mit links. Durch ihr Training werden diese Profis quasi zu »Beidhändern«, da beim Dribbeln fast die Hälfte der Zeit ihre vermeintlich »schwache« Hand aktiv ist. Amateure nutzen sie dagegen nur zu 18 Prozent. Auch beim Korbwurf sind die Profis mit beiden Händen ähnlich erfolgreich.[122] Insgesamt zeigt sich, dass die

Geschicklichkeit der nicht dominanten Hand durch frühes und eifriges Training deutlich gesteigert werden kann.

Bei einer Fragebogenstudie stellte sich jedoch heraus, dass sich die verblüffende Beidhändigkeit von Basketballspielern im Wettkampf zeigt, sich aber kaum auf ihren Alltag auswirkt.[123] Das deutet darauf hin, dass die Händigkeit aufgabenspezifisch moduliert werden kann. Insgesamt belegt die Studie von Tino Stöckel und Matthias Weigelt, dass man durch langjähriges beidseitiges Training auch seine »schwache« Hand enorm stärken kann und wie plastisch, also wie formbar oder entwicklungsfähig, unser Gehirn ist.

Es gibt noch weitere interessante Fakten: Wenn man bestimmte Aufgaben mit der rechten Hand trainiert, übt die linke Hand gleich mit. Umgekehrt übrigens auch. Dies hat Stöckel in zwei Studien beim Hand- und Basketballspielen herausgefunden, an der rechtshändige Schulkinder teilnahmen.[124] Jeweils eine Gruppe der Kinder begann das Handball-Training mit der rechten und die andere Gruppe mit der linken Hand. Es zeigte sich, dass die Kinder, die kraftvolle Würfe mit ihrer dominanten Hand geübt hatten, gleichzeitig die nicht dominante Hand signifikant mittrainierten – ohne extra Training. Bei den Kindern, die mit ihrer linken Hand gestartet waren, ließ sich dagegen keine Verbesserung bei der rechten Hand feststellen. Der umgekehrte Effekt zeigte sich bei den Kindern, die einen präzisen Wurf auf einen Korb erlernen sollten. Dort waren die Kinder im Vorteil, die mit ihrer linken Hand zu üben begannen – sowohl für die Leistung der rechten als auch der linken Hand. Ganz ähnlich wie beim präzisen Wurf sah es bei einer anderen Aufgabenstellung aus dem Basketball aus. Mussten die Kinder zum Beispiel um Slalomstangen dribbeln, war es für alle vorteilhafter, das Training mit ihrer linken, »schwächeren« Hand zu beginnen, denn dadurch wurde die »stärkere« Hand noch stärker – ohne sie aktiv zu trainieren. Daher rät Stöckel Jugendtrainern sogar, bei vergleichbaren sportlichen Bewegungsabläufen, das heißt, wenn präzise, hoch koordinative Bewegungen eingeübt werden sollen, das Training mit der linken Hand zu beginnen. Der Grund für diesen ungewöhnlichen, doch Erfolg versprechenden Trainingsansatz ist, dass bei jeder Bewegung auch die nicht direkt angesprochene Gehirnhälfte ein wenig mitlernt. Für alle Bewegungsabläufe existiert also eine »schwächere Kopie« in der gegenüberliegenden Seite. An der Studie nahmen, wie erwähnt, nur rechtshändige Kinder teil, doch es ist davon auszugehen, dass sich ein solcher Effekt auch bei Linkshändern einstellt.

Wird bei Kindern diese Spezialisierung einzelner Lernprozesse frühzeitig angesprochen, bekommen sie eine bessere Vorstellung ihrer Bewegungsabläufe, da sich im Hirn eine effektivere Repräsentation dieser Bewegung entwickelt. Tino Stöckel ist überzeugt, dass die Lateralisierung des Gehirns im Sportunterricht sowie im Training der Berufssportler noch viel mehr Beachtung finden sollte.

Und er hat noch etwas Erstaunliches festgestellt. Er spielt gerne Darts. Obwohl er Rechtshänder ist, wirft er die Dartpfeile mit der linken Hand, da ihm das so viel präziser gelingt. Entsprechend der Theorie der Hemisphärenspezialisierung des Gehirns ist Stöckel überzeugt, dass seine rechte, von der linken Gehirnhälfte gesteuerte Hand zwar einen dynamischeren und kräftigeren Wurf hinbekommt, seine linke Hand aber bei der relativ geringen Distanz von knapp drei Metern hinsichtlich Orientierung und Präzision einfach besser ist. Auch der Darts-Profi Kevin Münch ist eigentlich Rechtshänder und wirft doch mit links. Von diesem Wissen kann man also profitieren, wenn es um ein aufgabenspezifisches Training und die flexible und effektive Nutzung beider Hände geht.

Unsere Hände können noch mehr. Wie man automatisierte Bewegungsabläufe unter Stress und Druck besser ausführen kann, wurde in einer Studie unter der Leitung des Sportpsychologen Jürgen Beckmann von der Technischen Universität München herausgefunden. Für diese Analyse wurden wieder nur Rechtshänder untersucht, da bei ihnen die einzelnen Regionen im Gehirn besser lokalisierbar sind. Ein Ergebnis der Analyse: Vor dem Spiel oder im Wettkampf, etwa vor einem Freiwurf oder Elfmeter, hilft es, einen kleinen Ball mit der linken Hand zu drücken – das funktioniert besonders gut bei Sportarten, bei denen es auf komplexe Bewegungsabläufe und die Genauigkeit ankommt, wie beim Fußball oder Golf.

Warum ist das so? Durch diese Handbewegung werden Areale in der rechten Gehirnhälfte aktiviert, die auf die Ausführung automatisierter Bewegungsabläufe spezialisiert sind. Ein positiver Nebeneffekt dabei ist, dass durch das Zusammendrücken des Balls gleichzeitig Bereiche in der linken Gehirnhälfte gehemmt werden, die für das bewusste, sprachliche Nachdenken über Bewegungsabläufe zuständig sind. Gut zu wissen, dass es in solchen Stresssituationen darum geht, sich auf sein Können zu verlassen und nicht bewusst über bestimmte Bewegungsabläufe oder Empfehlungen nachzudenken. Sportpsychologe Beckmann zieht aus diesen Erkenntnissen auch Nutzen für den Alltag: »Ältere Menschen konzentrieren sich aus Angst vor einem Sturz oft zu bewusst auf ihre Bewegungsabläufe. Rechtshänder könnten ihr Gleichgewicht verbessern, wenn sie etwa vor dem Treppensteigen ihre linke Hand zusammenballen.«[125] Das gilt übrigens auch für unseren kleinen Elfmeter-Trick, den wir gerade verraten haben: Gibt es gerade keinen kleinen Ball, den Sie drücken können, ballen Sie einfach Ihre linke Hand zur Faust und schon klappt es mit dem Tor. Vielleicht. Falls Sie nun als Linkshänder enttäuscht sind, dass Sie nicht von den Studienergebnissen profitieren: Probieren Sie doch einfach mal aus, ob Sie einen ähnlichen Effekt spüren, wenn Sie einen Ball in Ihrer rechten oder linken Hand drücken.

Sport hilft Hirn

Ob mit links oder mit rechts, Sport lohnt sich immer, denn Bewegung hält nicht nur den Körper, sondern auch das Gehirn – und zwar beide Hälften – fit! Im Sport sollte grundsätzlich immer die Hand im Einsatz sein, mit der man sich wohler fühlt. Für spezielle Trainingszwecke kann natürlich ebenso die nicht dominante Hand ins Spiel kommen, wie wir bereits gesehen haben.

Es macht sowieso Sinn, nicht nur die Hände, sondern auch Körper und Köpfchen zu trainieren, wie zahlreiche Studien zum Thema *Life Kinetik* belegen. Life Kinetik ist ein spielerisches

Gehirntraining, bei dem man gleichzeitig seine Koordination und Wahrnehmung verbessert. Bei diesem Training werden fast immer beide Körperseiten angesprochen und motorische mit kognitiven Aufgaben spielerisch kombiniert. Es gibt Tausende Variationen. Bei einer Aufgabe muss man zum Beispiel zwei Bälle senkrecht nach oben werfen und sie mit überkreuzten Armen wieder fangen. Hört sich leichter an, als es ist. Jede Übung wird nur so lang ausgeführt, bis von zehn Versuchen drei bis vier einigermaßen gelingen. Dann wird die Schwierigkeitsstufe sofort erhöht. Viele Sportler schwören auf diese spezielle Trainingsart. So konnte der Skifahrer Felix Neureuther im Winter 2007/2008 alle Rennen erfolgreich beenden, nachdem er im Jahr zuvor bei über 60 Prozent der Wettbewerbe ausgeschieden war. Zum großen Teil führt er diesen Erfolg auf das neue Training zurück. Borussia Dortmund gewann zweimal in Folge die Deutsche Meisterschaft, nachdem Jürgen Klopp die anspruchsvollen Übungen ins Training integriert hatte. Daneben gelang dem Verein der Einzug ins Champions-League-Finale.[126]

Zudem zeigten Studien, dass sich Life Kinetik auch positiv auf die Konnektivität, also die Verknüpfung mehrerer Gehirnregionen, auswirkt. Für Schüler haben die Übungen einiges in petto. 2011 untersuchte Florian Feltes, wie sich das Training auf die motorische und kognitive Leistungsfähigkeit von Kindern zwischen elf und zwölf Jahren auswirkt. Dabei ging es ziemlich rund: Getestet wurden Gleichgewichts- und Reaktionsfähigkeit, räumlich-visuelle Aufgaben, rechnerisch-mathematische Fähigkeiten, Gedächtnisleistung, logisches Schlussfolgern, Wortflüssigkeit und noch vieles mehr. An allen Schultagen wurde nach einer einminütigen Aufwärmphase fünf Minuten lang ein Life-Kinetik-Training durchgeführt. Der zeitliche Aufwand war also nicht sonderlich hoch. Doch die kognitive und motorische Leistungsfähigkeit verbesserte sich dabei um über 15 Prozent und die Konzentrationsfähigkeit um etwa 77 Prozent. Auch eine an der Universität Augsburg zu Life Kinetik durchgeführte Untersuchung von Christian Haas konnte nachweisen, dass Schülern elf Trainingseinheiten zwischen 15 und 45 Minuten innerhalb von drei Wochen ausreichten, um weit überdurchschnittliche Ergebnisse bei einem bayernweiten Mathematiktest zu erzielen.[127]

Eine weitere Möglichkeit, seine Fähigkeiten auszubauen, ist das Jonglieren. Es ist mit drei Bällen – anders als vielleicht erwartet – recht leicht zu erlernen und hat erstaunliche Effekte. Neben einer entspannenden Wirkung macht es nachweislich sogar schlauer, denn durch die Jonglier-Bewegungen wird ein Protein gebildet, das für die Entstehung neuer Gehirnzellen zuständig ist. Körper und Hirn werden durch die ruhigen und konzentrierten Bewegungen gut durchblutet, das Hirn erhält mehr Sauerstoff und da beide Hände aktiv sind, müssen die beiden Hirnhälften zusammenarbeiten und sich abstimmen. Der Balken wird hier also richtig gefordert.[128] Und das Ganze verbessert nicht nur unsere Wahrnehmung, sondern macht Spaß und schafft Selbstvertrauen.

Da Bewegung so viele positive Effekte hat, sollte die Ausführung in jedem Fall Spaß machen. Wenn man immer die »falsche« Hand oder den »falschen« Fuß nutzt, könnte sich das generell negativ auf Bewegungsabläufe auswirken und somit zu Problemen führen. So sollte bei linkshändigen Kindern darauf geachtet werden, dass sie nicht nur mit links schreiben, sondern auch mit links werfen oder dribbeln dürfen.

Im Sport stellt sich für die Lehrkräfte oder Trainer manchmal die Frage, wie man einen Bewegungsablauf am besten demonstriert, sodass er sowohl für Links- als auch Rechtshänder gut verständlich ist. Tatsächlich lernen die meisten Schüler am besten, wenn ihnen etwas spiegelbildlich vorgemacht wird. Um eine Wurfbewegung für Rechtshänder zu zeigen, sollte ein rechtshändiger Trainer den Ball in die linke Hand nehmen, wenn er frontal vor den Schülern steht. Für die Linkshänder bleibt der Ball ganz einfach in der rechten Hand des Trainers.

Eine wichtige Frage ist noch ungeklärt: Hat die Linkshändigkeit Einfluss auf die Noten im Schulsport? Ja! Doch leider keinen positiven – das zeigt zum Beispiel eine Untersuchung aus dem Jahr 2009. Hier wurde ein mit der linken Hand ausgeführter Korbleger signifikant schlechter bewertet als der mit der rechten Hand ausgeführte Wurf.[129] Und das, obwohl es sich um dieselbe Bewegung handelte, die einfach nur digital gespiegelt worden war. Sportpädagogen sollten deshalb darauf achten, vorurteilsfrei zu benoten, damit alle Kinder im wahrsten Sinne des Wortes am Ball bleiben. Sport fordert uns und hält uns fit. Dabei soll der Spaß nicht zu kurz kommen und darum ist es so wichtig, dass es sich »richtig anfühlt« – ganz gleich ob mit links, rechts oder beiden Händen und Füßen.

Das Kapitel auf einen Blick

- Achten Sie darauf, dass Sie bei jeder Sportart die Vorteile Ihrer Lieblingsseite nutzen.
- In Sportarten, bei denen Sportler interagieren und es besonders auf Schnelligkeit ankommt, können Linkshänder Vorteile haben.
- Trainieren Sie Bewegungsabläufe, bei denen es um Präzision und Orientierung im Raum geht, zuerst mit der linken Hand.
- Für Rechtshänder gilt beim Sport: Durch das Zusammendrücken eines kleinen Balls mit der linken Hand kann die Möglichkeit, unter Druck zu versagen, verringert werden.

Was Sie ausprobieren können

- Wärmen Sie sich beim nächsten Tischtennisturnier mit dem Schläger in der nicht dominanten Hand auf.
- Beim nächsten Kneipenbesuch können Sie das auch beim Darts ausprobieren. Achten Sie dabei aber bitte auf ausreichend Sicherheitsabstand zu den Mitspielern und zum Publikum.

- Manege frei! Schnappen Sie sich drei Bälle und versuchen Sie sich im Jonglieren. Natürlich dürfen Sie auch erst einmal mit zwei Kartoffeln starten.

KAPITEL 11

REINE ÜBUNGSSACHE

Übung macht den Meister

Wie wichtig es für unser Hirn ist, dass wir ein Instrument lernen oder Sport machen, haben wir gerade ausführlich gelernt. Für all diejenigen, die angeblich keine Zeit für ein Instrument haben oder das mit dem Sport auf später vertagen, weil der innere Schweinehund immer noch größer ist als der Rettungsring um die Hüfte, haben wir eine Handvoll Übungen vorbereitet, mit denen Sie direkt loslegen können. Sie entdecken bestimmt viel Neues. Die Übungen sind für Sie genauso wie für Ihr Kind geeignet. Gemeinsam übt es sich ohnehin immer am allerbesten, denn es macht einfach mehr Spaß. Schnappen Sie sich also einen Trainingspartner, wenn Sie Lust haben. Mit den folgenden Übungen bringen Sie nicht nur Ihre beiden Gehirnhälften in Schwung, sondern tun auch noch etwas für Ihre Entspannung. Los geht's!

Die liegende Acht

Eine um 90 Grad gekippte Acht kennen die meisten wohl noch aus dem Mathematikunterricht: Sie ist das mathematische Zeichen, mit dem Unendlichkeit symbolisiert wird:

$$\infty$$

Wer in Mathe eine Eins auf dem Abi-Zeugnis hatte, weiß vielleicht sogar, dass eine schleifenförmige geometrische Kurve in Form einer Acht Lemniskate genannt wird. Dieser Begriff stammt aus dem Griechischen und ist dem Wort für Schleife entlehnt. Doch das Symbol wird auch außerhalb der Mathematik verwendet. Wer genau hinschaut, kann die gekippte Acht als Markenzeichen entdecken – wie zum Beispiel bei der Instagram-App *Boomerang* oder dem

amerikanischen Unternehmen *Infinity* (engl.: »Unendlichkeit«), das sich auf Lautsprecher spezialisiert hat. Diejenigen, die sich regelmäßig die Karten legen lassen, um einen Blick in die Zukunft zu wagen, werden das Symbol außerdem kennen, denn es taucht gleich auf zwei Tarot-Karten auf: »Der Magier« und »Kraft«. In diesem Zusammenhang steht die gekippte Acht für Ganzheit. Wagemutige Piloten können mit ihrem Flugzeug das Unendlichkeitszeichen sogar in den Himmel fliegen. Für die Kunstfigur, die im Englischen »Lazy Eight« – faule Acht – heißt, müssen die Piloten gleich mehrere anspruchsvolle Manöver kombinieren. Doch für unsere Zwecke interessiert uns das Symbol in seiner Bedeutung als »Liegende Acht«. Für viele Heilpraktiker, Montessori- und Waldorfschul-Lehrer, Ergo- und Physiotherapeuten, Anthroposophen und Experten der Kinesiologie (Bewegungswissenschaft) ist sie fester Bestandteil ihrer Arbeit.

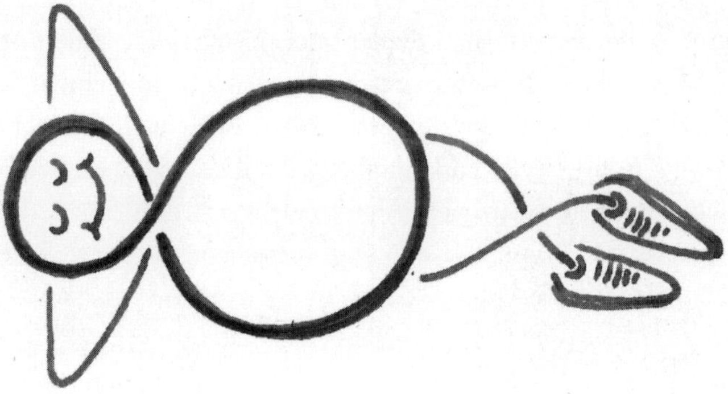

Die Lazy Eight

Wer glaubt, dass die »Liegende Acht« esoterischer Hokuspokus ist, braucht bloß einmal das Krabbeln von Kleinkindern zu beobachten: Hier werden unbewusst viele Überkreuzbewegungen ausgeführt. Diese Phase der Fortbewegung ist wichtig für die weitere gesunde Entwicklung eines Kindes. Denn Krabbeln trainiert nicht nur die Muskulatur und ist die perfekte Vorbereitung für das spätere Laufenlernen, sondern das abwechselnde Bewegungsspiel mobilisiert auch gleichzeitig beide Gehirnhälften. Sprich: Wer als Kind geschickt gekrabbelt ist, hat schon früh den Grundstein für eine stabile Verbindung zwischen Right und Left Town gelegt, die später wichtig ist, um Lesen und Schreiben zu lernen. Sie oder Ihr Kind sind nicht gekrabbelt? Das ist erst mal überhaupt kein Anlass zur Sorge. Die wichtigen Überkreuzbewegungen lassen sich auch beim Tanzen, Spielen oder Musizieren lernen – oder eben mit der »Liegenden Acht« trainieren. Es gibt unzählige Übungen für alle Altersgruppen. Wir stellen Ihnen drei vor:

Brumm, brumm, das Auto fährt herum

Diese Übung eignet sich besonders gut, um bei Kindern die Überkreuzbewegungen zu üben. Zeichnen Sie dafür eine große »Liegende Acht« auf ein Blatt Papier oder mit Kreide auf den Asphalt. Das Kind darf dann mit der Lieblingshand und einem kleinen Spielzeugauto oder auch einem großen Rutschauto die schleifenförmige Rennstrecke entlangfahren. Hui, da wären wir gern auch noch mal Kind!

Yoga für die Augen

Diese Variante ist ein echter Alleskönner: Sie trainiert die Augenmuskulatur und hilft Ihnen, im Alltag zu entspannen. Sie brauchen dafür am besten einen Trainingspartner und einen kleinen auffälligen Gegenstand – ideal ist ein Stift mit bunter Kappe oder eine kleine Fingerpuppe, falls Sie auch ein Kind zum Mitmachen animieren wollen. Halten Sie den Gegenstand etwa eine Armlänge entfernt vor die Augen und zeichnen Sie damit eine »Liegende Acht« in die Luft. Beide Augen müssen der Bewegung folgen. Je nachdem welches Auge dominiert, gelingt die Kurve auf einer Seite besser.

Doch für räumliches Sehen und die Fähigkeit, auch schnellen Bewegungen (zum Beispiel beim Sport) folgen zu können, brauchen wir zwei starke Augen, die mit dieser Übung trainiert werden. Wechseln Sie die Richtung, damit die Augen in beide Richtungen »laufen« müssen. Sie können allein trainieren, indem Sie den Arm ausstrecken und mit dem Blick Ihrem Zeigefinger folgen. Doch wenn Sie zu zweit üben, können Sie besser darauf achten, was die Augen Ihres Gegenübers machen.

Um Kraft zu tanken, brauchen Sie definitiv keine Hilfe von außen. Schließen Sie einfach die Augen und folgen Sie dann langsam mit geschlossenen Lidern der »Liegenden Acht«. Ganz gleich, ob Sie sich dafür in Ruhe auf das Sofa legen oder in der U-Bahn einmal kurz abschalten wollen: Diese Übung hilft Ihnen, sich zu entspannen, und fördert zugleich noch Ihre Gehirnaktivität.

Barfuß ins Glück

Ziehen Sie Socken und Schuhe aus und zeichnen Sie mit dem Fuß das Symbol für Unendlichkeit in den Sand. Wenn aus unerklärlichen Gründen gerade kein Sand weit und breit zu finden ist, geht es natürlich auch auf einem gewöhnlichen Fußboden. Achten Sie darauf, dass Sie dabei am besten die Körpermitte kreuzen. Diese Übung bringt beide Hirnhälften in Schwung – und verschafft Ihnen einen Moment der Harmonie! Denken Sie beim nächsten Strandbesuch daran!

Bei Müllers hat's gebrannt!

Regt sich etwas in Ihrem Unterbewusstsein? Kennen Sie noch das gute alte Klatschspiel aus Kindheitstagen? Ja? Perfekt! Nein? Dann haben Sie etwas verpasst. Denn Klatschspiele für flinke Finger fördern Feinmotorik, das Sprach- und Rhythmusgefühl. Wir haben ein klassisches Klatschspiel wiederentdeckt, das Sie mit Ihren Kindern, Nichten und Neffen oder Enkeln einmal ausprobieren können.

Kein Nachwuchs in Sichtweite? Macht nichts. Schnappen Sie sich einfach Ihren Partner, die beste Freundin oder den Bürokollegen in der Mittagspause. Das rhythmische Klatschen macht nämlich auch Erwachsenen Spaß. So funktioniert es:

Bei Mül-lers hat's ge-brannt, -brannt, -brannt,
da bin ich hin-ge-rannt, -rannt, -rannt,
da kam ein Po-li-zist, -zist, -zist,
der schrieb mich auf die List, List, List,
die List fiel in den Dreck, Dreck, Dreck,
da war mein Na-me weg, weg, weg,
da lief ich schnell nach Haus, Haus, Haus,
und die Ge-schicht war aus, aus, aus.

Stellen Sie sich gegenüber und klatschen dann pro Textzeile nach diesem Rhythmus:

1 x in die eigenen Hände
1 x in die rechten Hände gegeneinander
1 x wieder in die eigenen Hände
1 x in die linken Hände gegeneinander
1 x erneut in die eigenen Hände
3 x beide Hände gleichzeitig in die jeweils gegenüberliegende Hand gegeneinander[130]

Gar nicht so leicht, oder? Geben Sie nicht gleich auf, wenn Ihnen das Klatschspiel nicht von Anfang an gelingt. Mit jedem Versuch klappt es bestimmt besser.

Die Brezelherzen

Sie fragen sich, was Brezelherzen sind? Nun, die haben wir uns ausgedacht. Sie sind eine kleine Hommage an Christianes Heimatstadt München und die ideale Schwungübung. Dafür brauchen Sie

Die Brezelherzen

lediglich zwei, drei Blätter Papier, einen Bleistift und dann können Sie auch schon loslegen:

Zeichnen Sie für den ersten Teil der Übung diese drei Figuren ab, und zwar bitte nicht maßstabsgetreu, sondern möglichst groß – quasi XXL-Brezelherzen. Sie dürfen dafür auch die Vorder- und Rückseite eines Blattes benutzen, denn Sie müssen nicht alle drei Symbole auf eine Seite quetschen. Nun beginnen Sie mit dem Bleistift in der rechten Hand konzentriert die Linie der ersten Figur entlangzufahren. Wie ging es Ihnen dabei? War es anstrengend, weil Sie eigentlich Linkshänder sind? Oder fühlte es sich selbstverständlich an, weil Sie zu den Rechtshändern gehören? Als Nächstes wechseln Sie bitte die Hand und zeichnen Sie die gleiche Linie mit dem Stift in der linken Hand nach. Wie war es diesmal? Unbequem, weil Sie Rechtshänder sind? Oder haben Sie sich dabei trotzdem wohlgefühlt? Oder war es für Sie als Linkshänder einfach eine selbstverständliche Aufgabe? Wiederholen Sie die Übung mit den anderen beiden Figuren. Starten Sie immer mit der rechten Hand, erst dann folgt die linke. Hören Sie dabei jedes Mal bewusst auf Ihre innere Stimme. Wie fühlen Sie sich? Was ist angenehmer?

Diese Übung ist ein kleiner Bestandteil des diagnostischen Verfahrens, mit dem Händigkeitsberater in der Praxis die dominante Hand ermitteln. Dabei sollen das Wohlempfinden und die Bevorzugung einer Hand im Idealfall mit der dominanten Seite übereinstimmen: Linkshänder fühlen sich gut, wenn sie den Stift in der linken Hand halten, Rechtshänder sind entspannt mit dem Stift in der rechten Hand. Die Fachleute hoffen aber, so auch versteckte (sprich: umgeschulte) Links- oder Rechtshänder zu entdecken, die nach häufigem Wiederholen der Aufgabe bemerken, dass die andere, vermeintlich falsche Seite wider Erwarten positive Gefühle weckt. Wie war es bei Ihnen? Kamen Sie zu einem klaren Ergebnis?

Nachdem Sie jetzt in sich hineingehorcht haben, was vielleicht etwas anstrengend war, dürfen Sie nun mit dem zweiten Teil der Übung weitermachen. Wir versprechen: Der Spaßfaktor ist höher! Zeichnen Sie dafür die Brezelherzen erneut ab – diesmal allerdings nur so groß, dass sie bequem auf eine Seite passen. Nun fangen Sie an, die Linien mit dem Stift in Ihrer starken Hand schwungvoll nachzuziehen. Grooven Sie sich richtig ein, ziehen Sie die Linien immer wieder und wieder nach, ohne den Stift abzusetzen, bis sich der Prozess automatisiert hat. Sind Sie richtig in Schwung? Dann können Sie so lange weitermachen, wie Sie möchten. Denn diese Übung lockert und kräftigt nicht nur die Arm- und Handbewegungen, sondern macht Spaß und entspannt. Probieren Sie es aus!

Schreiben lernen für Linkshänder

Linkshänder schreiben anders als Rechtshänder: Sie müssen sich an die hierzulande vorherrschende Schreibrichtung von links nach rechts anpassen, auch wenn sie lieber ihrem inneren Impuls folgen wollen, den Stift von rechts nach links zu führen. Damit linkshändige Kinder und umgeschulte Erwachsene, die wieder zur starken Hand zurückkehren wollen, richtig schreiben lernen, müssen sie verschiedene Dinge berücksichtigen: Nicht nur die richtige Hand- und Körperhaltung ist maßgeblich entscheidend für den Schreiberfolg, sondern auch die optimale Blattlage. Wie Sie Papier und Hand am besten positionieren, können Sie auf Seite 160 nachlesen.

Ich war selbst völlig überzeugt davon, dass ich meine Hand perfekt halte und das Papier in die richtige Richtung lege. Doch erst bei den

Recherchen zu diesem Buch fiel mir auf, dass ich das Blatt nicht nach links neigen muss, sondern nach rechts. So schreibe ich automatisch von oben nach unten und ziehe dabei den Stift, was viel angenehmer ist, als den Stift von unten nach oben zu schieben, wie ich es bisher getan habe. Meine Schrift hat sich durch die verbesserte Haltung völlig verändert: Sie sieht jetzt viel runder und harmonischer aus, aber auch kindlicher. Eine »Erwachsenenschrift« entwickelt sich daraus, je mehr ich übe.

Die Psychologin und Rückschulungsexpertin Marina Neumann hat noch einen weiteren Faktor ausgemacht, der Linkshändern beim Schreiben entgegenkommt: die Strichführung. Bei Rechtshändern neigt sich die Schrift nach rechts – bei Linkshändern ist es also dementsprechend völlig normal, wenn sich ihr Geschriebenes nach links neigt. Außerdem ziehen Rechtshänder vertikale Striche von oben nach unten – Linkshändern hilft es, wenn sie von dieser Version abweichen und den Strich von unten nach oben ziehen.[131] Marina Neumann hat deshalb ein Schreiblernheft[132] für Linkshänder aller Altersstufen entwickelt, um ihnen praktische Unterstützung zu geben. Testen Sie einmal, ob sich Ihre Schrift verändert, wenn Sie ganz bewusst auf die optimale Handhaltung, die Blattposition und die Strichführung achten. Auch für Rechtshänder ist es bestimmt ganz spannend, ein paar Schreibversuche mit links zu wagen:

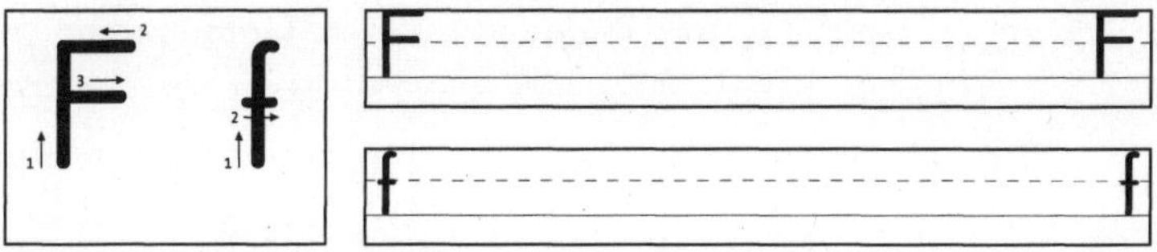

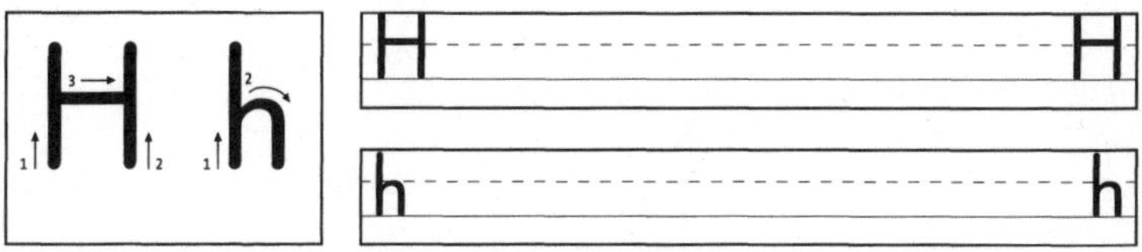

Das Kapitel im Überblick

- Überkreuzbewegungen sind wichtig für die Entwicklung. Mit der »Liegenden Acht« können Sie das noch im Erwachsenenalter trainieren.
- Klatschspiele fördern die Feinmotorik und das Sprachgefühl.
- Eine geänderte Strichführung erleichtert Linkshändern das Schreibenlernen.

Was Sie ausprobieren können

- Apropos Brezelherzen: Entwerfen Sie Ihr eigenes Symbol aus in sich geschlossenen geschwungenen Linien. Wenn Sie das nächste Mal aus Langeweile oder während eines Telefonats vor sich hinkritzeln, wiederholen Sie mit Ihrem Entwurf einfach die Schwungübung.
- Achten Sie im Alltag auf das Symbol ∞. Es taucht öfter auf, als Sie denken!
- Nachdem Sie so fleißig Klatschspiele geübt haben, probieren Sie doch einmal aus, ob Ihnen auch noch andere Geschicklichkeitsspiele aus der Kindheit Freude bereiten: Wie wäre es zum Beispiel mit einer Runde Jo-Jo? Oder Gummitwist?

KAPITEL 12

AUSBLICK

Auf der Zielgeraden

Fast geschafft: Nach hundert Metern noch einmal links abbiegen, dann sofort rechts abbiegen, dem Straßenverlauf folgen und wir haben das Ziel erreicht. Hinter uns liegt eine spannende Reise mit vielen Höhepunkten: Wir waren live dabei, als Diego Maradona zur Legende wurde, drehten einen gewagten Looping über Brain City, saßen im wilden Berlin der Zwanzigerjahre in der ersten Reihe, gruselten uns, als Jack the Ripper durch Londons dunkle Gassen schlich, wippten schon bei den ersten Akkorden von Nirvanas »Come as you are« mit den Köpfen und stürzten uns hungrig auf das Wildschwein, das wir gemeinsam im Neandertal erlegt haben. Dabei haben wir nicht nur unsere bessere Hälfte besser kennengelernt, sondern auch unser Wissen über Links- und Rechtshänder um ein ganzes Stück erweitert. Vielleicht überdenken Sie Ihre alten Ansichten oder haben sich vorgenommen, aufgeschlossener zu sein. Eventuell spielen Sie aber auch mit dem Gedanken, Ihre starke Seite noch gründlicher zu erforschen. Oder Sie wollen künftig einfach achtsamer im Umgang mit sich selbst sein. Vermutlich fragen Sie sich jetzt aber vor allem: Wie stelle ich das an? Wie geht es weiter? Keine Sorge, seien Sie beruhigt. Wir nehmen Sie mit auf die letzte Etappe unserer gemeinsamen Tour und zeigen Ihnen, worauf Sie in Zukunft achten können.

Tipp 1: Keep calm and carry on

Oder in anderen Worten: Mensch, lass gut sein. Und zwar buchstäblich. Denn wenn es Ihnen vor dem Lesen dieses Buches gut ging, dann sollen Sie daran bitte auch nach der Lektüre nichts ändern. Vielleicht haben manche Passagen Sie aufgewühlt, vielleicht waren Sie zwischendurch erstaunt, verblüfft oder gar ungläubig, vielleicht verstehen Sie manche Zusammenhänge jetzt besser als vorher (hoffentlich!). Doch wovor wir ausdrücklich warnen wollen: Bitte suchen Sie nicht nach Problemen, wo keine sind. Wir wollen die alltäglichen Herausforderungen des Lebens nicht dramatisieren und schon gar nicht pathologisieren. Linkshändigkeit ist keine Krankheit und eine Umschulung kein potenzielles Trauma, das unbedingt aufgearbeitet werden muss. Wenn Sie sich wohlfühlen mit Ihrer Schreibhand: perfekt! Wenn Sie manches mit beiden Händen können und das nie als Hindernis, sondern eher als persönliche Superpower betrachtet haben: noch besser! Und wenn Sie insgesamt eigentlich ganz zufrieden mit sich sind: wunderbar. Vergessen Sie das »Aber«, das Ihnen vielleicht im Hinterkopf herumschwirrt – und verinnerlichen Sie stattdessen lieber den 1-a-Kalenderblattspruch von Jean-Jacques Rousseau, den wir Ihnen ans Herz legen wollen: »Der höchste Genuss besteht in der Zufriedenheit mit sich selbst.«[133]

Wenn es hier aber gar nicht um Sie, sondern um Ihre Kinder, Enkel oder andere liebgewonnene Knirpse geht: Don't panic! Ein Kind zeigt in der Regel ganz deutlich, welche Hand es bevorzugt. Es ist gar nicht so leicht, unwissentlich die Lieblingsseite des Kindes zu unterdrücken. Sie müssen schon auf mindestens einem Auge blind sein, um aus einem geborenen Linkshänder einen Rechtshänder zu machen, ohne dass Sie es bemerken. Unser Tipp an alle besorgten Eltern: Seien Sie aufmerksam – und lassen Sie Ihrem Kind genug Freiraum, sich zu entwickeln.

Tipp 2: Fragen Sie einen Experten

Okay, wir haben Sie mit unserem ersten Ratschlag nicht überzeugen können. Sie zweifeln immer noch und fühlen sich verunsichert. In Ihrem Kopf spuken nämlich Sätze herum, die mit »Vielleicht bin ich ja doch …« oder »Was wäre, wenn …« anfangen – Gedanken, die Sie nicht verbannen können. Denn beim Lesen haben Sie Erinnerungen wiederentdeckt, die Ihr Gehirn eigentlich in die Schublade für längst Vergessenes einsortiert hatte. Die wiedergefundenen Puzzleteile ergeben plötzlich ein neues Bild und damit neue Fragen. Ist mein Kind möglicherweise doch Linkshänder? Wenn ich gar kein Beidhänder bin, wie ich lange geglaubt habe, was bin ich denn dann? Habe ich mir das Schreiben mit der linken Hand von meinem älteren Bruder abgeschaut? Bin ich nur ein Schein-Rechtshänder? Sie suchen nach einer Antwort und einer Erklärung für Ihre Situation, weil Sie sich oder Ihren Nachwuchs auf den letzten Seiten wiedererkannt haben. Ganz gleich, ob es dabei um Kopfschmerzen, Ungeschicklichkeit, Lernprobleme oder chronische Niedergeschlagenheit geht: Für jede dieser kleinen und großen Schwierigkeiten gibt es unzählige Ursachen – und die Händigkeit ist nur eine mögliche davon. Sie kann eine Erklärung sein, muss es aber nicht. Doch das hilft Ihnen nicht weiter: Sie wollen nicht länger im Trüben fischen und verlangen völlig zu Recht Klarheit. Allerdings sollten Sie sich nicht auf unsere Tests verlassen – sie können und wollen nicht mehr als ein Anhaltspunkt sein. Wenn Sie auf Nummer sicher gehen wollen, gibt es nur einen Weg: Klären Sie Ihre Händigkeit oder die Ihres Kindes mit einem Experten ab. Das sind in der Regel Ergotherapeuten, Psychologen, Pädagogen, Heilpraktiker oder Physiotherapeuten, die in ihrer Arbeit einen Fokus auf »Händigkeitsabklärung« setzen und/oder eine Zusatzausbildung zum »Linkshänderberater« gemacht haben. Die »eine« Methode gibt es nicht: Die Fachleute setzen auf einen Mix aus unterschiedlichen Tests und Übungen – welche konkret zum Einsatz kommen, ist von Praxis zu Praxis verschieden. Weit verbreitet ist der sogenannte Edinburgh-Handedness-Inventory-Fragebogen, kurz EHI.[134] Dabei müssen Sie – ähnlich wie bei unserem ersten Test – beantworten, welche alltäglichen Aufgaben Sie mit welcher Hand erledigen. Wichtiger Bestandteil der Händigkeitsabklärung sind außerdem verschiedene Tätigkeiten, die Sie (oder Ihr Kind) mal mit einer, mal mit beiden Händen erledigen. Dabei stehen die Hände unter Beobachtung: Welche Hand benutzen Sie für welche Aufgabe? Welche ist geschickter, schneller, kräftiger? Doch auch Übungen, die die Leistung der Hände messen, gehören zum festen Repertoire. Den Tapping-Test, der auch in diese Kategorie fällt, haben Sie bereits kennengelernt. Dabei müssen Sie in einem vorgegebenen Zeitfenster möglichst schnell, gleichmäßig und ausdauernd die Morsetaste drücken. Am Ende werden die Ergebnisse der linken und rechten Hand miteinander verglichen.

Die Autorinnen dieses Buchs haben übrigens auch einmal bei einem Tapping-Test getappt. Antje erwies sich dabei als sehr flotte Tapperin, ihre beiden Hände waren nahezu gleich schnell und dazu ziemlich synchron, was sie als eindeutige Nicht-Rechtshänderin und damit als Linkshänderin ausweist. Ganz anders war es bei Christiane. Ihre rechte Hand hatte eindeutig die Nase vorn und machte sie in diesem Test zu einer klaren Rechtshänderin. Obwohl es auch Linkshänder gibt, die mit links schreiben, aber mit rechts schneller tappen, ist Speed Tapping trotzdem eine sehr gute Methode, um die Leistungsdifferenz der Hände zu ermitteln.

Sie sehen – nicht immer sind die Resultate ganz eindeutig. Gerade über Kinder, die selten oder wenig über die eigene Körpermitte hinausgehen, den Becher mit links greifen, wenn er links von ihnen steht, und sich den Stift mit der rechten Hand schnappen, wenn er auf der rechten Seite liegt, kann es unter Umständen schwerer fallen, ein klares Urteil zu fällen. Auch umgeschulte Linkshänder, die schon lange als Pseudo-Rechtshänder durchs Leben gehen und sich an nichts anderes mehr erinnern, können die Expertise des Linkshänderberaters herausfordern. Bei Kindern hilft oft Geduld: Bringt ein Test im sechsten Lebensjahr kein eindeutiges Ergebnis, kann eine Wiederholung der Händigkeitsabklärung nur ein oder zwei Jahre später schon viel aufschlussreicher sein.

Auch Erwachsenen raten wir zu mehr Gelassenheit: Hören Sie im Zweifel auf Ihr Bauchgefühl. Das kann tatsächlich das entscheidende Puzzlestück sein, das Aufschluss über die dominante Hand gibt.

Mit dem Tapp-Ergebnis kann auch ich jetzt ziemlich entspannt leben. Meine rechte Hand ist in jedem Fall meine starke Hand und selbst die linke Pfote hat ein wenig Potenzial. Mittlerweile ist mir aufgefallen, wie viel wir im Alltag mit beiden Händen erledigen. Wenn die linke Hand günstiger ist, nehme ich einfach die und probiere an der einen oder anderen Stelle aus, sie in Aufgaben einzuspannen. Pancakes wende ich jetzt zum Beispiel mit links. Die Pfanne halte ich dabei aber mit rechts fest. Ich lass mich überraschen, wie es weitergeht.

Tipp 3: Denken Sie über eine Rückschulung nach

Endlich haben Sie es schwarz auf weiß: Sie sind ein umgeschulter Linkshänder. Falls nicht, springen Sie bitte weiter zum vierten Tipp. Für glückliche Links- und Rechtshänder gibt es hier nichts zu sehen. Alle anderen dürfen weiterlesen. Als Erstes gilt: Bitte fangen Sie jetzt auf keinen Fall Hals über Kopf an, sich selbst das Schreiben mit links beizubringen. Das wäre fatal. Die Rückschulung ist ein tiefgreifender und komplexer Veränderungsprozess, den Sie nur mit fachlicher Unterstützung an Ihrer Seite in Angriff nehmen sollten. Psychologin Marina Neumann, die umgeschulte Linkshänder in diesen Situationen berät, empfiehlt außerdem, dass sich niemand aus einer rein intellektuellen Überlegung heraus zu diesem Schritt entscheiden sollte: »Das gute Gefühl für die linke Hand muss geweckt sein. Aus diesem Gefühl heraus – einer berechtigten Intuition – entscheiden sich viele für die Rückschulung.« Wichtig für den Erfolg der Rückschulung ist außerdem der richtige Zeitpunkt. Günstig seien immer Ferien, doch auch wer seine Urlaubstage schon verbraucht hat, braucht nicht bis zum nächsten Kalenderjahr zu warten. »Wir schauen dann gemeinsam, wie sich die Rückschulung auch in einem gestressten Leben langsam und behutsam einbauen lässt«, so Neumann.

Ein besonnener Start sei nötig, denn wer überstürzt einfach drauflosschreibe, handele sich im schlimmsten Fall eine Sehnenscheidenentzündung ein, weil er die untrainierte Hand überlaste. Statt sich Leistungsstress auszusetzen, sollen Betroffene die Freude am Schreiben wiederentdecken und das gute Gefühl, das sie zu Beginn entdeckt haben, nicht verlieren. Nehmen Sie sich also Zeit für die Rückschulung – und lassen Sie sich wirklich professionell begleiten! Denn obwohl Sie jahrzehntelang mit rechts geschrieben haben, katapultiert Sie das Schreiben mit links zurück in die erste Klasse. Klar, Sie wissen, wie die Buchstaben aussehen, und können das Alphabet so sicher aufsagen wie das kleine Einmaleins. Doch als neuer Linkshänder fangen Sie noch einmal fast ganz von vorne an. Sie werden wieder zum Anfänger, der die feinmotorischen Feinheiten des linkshändigen Schreibens erst lernen muss. Gehen Sie es gelassen an![135]

PS: Auf der nächsten Seite finden Sie eine kleine, nicht ganz ernst gemeinte Entscheidungshilfe, die Sie bei der Frage, ob eine Rückschulung sinnvoll ist oder nicht, vielleicht ein kleines Stück voranbringt. Einfach umblättern!

Tipp 4: die Zukunft der Handschrift

Schreiben Sie noch oder tippen Sie schon? Der moderne Mensch des 21. Jahrhunderts wischt, klickt und drückt Tasten. Ein handgeschriebener Brief? Wie nostalgisch! In Zeiten, in denen Smartphone, Tablet sowie PC zur Grundausstattung gehören und Diktierfunktion, Spracherkennung und selbst lernende Software keine Zukunftsmusik, sondern selbstverständlicher Bestandteil des Alltags sind, erscheint Handschrift fast wie ein Relikt von gestern. Und tatsächlich scheint die Handschrift auf dem Rückzug zu sein: In Finnland brauchen Schüler sich nicht mehr mit der Schreibschrift quälen. Sie lernen nur noch eine Druckschrift und sollen vor allem am Computer schnell und sicher tippen können. Auch in der Schweiz verdrängt die schnörkellose sogenannte Deutschschweizer Basisschrift die geschwungenen Kurven der »Schnürlischrift«.[136] In Deutschland stehen gleich vier Schriften zur Auswahl: die »Lateinische Ausgangsschrift«, die »Vereinfachte Ausgangsschrift«, die »Schulausgangsschrift« oder die »Grundschrift«. Dabei ist von Bundesland zu Bundesland unterschiedlich, ob eine bestimmte Schrift für alle verpflichtend ist oder ob die Schulen selbst wählen können.

Vermutlich hoffen jetzt einige von Ihnen, dass die Tage des Schreibenlernens gezählt sind. Klar, warum muss Ihr Sprössling sich auch überhaupt noch damit aufhalten! Ob linke oder rechte Hand, ist doch eigentlich egal. Viel innovativer wäre es doch, gleich von der ersten Klasse an tippen und programmieren zu lernen – wenn Digitalisierung, dann aber bitte richtig. Sie dürfen sich beim nächsten Elternabend darüber beschweren, aber bitte nicht bei uns: So schnell wird die Schulschrift nicht abgeschafft, denn neurowissenschaftliche Studien beweisen, dass Schreiben schlau macht. Wer mit der Hand schreibt, bringt die Bauarbeiter im Gehirn wieder in Schwung: Sie basteln besonders einfallsreiche Verknüpfungen zwischen Right und Left Town.[137] Ein weiterer Vorteil des Selbst-Schreibens ist, dass das Gedächtnis viel besser funktioniert, wenn man sich den Lernstoff selbst notiert hat. Klar,

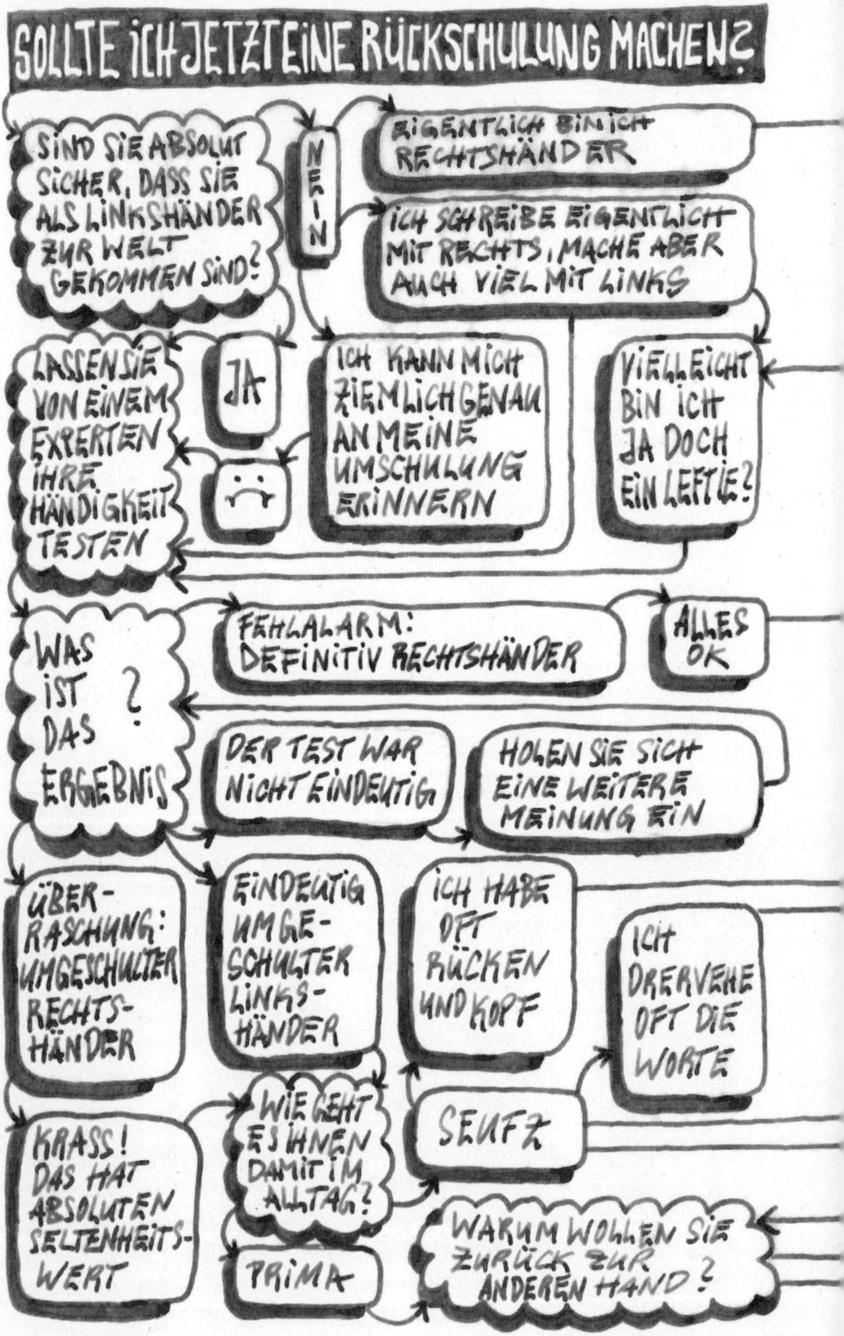
SOLLTE ICH JETZT EINE RÜCKSCHULUNG MACHEN?
SIND SIE ABSOLUT SICHER, DASS SIE ALS LINKSHÄNDER ZUR WELT GEKOMMEN SIND?
NEIN
EIGENTLICH BIN ICH RECHTSHÄNDER
ICH SCHREIBE EIGENTLICH MIT RECHTS, MACHE ABER AUCH VIEL MIT LINKS
JA
LASSEN SIE VON EINEM EXPERTEN IHRE HÄNDIGKEIT TESTEN
ICH KANN MICH ZIEMLICH GENAU AN MEINE UMSCHULUNG ERINNERN
VIELLEICHT BIN ICH JA DOCH EIN LEFTIE?
WAS IST DAS ERGEBNIS?
FEHLALARM: DEFINITIV RECHTSHÄNDER
ALLES OK
DER TEST WAR NICHT EINDEUTIG
HOLEN SIE SICH EINE WEITERE MEINUNG EIN
ÜBERRASCHUNG: UMGESCHULTER RECHTSHÄNDER
EINDEUTIG UMGESCHULTER LINKSHÄNDER
ICH HABE OFT RÜCKEN UND KOPF
ICH DREHE OFT DIE WORTE
SEUFZ
KRASS! DAS HAT ABSOLUTEN SELTENHEITSWERT
WIE GEHT ES IHNEN DAMIT IM ALLTAG?
PRIMA
WARUM WOLLEN SIE ZURÜCK ZUR ANDEREN HAND?

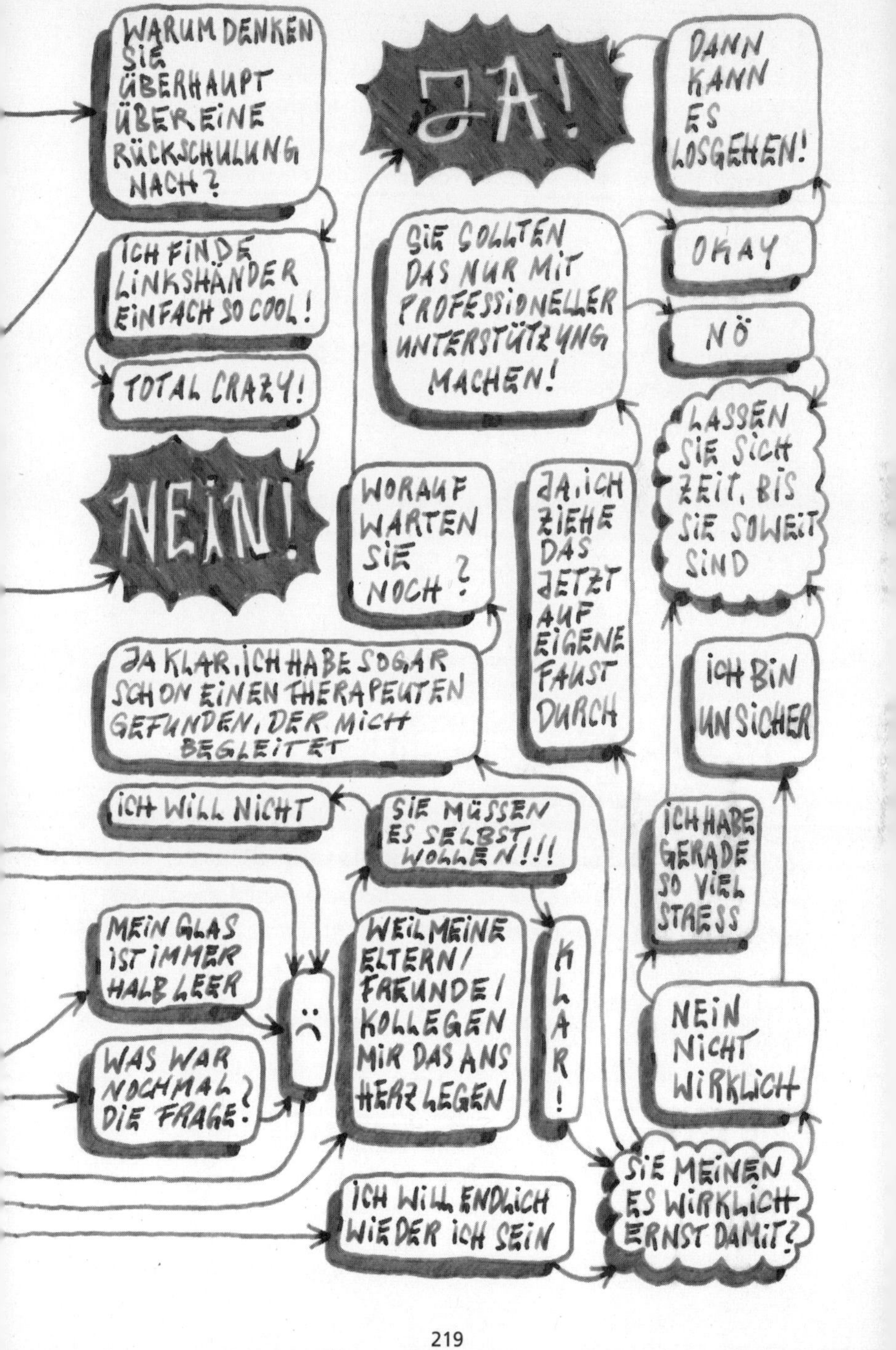
WARUM DENKEN SIE ÜBERHAUPT ÜBER EINE RÜCKSCHULUNG NACH?
ICH FINDE LINKSHÄNDER EINFACH SO COOL!
TOTAL CRAZY!
NEIN!
JA!
DANN KANN ES LOSGEHEN!
SIE SOLLTEN DAS NUR MIT PROFESSIONELLER UNTERSTÜTZUNG MACHEN!
OKAY
NÖ
LASSEN SIE SICH ZEIT, BIS SIE SOWEIT SIND
WORAUF WARTEN SIE NOCH?
JA, ICH ZIEHE DAS JETZT AUF EIGENE FAUST DURCH
JA KLAR, ICH HABE SOGAR SCHON EINEN THERAPEUTEN GEFUNDEN, DER MICH BEGLEITET
ICH BIN UNSICHER
ICH WILL NICHT
SIE MÜSSEN ES SELBST WOLLEN!!!
ICH HABE GERADE SO VIEL STRESS
MEIN GLAS IST IMMER HALB LEER
WAS WAR NOCHMAL DIE FRAGE?
WEIL MEINE ELTERN/FREUNDE/KOLLEGEN MIR DAS ANS HERZ LEGEN
KLAR!
NEIN NICHT WIRKLICH
SIE MEINEN ES WIRKLICH ERNST DAMIT?
ICH WILL ENDLICH WIEDER ICH SEIN

die Vorlesungen, in denen der Prof ein ausgedrucktes Skript mitgebracht hatte, waren die nettesten. Doch die Vorlesungen, in denen wir mitschreiben mussten, waren oft die, in denen am meisten hängen geblieben ist.

Glücklicherweise müssen die Verfechter der Handschrift auf der einen und die Digital-Pioniere auf der anderen Seite nicht in die alles entscheidende Schlacht ziehen. Wir haben einen Vorschlag zur Güte: Moderne Technik verbindet die digitale mit der analogen Welt – wie zum Beispiel Touchscreens oder Stifte, die das Geschriebene dank integriertem Chip auf einen Bildschirm übertragen. Digitaler Fortschritt und Schreibenlernen müssen und werden sich in Zukunft also nicht ausschließen, so viel ist klar. Wir plädieren trotzdem dafür, die Handschrift ganz bewusst zu zelebrieren. Schreiben Sie im nächsten Urlaub Postkarten an die Daheimgebliebenen. Spielen Sie mit Freunden Stadt-Land-Fluss, erfinden Sie neue Spaß-Kategorien und schreiben Sie dabei um die Wette. Oder feiern Sie den 26. September: Das ist der Love Note Day, der Tag des Liebesbriefs.

Tipp 5: Was Hänschen nicht lernt …

… lernt Hans umso mehr! Es ist nie zu spät, das Kinderzimmer, den Haushalt, Schreibtisch und Arbeitsplatz auf die Bedürfnisse von Links- und Rechtshändern umzustellen. Manche Linkshänder, die nur mit ihrer starken Hand schreiben, aber sonst viel mit der rechten Hand erledigen, machen einfach deshalb weniger mit links, weil es am nötigen Equipment fehlt. Im Idealfall ist die nötige Ausstattung schon von Anfang an verfügbar. Das fängt mit dem Mobile an, das mittig über dem Babybettchen hängt, und führt weiter bis zur PC-Maus, die dank gespiegelter Tastenbelegung perfekt auf die Bedürfnisse eines Linkshänders abgestimmt ist.

Auch angepasste Scheren und Anspitzer sollten schon sehr früh zum Repertoire linkshändiger Kinder gehören. Für den Haushalt gibt es mittlerweile auch Gemüseschäler, Dosenöffner und Schöpfkellen. Kochenlernen macht mit den richtigen Geräten natürlich viel mehr Spaß. In der Schule helfen bedacht ausgewählte Füller und Stifte, Schreibhilfen, Schreibunterlage und ein Lineal für Linkshänder enorm weiter, um den Schulalltag fröhlich und vor allem mit einer gesunden Schreibhaltung zu bestreiten. Mit dem Korkenzieher für Linkshänder können Sie sich dann noch etwas Zeit lassen.

Tipp 6: eins plus eins gleich eins

Richtig gelesen! Die Rechnung geht auf, auch wenn die Formel gegen alle mathematischen Grundregeln spricht. Sie glauben uns nicht? Schauen Sie sich bloß mal Tom und Jerry an. Oder Siegfried und Roy, Michael Knight und K.I.T.T., Dick und Doof, Batman und Robin, Pommes und Ketchup, Winnetou und Old Shatterhand, Chewbacca und Han Solo. Sie alle funktionieren nicht ohne den anderen. Selbstverständlich ist jeder davon auch für sich ein Ganzes, aber eben nur mit seiner besseren Hälfte wirklich komplett.

Genauso verhält es sich mit unseren Händen. Sie sind ein Meisterstück, ein einzigartiges Vielzweckwerkzeug, besser als jedes Schweizer Taschenmesser. Wir haben den Hauptgewinn in der Genlotterie gezogen, und das gleich doppelt! Linke und rechte Hand gehören zusammen und sind nur unschlagbar gut, wenn sie gemeinsam agieren. Der Mensch braucht Hände, um Feuer zu machen, ein Baby zu wickeln, ein Auto zu lenken, ein Flugzeug zu steuern, ein Haus zu bauen, im Takt zu klatschen und um Pfannkuchenteig zu rühren. In diesem Sinne: Passen Sie gut auf Ihre Hände auf!

Das Kapitel im Überblick

- Suchen Sie nicht nach Problemen, wo keine sind. Wenn Sie sich bislang mit Ihrer Händigkeit wohlgefühlt haben, gibt es keinen Grund, daran etwas zu ändern.
- Wenn Sie unsicher sind, welche Hand Ihre dominante ist, fragen Sie einen Experten.
- Falls Sie über eine Rückschulung nachdenken, nehmen Sie die Unterstützung eines Händigkeitsberaters in Anspruch.
- Die Digitalisierung wird die Handschrift nicht so schnell völlig verdrängen. Das ist gut so: Schreiben mit der Hand fördert die Entwicklung des Gehirns.
- Rüsten Sie um: Auf die Bedürfnisse von Linkshändern abgestimmte Gebrauchsgegenstände wie Scheren und Messer gehören in die Grundausstattung des Haushalts.
- Achten Sie bei Schulkindern besonders auf den passenden Füller. Auch speziell für Linkshänder entwickelte Lineale und Scheren sind sinnvolle Anschaffungen.

Was Sie ausprobieren können

- Schreiben Sie wieder regelmäßig mit der Hand. Wie wäre es mit einer guten alten Ansichtskarte aus dem nächsten Urlaub? Vielleicht haben Sie auch Lust, wie früher ein Tagebuch zu führen? Oder Sie planen Ihre Termine künftig wieder ganz klassisch im Kalender? Wir meinen übrigens den zum Anfassen, nicht den auf Ihrem Handy.
- Achten Sie im Alltag ganz bewusst auf links und rechts. Sie werden erstaunt sein, an welchen unerwarteten Stellen Ihnen die beiden Seiten begegnen.

- Suchen Sie sich einen neuen Zeitvertreib, der Ihnen Freude bereitet – bei dem es aber ganz klar auf das Zusammenspiel beider Hände ankommt. Wir haben gleich ein paar Vorschläge: Wie wäre es mit Jonglieren? Stricken? Volleyball? Oder doch lieber Golf? Töpfern? Origami?
- Last but not least: Vergessen Sie nicht, dass man zum Umarmen beide Arme braucht.

DANKESCHÖN

Unsere Reise ist zu Ende. Dabei haben wir viele Begleiter getroffen, die wir nach dem Weg fragen konnten und denen wir Danke sagen möchten. Wir bedanken uns bei Heino Trusheim von I LOVE STAND UP für seine vielen lustigen Ideen, bei Onur Güntürkün und Sebastian Ocklenburg von der Universität Bochum für ihre fachliche Unterstützung sowie bei Henning Beck für die Beantwortung all unserer Fragen. Vielen Dank, Reinhard Kopiez, dass wir bei Ihnen tappen durften. Danke, Marina Neumann, für Ihre Zeit, Ihren Rat und Ihr Know-how. Bei Anja Faist, Stephan Haack, Norbert Hagemann, Géza Losó, Michaela Pühn, Leontine von Schmettow, Gianna Slomka, Hauke Stehn und Tino Stöckl bedanken wir uns herzlich für ihre Expertise. Last but not least: Danke, Spray (Jeffer), für deine großartigen Illustrationen!

Und nicht zu vergessen – die Auflösung des Rätsels von Seite 91/92: 1b, 2b, 3c,4a,5c. Und natürlich auch von Seite 113/114: 1c, 2b, 3c, 4a.

LITERATURVERZEICHNIS

Bücher und Zeitschriften:

Carter, Rita, *Das Gehirn*, München 2010.

Davis, Ronald D., *Legasthenie als Talentsignal. Lernchance durch kreatives Lesen*, München 2001.

Dietz, Steffi, *Linkshänder in einer rechtsorientierten Gesellschaft*, München 2010.

Hüther, Gerald, Nitsch, Cornelia, *Wie aus Kindern glückliche Erwachsene werden*, München 2013.

Madeja, Michael, *Das kleine Buch vom Gehirn*, München 2014.

Neumann, Marina, *Natürlich mit links. Schreiblernheft für Linkshänder*, Berlin 2017.

Neumann, Marina, *Natürlich mit links. Zurück zur Linkshändigkeit – Befreiter leben mit der starken Hand*, Berlin 2014.

Pöppel, Ernst, *Der autistische Spiegel. Warum linke und rechte Gehirnhälfte zusammengehören*, Hamburg 2013.

Rock, David, *Brain at Work*, Frankfurt am Main 2011.

Rogers, Lesley J., Vallortigara, Giorgio, Andrew, Richard J., *Divided Brains – The Biology and Behaviour of Brain Asymmetries*, New York 2013.

Roth, Gerhard, *Fühlen, Denken, Handeln*, Frankfurt am Main 2009.

Sattler, Johanna Barbara, *Das linkshändige Kind in der Grundschule*, Augsburg 2010.

Sattler, Johanna Barbara, *Die Psyche des linkshändigen Kindes. Von der Seele, die mit Tieren spricht*, Augsburg 2015.

Sattler, Johanna Barbara, *Links und Rechts in der Wahrnehmung des Menschen. Zur Geschichte der Linkshändigkeit*, Donauwörth 2000.

Singer, Lea, *Konzert für die linke Hand*, Hamburg 2008.

Stehn, Hauke, *Hilfe für das schreibauffällige Kind*, Osdorf 2016.
Stehn, Hauke, *Wenn das »O« Ecken hat*, Kiel 2015.
Wolman, David, *A left-hand turn around the world*, Cambridge 2005.

Hier finden Sie eine Linkshänder-Beratung in Ihrer Nähe:

Erste deutsche Beratungs- und Informationsstelle für Linkshänder und umgeschulte Linkshänder e. V.

Sendlinger Str. 17
D-80331 München/Germany
Tel./Fax: +49/89/26 86 14
info@lefthander-consulting.org
www.lefthander-consulting.org
Leitung: Dr. Johanna Barbara Sattler, approbierte Psychotherapeutin, Psychologin

Quellenverzeichnis

Kapitel 1

1 Annett, Marian, *Handedness and Brain Asymmetry. The Right Shift Theory*, Hove 2002, S. 36.

2 Oldfield, Richard Charles, *The Assessment and Analysis of Handedness: the Edinburgh inventory*, in: Neuropsychologia 9 (1), 1971, S. 97–113.

3 Vasterling, Almuth, Weiland, Gabriele, Sattler, Johanna Barbara, *Linke Hand – Rechte Hand*, Idstein 2017, S. 16.

4 Schilling, Friedhelm, *PTK – LTD Manual. Punktiertest und Leistungs-Dominanztest für Kinder (5–12 Jahre)*, Dortmund 2009.

5 Vasterling, S. 18.

6 Blackman, Christine, *Lefty or Righty?*, https://news.stanford.edu/news/2009/august3/lefty-decision-study-080509.html (Zugriff 12.12.2017).

Kapitel 2

7 Tran, U., Stieger, S., Voracek, M., *Latent variable analysis indicates that seasonal anisotropy accounts for the higher prevalence of left-handedness in men*, in: Cortex 57, 2014, S. 188-197.

8 Koch, Julia, *Bessere Hälfte*, Der Spiegel 14/2017, S. 98–99; Giljov, A., Karenina, K., Ingram, J., Malashichev, Y., *Parallel Emergence of True Handedness in the Evolution of Marsupials and Placentals*, in: Current Biology, 2015, S. 1878–1884.

9 Vallortigara, G., Siniscalchi, M., Sasso, R., Pepe, A. M., Dimatteo S., Quaranta, A., *Sniffing with the right nostril*, in: Animal Behaviour 82, 2011, S. 399–404.

10 Drösser, Christoph, *Rechts und links*, www.zeit.de/2002/13/200213_stimmts_rechtsve.xml (Zugriff 12.12.2017).

11 Marzoli, D., Tommasi, L., *Side biases in humans (Homo sapiens)*, in: Naturwissenschaften, 2009, S. 1099-1106.

12 Von Schmettow, Leontine, TV-Journalistin, Interview vom 28.08.2017.

13 Deutscher, Guy, *Does Your Language Shape How You Think?*, www.nytimes.com/2010/08/29/magazine/29language-t.html (Zugriff 12.12.2017).

14 Wikipedia, *Links und Rechts*, https://de.wikipedia.org/wiki/Links_und_rechts, (Zugriff am 12.12.2017).

Kapitel 3

15 Albert, Andreas, *Achtung, Avocado*, www.spiegel.de/gesundheit/ernaehrung/avocado-arzt-warnt-vor-gefaehrlichem-obst-a-1147192.html (Zugriff 12.12.2017).

16 Güntürkün, Onur, Ruhr-Universität Bochum, Interview vom 23.08.2017.

17 Jutzi, Sebastian, *Nur für Linkshänder*, Frankfurt am Main 2014, S. 59 ff. und S. 227 ff.
18 Witthuhn, Barbara, *Rechts die Stimmen, links die Musik*, www.wissenschaft.de/leben-umwelt/hirnforschung/-/journal_content/56/12054/1114673/Rechts-die-Stimmen,-links-die-Musik/ (Zugriff 12.12.2017).
19 Weber, Christian, *Kampf der Hirnhälften*, www.sueddeutsche.de/wissen/rechts-oder-links-kampf-der-hirnhaelften-1.148815 (Zugriff 12.12.2017).
20 Rossman, Peter, *Einführung in die Entwicklungspsychologie des Kindes- und Jugendalters*, Bern 2016, S. 107.
21 Cherbuin N., Brinkman, C., *Hemispheric interactions are different in left-handed individuals*, www.ncbi.nlm.nih.gov/pubmed/17100514 (Zugriff 12.12.2017).
22 Beck, Henning, *Hirnrissig*, München 2014, S. 52.
23 Ebd., S. 57.
24 Hermann, Christoph, Fiebach, Christian, *Gehirn & Sprache*, Frankfurt am Main 2007, S. 6.
25 Beck, Henning, Anastasiadou, Sofia, Meyer zu Reckendorf, Christopher, *Faszinierendes Gehirn*, Berlin, Heidelberg 2016, S. 188 f.
26 Güntürkün O., Güntürkün M., Hahn C., *Whistled Turkish alters language asymmetries*, in: Current Biology, 2015, S. R706-R708.
27 Smith, Adam, *Wohlstand der Nationen*, München 2013, S. 9 f.
28 Beck, *Faszinierendes Gehirn*, S. 180 f.
29 Pontes, Ulrich, *Linke und rechte Hirnhälfte*, www.dasgehirn.info/aktuell/frage-an-das-gehirn/linke-und-rechte-hirnhaelfte-verschiedene-welten (Zugriff 12.12.2017).
30 Jutzi, S. 49 ff.
31 Beck, *Hirnrissig*, S. 57.

Kapitel 4

32 wikiHow, *Linkshänder werden*, https://de.wikihow.com/Linkshänder-werden (Zugriff 12.12.2017).
33 Ocklenburg, S., et al., *Epigenetic regulation of lateralized fetal spinal gene expression underlies hemispheric asymmetries*, https://elifesciences.org/articles/22784 (Zugriff 12.12.2017).
34 Coren, S., Halpern, D. F., *Left-handedness*, in: Psychological Bulletin, 1991, S. 90-106.
35 Drösser, Christoph, *Stimmt's? Das große Buch der modernen Legenden*, Reinbek 2010, S. 196 f.
36 Der Spiegel, *Gefährliches Pflaster*, 37/1989, S. 251 f.
37 Gutwinski, Stefan, et al., *Besonderheit der Linkshändigkeit*, in: Deutsches Ärzteblatt, 2011, S. 849-853.
38 Im Original: »All five murders no doubt were committed by the same hand. In the first four the throats appear to have been cut from left to right, in the last case owing to the extensive mutilation it is impossible to say in what direction the fatal cut was made (…)«, in: Brief von Thomas Bond an Robert Anderson

vom 10. November 1888, zitiert in: Evans, Stewart P., Skinner, Keith, *The Ultimate Jack the Ripper Sourcebook*, London 2002, S. 145 ff.

39 Der Spiegel, *Schlimme Geburt*, 33/1975, S. 90 f.

40 Stoffers, Anika, *Als Jack the Ripper sein Unwesen trieb*, https://www.abendblatt.de/archiv/1999/article204545059/Als-Jack-the-Ripper-sein-Unwesen-trieb.html (Zugriff 12.12.2017).

41 Petrowskaja, Katja, *Das linkshändige Mädchen*, www.faz.net/aktuell/feuilleton/katja-petrowskaja-ueber-ihr-bild-der-woche-14472275.html (Zugriff 12.12.2017).

42 Sala, G., et al., *The Relationship between Handedness and Mathematics Is Non-linear and Is Moderated by Gender, Age and Type of Task*, https://www.frontiersin.org/articles/10.3389/fpsyg.2017.00948/full (Zugriff 12.12.2017).

43 Locker, Theresa, *Was hinter dem Klischee steckt, dass Linkshänder viel besser in Mathe sind,* https://motherboard.vice.com/de/article/paynav/was-hinter-dem-klischee-steckt-dass-linkshander-viel-besser-in-mathe-sind (Zugriff 12.12.2017).

44 McManus, Chris, *Right Hand, Left Hand. The Origins of Asymmetry in Brains, Bodies, Atoms and Cultures*, London 2002, S. 325 f.

45 McManus, C., Drury, H., *The handedness of Leonardo da Vinci*, in: Brain and Cognition, 2004, S. 262-268.

46 Aziz-Zadeh, L., Liew, S., Dandekar, F., *Exploring the neural correlates of visual creativity*, in: Social Cognitive and Affective Neuroscience, 2013, S. 475-480.

47 Sattler, Johanna Barbara, *Der umgeschulte Linkshänder oder Der Knoten im Gehirn*, Donauwörth 2013, S.39 f.

48 Stehn, Hauke, Feinmotoriktherapeut, Interview vom 05.09.2017.

49 Stemmler, Theo, *Erfolgreiche Linkshänder strafen Vorurteile Lügen*, www.welt.de/gesundheit/psychologie/article4306706/Erfolgreiche-Linkshaender-strafen-Vorurteile-Luegen.html (Zugriff 12.12.2017).

Kapitel 5

50 Schmitz, Katharina, *Sehr alter Rechtshänder hat zerkratzte Zähne*, http://www.spektrum.de/news/sehr-alter-rechtshaender-hat-zerkratzte-zaehne/1427294 (Zugriff 12.12.2017).

51 Frayer, D. W., et al., *More than 500,000 years of right-handedness in Europe*, in: Brain and Cognition, 2011, S. 51–69.

52 Spiegel Online, *Schon Neandertaler bevorzugten rechte Hand*, www.spiegel.de/wissenschaft/mensch/hirnforschung-schon-neandertaler-bevorzugten-rechte-hand-a-758525.html (Zugriff 12.12.2017).

53 Geschwind, N., Behan, P., *Left-handedness*, in: Proceedings of the National Academy of Sciences of the United States of America, 1982, S. 5097-5100 und Geschwind, N., Galaburda, A., *Cerebral lateralization*, in: Archives of Neurology, 1985, S. 428-459, 521-552, 634-654.

54 Kopiez, Reinhard, Galley, Niels, *Händigkeit*, musicweb.hmtm-hannover.de/kopiez/Kopiez-Galley(2010)Haendigkeit-Instrumentalspiel.pdf (Zugriff 12.12.2017).

55 Hartje, Wolfgang, Poeck, Klaus, *Klinische Neuropsychologie*, Stuttgart 2006, S. 88 f.
56 Güntürkün, Onur, Ruhr-Universität Bochum, Interview vom 23.08.2017.
57 Ruhr-Universität Bochum, *Warum wir Links- oder Rechtshänder sind*, http://news.rub.de/presseinformationen/wissenschaft/2017-02-17-neurowissenschaft-warum-wir-links-oder-rechtshaender-sind (Zugriff 12.12.2017).
58 Ocklenburg, Sebastian, Ruhr-Universität Bochum, Interview vom 28.09.2017.
59 Sattler, *Der umgeschulte Linkshänder*, S. 39 f.
60 Duden, *Die deutsche Rechtschreibung*, Mannheim 2009, S. 185.
61 Begrüßungs-comme-il-faut, www.knigge.de/archiv/artikel/begruessungs-comme-il-faut-6541.htm (Zugriff 12.12.2017).
62 Güntürkün, O., *Human behaviour*, in: Nature, 2003, S. 711.
63 Marzoli, D., Tommasi, L., *Side biases in humans (Homo sapiens)*, in: Naturwissenschaften, 2009, S. 1099-1106.
64 Langer, N., *Effects of limb immobilization on brain plasticity*, in: Neurology, 2012, S.182-188.
65 Siebner, Hartwig R., et al., *Long-Term Consequences of Switching Handedness*, in: The Journal of Neuroscience, 2002, S. 2816-2825.
66 Geist, Martin, *Linke Hand im Kopf*, www.uni-kiel.de/ps/cgi-bin/unizeit/index.php?bid=590501 (Zugriff 12.12.2017).

Kapitel 6

67 Annett, Marian, *Handedness and Brain Asymmetry*, S. 47.
68 Im Original: »Üben muß ja wohl jeder Künstler, der in Form sein muß. Meine Privatschrift ist, wie man so sagt: ‚Eine Klaue' und schwer leserlich; Aber die Schrift auf der großen Tafel erfordert – und zumal für das Fernsehen – eine gewisse Schönschrift von ca. 10 Zentimeter Höhe, gegen 0,3 cm. privat. Daß ich dies in Ihrem Falle besonders üben muß, wird Ihnen ohne Weiteres klar sein«, in: Alba-Albrecht, Thea, *Brief an Hans Tenno, Düsseldorf 20. Januar 1965*, digital archiviert auf Artistenarchiv-marburg.de.
69 Linkshänder, Heini, *Ich bin ein Kopf der Leidenschaft*, Bremen 2013, S. 95.
70 Ocklenburg, Interview vom 28.09.2017.
71 Peters, Freia, *Umschulung von Linkshändern gilt jetzt als Körperverletzung*, www.welt.de/print-wams/article602290/Umschulung-von-Linkshaendern-gilt-jetzt-als-Koerperverletzung.html (Zugriff 12.12.2017).
72 McManus, Chris, *The history and geography of human handedness*, in: Language Lateralization and Psychosis, 2009, S. 37-57.
73 Neumann, Marina, Psychologin und Händigkeitsberaterin, Interview vom 23.08.2017.
74 Güntürkün, Interview vom 23.08.2017.

Kapitel 7

75 Kirschner, Sebastian, *Die Anatomie des Lernens*, https://www.mpg.de/7073427/anatomie_des_lernens (Zugriff 05.12.2017).

76 Ocklenburg, Sebastian, Ruhr-Universität Bochum, Interview vom 28.09.2017.
77 Kramer, Katharina, *Warum viele an Rechts und Links scheitern*, www.bild-der-wissenschaft.de/bdw/bdwlive/heftarchiv/index2.php/?object_id=32293103 (Zugriff 12.12.2017).
78 Gormley, G., Dempster, M., Best, R., *Right-left discrimination among medical students*, https://doi.org/10.1136/bmj.a2826 (Zugriff 12.12.2017).
79 Kramer, *Warum viele an Rechts und Links scheitern.*
80 Spiegel Online, *Geldstrafe wegen Amputation der gesunden Lunge*, www.spiegel.de/panorama/kunstfehler-geldstrafe-wegen-amputation-der-gesunden-lunge-a-225688.html (Zugriff 12.12.2017).
81 Scerri, T. S., et al., *PCSK6 is associated with handedness in individuals with dyslexia*, https://academic.oup.com/hmg/article/20/3/608/558112 (Zugriff 12.12.2017).
82 Steinkopf, Frank, *Schritt für Schritt MIT LINKS ins Glück*, Heide 2014, S. 159.
83 Lebsanft, Max, *Links? Rechts? Oder beides?*, www.zeit.de/2017/08/umschulung-rechts-links-haendigkeit-praeferenzen (Zugriff 12.12.2017).
84 Ocklenburg, Interview vom 28.09.2017.
85 Klein, Sonja, *Dyslexie*, www.spektrum.de/news/was-verbirgt-sich-hinter-der-lesestoerung/1434952 (Zugriff 12.12.2017).
86 Stehn, Hauke, Feinmotoriktherapeut, Interview vom 05.09.2017.
87 Kirschner, *Anatomie des Lernens.*
88 Neumann, Marina, Psychologin und Händigkeitsberaterin, Interview vom 23.08.2017.

Kapitel 8

89 Hüther, Gerald, Hauser, Uli, *Jedes Kind ist hochbegabt*, München 2014, S. 45.
90 Drösser, Christoph, *Gibt es in unserem Gehirn so viele Verbindungen wie Blätter im Amazonas-Regenwald?*, www.zeit.de/2017/11/gehirn-verbindungen-vergleich-blaetter-regenwald-stimmts (Zugriff 12.12.2017).
91 Krombholz, Heinz, *Händigkeit, Körperschema und kognitive und motorische Leistungen im Kindesalter*, www.ifp.bayern.de/imperia/md/images/stmas/ifp/haendigkeit_befunde.pdf (Zugriff 12.12.2017).
92 Wicki, Werner, *Entwicklungspsychologie*, München 2010, S. 38.
93 Kasten, Hartmut, *0–3 Jahre*, Berlin 2017, S.183 f., und Jutzi, 237 f.
94 Steinkopf, S. 55 ff.
95 Bernstein, M. J., Young, S. G., Hugenberg, K., *The cross-category effect*, in: Psychological Science 18, 2007, S. 706-712.
96 Steinkopf, S. 156 ff.
97 Wolfangel, Eva, *Was Hänschen lernt*, www.dasgehirn.info/denken/musik/was-haenschen-lernt (Zugriff 12.12.2017).

Kapitel 9

98 Losó, Géza, Pianist und Erfinder des Linkshänder-Klaviers, Interview vom 09.11.2017.

99 Schmitz, Rainer, Ure, Benno, *Tasten, Töne und Tumulte*, München 2016, S. 552.

100 Mengler, Walter, *Musizieren mit links*, Mainz 2010, S. 63.

101 Schöttle, Rupert, *Die Weisheit der Götter*, Graz 2016, S. 185.

102 Im Original: »I couldn't stop crying because, being a shy, small girl and left-handed, I kept holding the instrument the wrong way and felt terribly self-conscious«, in: Wilde, Jon, *‚I don't need to sex up my music – classical isn't supposed to be sexy': The world according to Nicola Benedetti*, http://www.dailymail.co.uk/home/moslive/article-1298435/Nicola-Benedetti-I-dont-need-sex-music--classical-isnt-supposed-sexy.html (Zugriff 12.12.2017).

103 Im Original: »I wonder if violin playing would be more comfortable had I learnt left handed«, https://twitter.com/nickybenedetti/status/572787263253422080 (Zugriff 12.12.2017).

104 Mengler, S. 15.

105 Straßmann, Burkhard, *Besser spielen auf Chaplins Geige?*, www.zeit.de/2013/25/gehirn-haelften-doppelnatur-musik (Zugriff 12.12.2017).

106 Kopiez, Reinhard, Hochschule für Musik, Theater und Medien Hannover, Musikwissenschaftliches Institut, Interview vom 17.11.2017.

107 Kopiez, Reinhard, Galley, Niels, *Händigkeit*, musicweb.hmtm-hannover.de/kopiez/Kopiez-Galley(2010)Haendigkeit-Instrumentalspiel.pdf (Zugriff 12.12.2017).

108 Kopiez, R., Galley, N., Lee, J. I., *The advantage of being non-right-handed*, in: Neuropsychologia 44 (7), 2006, S. 1079-1087.

109 Bertram, Melanie, *Kein Nachteil für Linkshänder beim Spiel auf Rechtshänder-Instrumenten*, www.idw-online.de/de/news?print=1&id=482147 (Zugriff 12.12.2017).

110 Mengler, S.135 ff.

111 Ebd., S. 68 f.

Kapitel 10

112 Wallrodt, Lars, *Das ist die fabelhafte Welt der Angelique Kerber*, www.welt.de/sport/tennis/article158038912/Das-ist-die-fabelhafte-Welt-der-Angelique-Kerber.html (Zugriff 12.12.2017).

113 Hazeltine, Rick, *In his father's image*, http://articles.latimes.com/1989-07-08/sports/sp-2489_1_college-golf (Zugriff 12.12.2017).

114 Beim Fechten sind es je nach Studie sogar bis zu 40 Prozent; Klüber, Theresa, *Spitzensport mit links*, www.wissenschaft.de/archiv/-/journal_content/56/12054/1675420/SPITZENSPORT-MIT-LINKS/ (Zugriff 12.12.2017).

115 Penders, Peter, *Onkel Toni plaudert aus dem Nähkästchen*, www.faz.net/aktuell/sport/mehr-sport/rafael-nadal-onkel-toni-plaudert-aus-dem-naehkaestchen-11926970.html (Zugriff 12.12.2017).

116 Klotzbücher, Liesa, *Von wegen linkisch!*, www.wissenschaft.de/archiv/-/journal_content/56/12054/4302500/Von-wegen-linkisch!/ (Zugriff 12.12.2017).

117 Loffing, F., Hagemann, N., Strauss, B., *Left-Handedness in Professional and Amateur Tennis*, https://doi.org/10.1371/journal.pone.0049325 (Zugriff 12.12.2017).

118 Hagemann, Norbert, Universität Kassel, Institut für Sport und Sportwissenschaft, Interview vom 08.11.2017.

119 Loffing, Florian, *Left-handedness and time pressure in elite interactive ball games*, http://rsbl.royalsocietypublishing.org/content/13/11/20170446 (Zugriff 12.12.2017).

120 Jutzi, S. 221.

121 Stöckel, Tino, Universität Rostock, Institut für Sportwissenschaft, Interview vom 09.11.2017.

122 Straßmann, Burkhard, *Das Hirn wirft mit*, www.zeit.de/2013/25/gehirn-haelften-doppelnatur-sport (Zugriff 12.12.2017).

123 Stöckel, T., Vater, C., *Hand preference patterns in expert basketball players*, www.ncbi.nlm.nih.gov/pubmed/25310027 (Zugriff 12.12.2017).

124 Straßmann, *Das Hirn*.

125 Technische Universität München, *Kleine Handbewegung hilft Sportlern im Wettbewerb*, www.tum.de/die-tum/aktuelles/pressemitteilungen/detail/article/30094/ (Zugriff 12.12.2017).

126 Lutz, Horst, *Life Kinetik®*, Aachen 2017, S. 17 f.

127 Ebd., S. 168 f.

128 Kroll, Tina, *Jonglieren entspannt und macht schlau*, www.zeit.de/karriere/beruf/2012-10/konzentration-gehirnleistung-jonglage (Zugriff 12.12.2017).

129 Sievers, Jakob, *Zum Einfluss der Perspektive beim Bewegungslernen durch Imitation*, https://kobra.bibliothek.uni-kassel.de/bitstream/urn:nbn:de:hebis:34-2011102439439/1/SieversZumEinfluss.pdf (Zugriff 12.12.2017).

Kapitel 11

130 Klatschspiele.de, *Die beliebtesten Klatschreime für Kinder*, https://www.klatschspiele.de/Klatschspiele/ (Zugriff am 12.12.2017).

131 Neumann, Marina, Psychologin und Händigkeitsberaterin, Interview vom 23.08.2017.

132 Neumann, Marina, *Natürlich mit links – Schreiblernheft für Linkshänder*, Berlin 2017.

Kapitel 12

133 Im Original: »La suprême jouissance est dans le contentement de soi-même«, in: Rousseau, Jean-Jacques, Émile*, ou De l'*éducation, Édition 1782, Livre IV, S. 42.

134 Oldfield, R. C., *The assessment and analysis of handedness: the Edinburgh inventory*, https://www.ncbi.nlm.nih.gov/pubmed/5146491 (Zugriff 12.12.2017).

135 Neumann, Marina, Psychologin und Händigkeitsberaterin, Interview vom 23.08.2017.

136 Donzé, René, *Die Schnürlischrift verschwindet*, www.nzz.ch/schweiz/die-schnueerlischrift–verschwindet-1.18278579 (Zugriff 12.12.2017).

137 James, K. H., Engelhardt, L., *The effects of handwriting experience on functional brain development in pre-literate children*, in: Trends in Neuroscience and Education, 2012, S. 32-42.

Edel Books
Ein Verlag der Edel Germany GmbH

Neumühlen 17, 22763 Hamburg
www.edel.com
1. Auflage 2018

Projektkoordination und Lektorat: Gianna Slomka
Umschlagfotos: Steven Haberland, Hamburg
Illustrationen: Spray (Jeffer), Berlin
Abbildung der Musiknoten auf S. 171 mit freundlicher Genehmigung von Géza Losó.
Abbildung Tarotkarten auf S. 202 mit freundlicher Genehmigung des © Königsfurt-Urania Verlag, Krummwisch/Deutschland. www.koenigsfurt-urania.com
Abbildung Schreibübung auf S. 209 nit freundlicher Genehmigung von Marina Neumann.
Umschlagillustrationen: Iness – Shutterstock
Umschlaggestaltung: Johanna Höflich, www.edenundhoeflich.de
Layout: Datagrafix GmbH, Berlin
Druck und Bindung: optimal media GmbH, Glienholzweg 7
17207 Röbel / Müritz

Printed in Germany

ISBN 978-3-8419-0606-9